财智睿读

工业化进程中的
技术引进(1949-1965)

GONGYEHUA JINCHENG ZHONG DE JISHU YINJIN (1949-1965)

刘振华 著

中国财经出版传媒集团

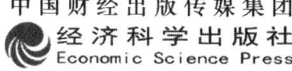

图书在版编目（CIP）数据

工业化进程中的技术引进：1949－1965／刘振华著．
—北京：经济科学出版社，2020.12
ISBN 978－7－5218－2027－0

Ⅰ．①工… Ⅱ．①刘… Ⅲ．①工业技术－技术引进－研究－中国－1949－1965 Ⅳ．①F424.3

中国版本图书馆 CIP 数据核字（2020）第 209815 号

责任编辑：刘战兵
责任校对：靳玉环
责任印制：李 鹏 范 艳

工业化进程中的技术引进（1949－1965）
刘振华 著

经济科学出版社出版、发行 新华书店经销
社址：北京市海淀区阜成路甲 28 号 邮编：100142
总编部电话：010－88191217 发行部电话：010－88191522
网址：www.esp.com.cn
电子邮箱：esp@esp.com.cn
天猫网店：经济科学出版社旗舰店
网址：http://jjkxcbs.tmall.com
北京季蜂印刷有限公司印装
710×1000 16 开 16.5 印张 270000 字
2021 年 3 月第 1 版 2021 年 3 月第 1 次印刷
ISBN 978－7－5218－2027－0 定价：68.00 元
（图书出现印装问题，本社负责调换。电话：010－88191510）
（版权所有 侵权必究 打击盗版 举报热线：010－88191661
QQ：2242791300 营销中心电话：010－88191537
电子邮箱：dbts@esp.com.cn）

序　言

引进先进技术，借鉴先进的管理理念和经验，快速实现工业化，这是后发优势理论和赶超战略向后起国家展示的方向，是新中国发展的历史必然。

20世纪50年代初期，新中国经济非常落后，工业生产水平和工业技术水平极端低下，教育状况落后，技术人员和管理人才严重不足。

作为后起国家，在"一边倒"的外交形势下，中国大量引进苏联先进技术，以成套设备为主，辅之以多种方式，围绕156项工程，引进技术主要集中在援建项目、贷款、核工业、人力资源、国营企业管理一长制、国营企业管理方法、科学技术合作等方面。

在引进苏联技术的同时，中国的工业化移植了苏联优先发展重工业的战略模式，建立了与苏联类似的社会制度和模式，包括计划经济体制、技术体制、管理体制、管理模式等。

引进苏联技术是非常及时的、必要的。中国成功地引进苏联技术，工业技术水平从新中国成立前落后于工业发达国家半个世纪，迅速提高到20世纪40年代的水平，大大缩短了与发达国家的技术差距，初步建立了完整的重工业体系，为以后中国经济建设奠定了坚实的工业基础。

20世纪50年代，引进苏联技术既是经济建设的需要，也是双边密切合作的要求。但是，这种基于意识形态和政治同盟的技术引进完全取决于两国的国家战略及政治关系。50年代后期，随着

工业化进程中的技术引进（1949—1965）

赫鲁晓夫着手缓和与美国的关系以及中国在社会主义阵营中独立自主倾向的增强，中苏两国意识形态产生分歧，政治同盟破裂。

20世纪60年代初，苏联政府突然中止了同我国的大多数经济技术合作项目，致使中国从苏联（包括东欧人民民主国家）技术引进工作基本中断。而此时，中国经济遭到严重挫折，人民生活十分困难。由此，为了解决人民的吃穿用问题，中国开始调整发展战略，逐渐缓和与西方国家的关系，并转向从西方引进技术，并仍然以引进成套设备为主。通过引进西方技术，中国的化学工业、石油工业、冶金工业、机械工业等有了很大的发展，特别是解决了仪器仪表工业、电子工业方面一批我国长期摸索或者曾向苏联提出而未得到解决的问题，促进了中国工业体系建设，为中国进一步引进技术积累了丰富的经验。

20世纪50年代到60年代初，中国技术引进是在中央政府的严格计划和统一部署下以国家为主体进行的，以引进成套设备为主。根据分析，技术引进对中国的技术发展、新增生产能力、经济增长、工业化都产生了重大影响。

由此得出以下结论：技术引进有利于产业结构发展，是实现经济赶超的捷径，有助于加强自主技术创新力度，有助于加强人力资本培养。

目　　录

第1章　导论 1
  1.1　问题的提出 1
  1.2　选题的理论意义及实践意义 2
  1.3　研究状况综述 3
  1.4　本书的研究方法、结构框架 13
  1.5　主要创新点与不足 15

第2章　技术引进的概念与理论 17
  2.1　技术的含义 17
  2.2　技术引进等概念 19
  2.3　技术引进的方式 21
  2.4　技术引进模式 23
  2.5　技术引进战略 27
  2.6　技术差距理论 29
  2.7　后发优势理论 32
  2.8　后发劣势理论和经济赶超理论 35
  2.9　赶超战略的后发劣势分析 38

第3章　新中国的技术发展战略 41
  3.1　新中国成立初期的经济技术基础 41
  3.2　重工业发展战略和毛泽东的赶超思想 54

3.3 新中国技术发展贯彻的方针 …………………………………… 61
3.4 新中国技术发展战略的组成 …………………………………… 74

第4章 以156项工程为核心的技术及资金引进 …………………… 92
4.1 20世纪50年代中国引进苏联技术的历史背景 ……………… 92
4.2 引进以156项工程为核心的重点建设项目 ………………… 96
4.3 援建项目中的技术引进 ……………………………………… 106
4.4 引进苏联贷款 ………………………………………………… 116
4.5 引进苏联核工业技术 ………………………………………… 122

第5章 苏联人力资源与企业管理技术等的引进 ………………… 133
5.1 引进苏联人力资源 …………………………………………… 133
5.2 引进苏联国营企业管理一长制 ……………………………… 145
5.3 引进苏联企业管理方法 ……………………………………… 151
5.4 科学技术合作中的技术引进 ………………………………… 156
5.5 案例研究一：苏联专家在一汽 ……………………………… 165
5.6 案例研究二："马钢宪法"的引进和"鞍钢宪法"的产生 …… 176

第6章 西方技术的引进 ……………………………………………… 186
6.1 20世纪60年代初中国引进西方技术的历史背景 …………… 186
6.2 引进西方技术的确立 ………………………………………… 189
6.3 以进口成套设备为主要引进方式 …………………………… 194
6.4 单项设备引进方式 …………………………………………… 200
6.5 技术资料与技术交流引进方式 ……………………………… 208
6.6 技术引进项目的执行情况 …………………………………… 209

第7章 技术引进的分析与评价 ……………………………………… 214
7.1 技术引进的特点分析 ………………………………………… 214
7.2 对引进技术水平的评价 ……………………………………… 219
7.3 技术引进对中国新增生产能力的贡献 ……………………… 222

7.4 技术引进对中国经济增长的贡献 …………………………… 226
7.5 技术引进对中国工业化的影响 …………………………… 230
7.6 对中国技术引进的制度分析 ……………………………… 234
7.7 结论 ……………………………………………………… 237

参考文献 ………………………………………………………… 244
后记 ……………………………………………………………… 255

第1章

导　论

以1949~1965年中国工业化进程中的技术引进作为本书的主题，是经过充分论证的，具有一定的价值。在占有大量历史档案和文献资料的基础上，本书按照规范与实证相结合的方法，合理安排结构，完整地进行阐述、分析。

1.1　问题的提出

历史是一面镜子，以史为鉴，能使我们清楚地了解自我；历史是客观而公正的事实，不会因为人物变化而发生变化；历史是永恒记忆，其光辉不会随时间而磨灭，亦不能因为今天的光彩而使其黯然失色。

中华人民共和国成立之后，中苏两国签订协议，苏联在经济、军事、科学、文化等领域向中国提供全面援助，从此中国开始引进苏联技术。20世纪50年代，以156项工程为核心，中国大量引进苏联技术，促进了中国的技术发展，奠定了新中国工业化的基础。到1960年，苏联撤走专家，中国引进苏联技术基本停滞。20世纪60年代初，中国与西方国家的关系有所缓和，开始引进西方技术，至"文化大革命"开始时基本终止。

半个多世纪过去了，时过境迁。当前，中国已经成为世界第二大经济体、制造业第一大国。中国经济已由高速增长阶段转向高质量发展阶段，科学技术发展取得了巨大的飞跃，在许多方面中国技术已经处在世界的前列。中国经济建设、政治建设、文化建设、社会建设、生态文明建设欣欣向荣。

现在中国以更加开放的心态融入世界，中国与西方国家的关系也进入一个新的发展时期。随着大量档案的开放和解密，以及随着大量有关技术引进事实的回忆、分析资料等的出现，我们能较全面、客观、公正地看待这两次技术引进。

为此，客观地总结这段技术历史，发现有规律性的东西，有助于中国技术的长久发展，为实现中华民族伟大复兴的中国梦做出贡献。

基于此，以1949～1965年为研究期间，能比较完整准确地把握"文化大革命"开始之前中国的技术引进过程；以技术引进为选题，既能总体上把握苏联全面援华的主体与核心，也有利于对比分析西方技术对中国技术发展的作用，得出正确结论。基于这两点考虑，本书以1949～1965年中国工业化进程中的技术引进为题，试图比较系统、准确地分析"文化大革命"开始之前中国技术引进的历史。

克尔凯郭尔指出：只有向后看才能充分地理解生活；但要生活得充实，则必须往前走。通过研究中国技术引进历史，希望能带来一些启示。

1.2　选题的理论意义及实践意义

技术引进是后起国家利用后发优势实现工业化的必然。

在新中国的历史上，有几次重要的技术引进事件，对中国的经济建设和工业化都产生了重要作用。其中，在"文化大革命"开始之前有2次，即20世纪50年代中国引进苏联技术、60年代初中国引进西方技术。

20世纪50年代，在苏联全面援助中国的过程中，中国开始大规模引进苏联技术，以引进成套设备为主，辅之以多种方式，围绕156项工程，具体集中在援建项目、贷款、核工业、人力资源、国营企业管理一长制、国营企业管理方法、科学技术合作等方面。在引进苏联技术的同时，新中国建立了与苏联类似的社会制度和模式，包括计划经济体制、技术体制、管理体制、管理模式和管理方法等。引进苏联技术，奠定了新中国的工业化基础。

20世纪60年代初，中国引进西方技术，重点是适应经济结构调整的要求，以引进成套设备为主，突出解决人民吃穿用等问题。这是新中国第一次面向西方国家引进技术，加快了中国工业化体系建设，促进了中国技术发展，在一定程度上也打破了西方资本主义国家对中国的封锁。

深入研究中国这段技术引进历史，具有重要意义。在理论上，可以总结技术引进的经验、教训，进而探索技术引进的规律。在实践上，可以加强对技术引进问题的多角度研究，探讨技术引进对经济建设、工业化和技术发展的影响，进一步寻求应对技术发展的对策，正确处理经济发展、工业化和技术引进之间的关系。

1.3 研究状况综述

目前学术界从经济史、中共党史、中华人民共和国史、国际关系史、科技史等不同视角对于20世纪50年代中国引进苏联技术这段历史进行了广泛的研究，其中少部分是从经济史视角进行研究的，而对60年代初中国引进西方技术的研究较少。有关文献与研究成果汇总如下。

1.3.1 档案与文献汇编

20世纪70年代末80年代初，随着大批档案文献和有关资料的公开，国内有关部门对新中国前30年的技术引进情况进行了调查和总结，绘制了《"一五"时期156个重点项目的建设情况》等表格，对156个重点项目的建设情况进行了比较详细的介绍等[1]。

20世纪80年代中后期，当代中国出版社出版了《当代中国的核工业》《当代中国的科学技术事业》等系列丛书，介绍了苏联援助中国的一些资料[2]。1989年中国社会科学出版社出版了《当代中国的基本建设》，大量披露了20世纪50年代苏联援助以及中国引进苏联技术的资料[3]。

2000年中国经济出版社出版了原国家经贸委组织有关部门编撰的系列

---

[1] 国家统计局固定资产投资统计司编：《中国固定资产投资统计资料（1950—1985）》，中国统计出版社1987年版，第196~205页。

[2] 《当代中国》丛书编辑部编：《当代中国的核工业》，中国社会科学出版社1987年版；《当代中国的科学技术事业》，当代中国出版社1991年版。

[3] 《当代中国》丛书编辑部编：《当代中国的基本建设》上、下卷，中国社会科学出版社1989年版。

工业化进程中的技术引进（1949—1965）

资料丛书《中国工业五十年》，公布了一些中国引进苏联技术的资料①。

20世纪90年代以后，中国社会科学院、中央档案馆合编出版了《1949—1952中华人民共和国经济档案资料选编》多卷本，包括综合卷、工业卷、基本建设投资和建筑业卷等，《1953—1957中华人民共和国经济档案资料选编》多卷本，包括综合卷、工业卷、固定资产投资和建筑业卷等，对20世纪50年代中国引进苏联技术的资料进行了汇总②，对新中国成立初期与"一五"时期中国引进苏联技术项目进行了介绍，以及2011年出版的《1958—1965中华人民共和国经济档案资料选编》多卷本，包括固定资产投资和建筑业卷、对外贸易卷、工业卷等，对20世纪50年代中国引进苏联技术、20世纪60年代初中国引进西方技术的资料进行了汇总③。

中共中央文献研究室、中央档案馆主办的《党的文献》杂志1999年第5期发表了《建国初期156项建设工程文献选载》（一九五二年九月——一九五四年十月），2002年第1期和第2期分别发表了《建国前夕苏联对华经济援助的部分俄国档案》（一）和（二），2008年第1期发表了《中共中央、周恩来关于中苏贸易协定谈判等问题的电报、批示选载》（一九五〇年二月——四月），2010年第2期发表了《新中国成立后毛泽东关于军队和国防建设的文献选载》（一九五八年六月——一九七六年二月）。这些文献揭示了中国技术引进的有关情况。

中央党史研究室、中央档案馆编写的《中共党史资料》2003年第1期发表了《1958年苏联援华项目谈判的一组文献》，2003年第2期发表了《1959年苏联援华项目谈判的一组文献》，2003年第4期发表了《1961年中苏经济科技谈判的一组文献》，2004年第3期发表了《20世纪50年代中国

---

① 中华人民共和国国家经济贸易委员会编：《中国工业五十年》（1949.10—1952）第1部，（1953—1957）第2部，（1958—1960）第3部上、下卷，中国经济出版社2000年版。

② 中国社会科学院、中央档案馆编：《1949—1952中华人民共和国经济档案资料选编·综合卷》，中国城市经济社会出版社1990年版；《1949—1952中华人民共和国经济档案资料选编·工业卷》，中国物资出版社1996年版；《1949—1952中华人民共和国经济档案资料选编·基本建设投资和建筑业卷》，中国城市经济社会出版社1989年版；《1953—1957中华人民共和国经济档案资料选编·综合卷》，中国物价出版社2000年版；《1953—1957中华人民共和国经济档案资料选编·工业卷》，中国物价出版社1998年版；《1953—1957中华人民共和国经济档案资料选编·固定资产投资和建筑业卷》，中国物价出版社1998年版。

③ 中国社会科学院、中央档案馆编：《1958—1965中华人民共和国经济档案资料选编·固定资产投资和建筑业卷》《1958—1965中华人民共和国经济档案资料选编·对外贸易卷》《1958—1965中华人民共和国经济档案资料选编·工业卷》，中国财政经济出版社2011年版。

和东欧社会主义国家技术合作、贸易往来的一组文献》，也揭示了中国技术引进的有关情况。

北京大学现代史料研究中心主办的《国际冷战史研究资料》2003年第1辑发表了《1953—1959年苏联对中国的经济援助》一文，公布了一些苏联援助中国的档案文献，包括中国引进苏联技术资料。

沈志华主编的《俄罗斯解密档案选编：中苏关系》共12卷，其中第1~9卷时间跨度为1945年到1962年，公布了一些苏联援助中国以及中国引进苏联技术的档案资料[1]。

另外，2012年长春市档案馆、中国一汽集团档案馆、长春市政协文史委员会合编的《苏联专家在长春》以丰富的档案资料，详细地展示了苏联专家在长春的工作情况。

1.3.2 有关回忆录的出版

20世纪90年代以来，一些亲历过苏联援助中国成套设备的老同志撰写了很多回忆录。薄一波的《若干重大决策与事件的回顾》专辟一章，回忆了"一五"计划期间以156项项目为中心的中国技术引进以及中国的工业布局情况[2]。

袁宝华在《当代中国史研究》发表的《赴苏联谈判的日日夜夜》[3]、李越然在《新中国外交风云》一书中的《我国同苏联商谈第一个五年计划情况的回忆》[4]，介绍了周恩来、陈云和李富春在莫斯科商谈苏联技术援助以及中国引进苏联技术的情况。

师哲口述、李海文整理的《在历史巨人身边——师哲回忆录》也涉及有关引进苏联技术的情况[5]。

1.3.3 研究成果

研究成果可分为以下几种：关于成套技术设备引进的研究，关于中苏关

---

[1] 沈志华主编：《俄罗斯解密档案选编：中苏关系（1-12卷）》，东方出版中心2015年版。
[2] 薄一波：《若干重大决策与事件的回顾（修订版）》上卷，人民出版社1997年版，第292~316页。
[3] 袁宝华：《赴苏联谈判的日日夜夜》，载《当代中国史研究》1996年第1期，第16~26页。
[4] 李越然：《我国同苏联商谈第一个五年计划情况的回忆》，引自《新中国外交风云（第二辑）》，世界知识出版社1991年版，第15~18页。
[5] 师哲口述、李海文整理：《在历史巨人身边——师哲回忆录》，九州出版社2015年版。

系史的研究，关于技术转移的研究，关于人物、行业的研究，关于技术引进的综合研究，关于技术引进的特征研究，以及研究技术引进的学位论文等。

1. 关于成套技术设备引进的研究

20世纪50年代，中国技术引进主要来自苏联，60年代初中国主要引进西方技术。改革开放以来，特别是90年代以来，随着相关的档案解密，有关引进成套技术设备的专题研究成果大量出现。

李德彬的《五十年代我国引进技术设备的问题》，论述了新中国引进技术设备的必然性和途径问题①。

陈慧琴的《技术引进与技术进步研究》，对引进成套技术设备的情况做了概述，分析了技术引进的背景、概况与特点、经验教训等，指出20世纪50年代、60年代的技术引进为建立中国经济的基本体系和工业化的初步基础发挥了十分重要的作用②。

宿世芳的《关于50年代我国从苏联进口技术和成套设备的回顾》，根据档案材料，对20世纪50年代中国引进苏联304个项目的执行情况做了介绍与分析③。

牛建立的《20世纪60年代前期中国从西方国家引进成套技术设备研究》一文，对20世纪60年代前期中国从西方国家引进成套技术设备的情况进行了梳理④。

刘荣刚的《新中国三次大规模成套技术设备引进研究综述》对新中国第一次大规模成套技术设备引进研究情况进行了梳理⑤。

学术界对"一五"时期中国引进苏联援建的156项工程项目给予了较多关注，已经取得了较多的研究成果。

从经济史角度探讨该时期中国引进苏联援建项目成果的文献主要有：

---

① 李德彬：《五十年代我国引进技术设备的问题》，载《北京大学学报（哲学社会科学版）》1985年第4期，第78~84页。
② 陈慧琴：《技术引进与技术进步研究》，经济管理出版社1997年版，第13~14页。
③ 宿世芳：《关于50年代我国从苏联进口技术和成套设备的回顾》，载《当代中国史研究》1998年第5期，第48~50页。
④ 牛建立：《20世纪60年代前期中国从西方国家引进成套技术设备研究》，载《中共党史研究》2016年第7期，第46~56页。
⑤ 刘荣刚：《新中国三次大规模成套技术设备引进研究综述》，载《中共党史资料》2008年第3期，第159~169页。

董志凯的《关于"156项"的确立》一文对156项工程的确立情况进行了论述①，董志凯、吴江的《新中国工业的奠基石：156项建设研究》，是国内目前在该方面研究中的权威专著，比较详细地介绍和深入系统地研究了156项工程等，从中可以推断出一些引进技术的消化、吸收问题和影响因素②。本书从上述资料中获得了很多启发，参考了关于156项工程的提法。

关于156项工程的表述，除董志凯根据档案材料进行的表述以外，学术界较多采用薄一波著《若干重大决策与事件的回顾（修订本）》（上卷）中关于中苏间大致进行了5次商谈的说法③。

武力主编的《中华人民共和国经济史（1949—1999）》（上册），对中国引进苏联与东欧国家的技术进行了分析④。另外，陈夕的《156项工程与中国工业的现代化》阐述了156项工程的项目确定、内容、建设情况及对中国工业化的影响等⑤。

20世纪50年代，两大阵营对立，世界处于冷战之中，对这一时期的中国技术引进研究的成果有：王奇的《"156项工程"与20世纪50年代中苏关系评析》，该文分析了中苏结盟以及由苏联援建156项工程的有关情况⑥。王奇的《中苏同盟启示录》考察了中国学者对20世纪50年代苏联援助中国的研究情况，并对156项工程研究情况进行了梳理⑦。

2. 关于中苏关系史的研究

20世纪50年代苏联援华问题的研究大多涉及技术引进问题，这方面的研究成果大多从外交史、科技史等角度展开，从经济史角度研究的较少。

苏中国际关系专家鲍里索夫、科洛斯科夫合著的《苏中关系》一书利用苏联官方保存的大量档案资料，从苏联援助中国的角度评述了苏联当局在20世纪50年代援华问题上的基本观点，多次提到苏联在经济技术等方面援

---

① 董志凯：《关于"156项"的确立》，载《中国经济史研究》1999年第4期，第93~107页。
② 董志凯等：《新中国的工业奠基石：156项建设研究》，广东经济出版社2004年版。
③ 薄一波：《若干重大决策与事件的回顾（修订本）》（上卷），人民出版社1997年版，第305页。
④ 武力主编：《中华人民共和国经济史（1949—1999）》（上册），中国经济出版社1999年版，第242~248页。
⑤ 陈夕：《156项工程与中国工业的现代化》，载《党的文献》1999年第5期。
⑥ 王奇：《"156项工程"与20世纪50年代中苏关系评析》，载《当代中国史研究》2003年第2期，第110~116页。
⑦ 王奇：《中苏同盟启示录》，清华大学出版社2008年版，第164~197页。

工业化进程中的技术引进（1949－1965）

华的历史事实①。

在关于20世纪50年代苏联对华援助的诸多研究中，沈志华的研究成果尤为突出。沈志华主编的《中苏关系史纲（1917—1991年）》（第3版）考察了苏联20世纪50年代援华的背景、贷款、专家、核工业等问题。沈志华著《苏联专家在中国（1948—1960）》（第3版）一书，全面描述和分析了20世纪50年代苏联专家的援华工作②。沈志华研究苏联专家问题的文章还有《对在华苏联专家问题的历史考察：基本状况及政策变化》和《对在华苏联专家问题的历史考察：作用和影响——根据中俄双方的档案文献和口述史料》。另外，在《关于20世纪50年代苏联援华贷款的历史考察》中，沈志华考察了20世纪50年代苏联援华的贷款数额、用途及条件等，《对中苏同盟经济背景的历史考察——中苏经济关系（1948—1949）研究之一》和《新中国建立初期苏联对华经济援助的基本情况（上、下）——来自中国和俄国的档案材料》分别对苏联对华援助情况进行了考察③。在《援助与限制：苏联与中国的核武器研制（1949—1960）》中对苏联援助中国核工业进行了介绍和分析④。

在专家问题研究上，除沈志华进行了详细研究以外，罗时叙的纪实文学《由蜜月到反目——苏联专家在中国》参考了大量公开出版物和部分俄罗斯档案，也描绘了苏联专家在中国的情况⑤。介绍苏联专家的文章还有：安琪的《第一批苏联专家来华始末——访翻译家师哲》⑥、张海星的《1960年驻

---

① ［苏］鲍里索夫·奥·鲍、科洛斯科夫·鲍·特著，肖东川、谭实译：《苏中关系（1945—1980）》，生活·读书·新知三联书店1982年版。
② 沈志华主编：《中苏关系史纲（1917—1991年）》（第3版）上、下册，社会科学文献出版社2016年版；沈志华著：《苏联专家在中国（1948—1960）》（第3版），社会科学文献出版社2015年版。
③ 沈志华：《对在华苏联专家问题的历史考察：基本状况及政策变化》，载《当代中国史研究》2002年第1期，第25～37页；《对在华苏联专家问题的历史考察：作用和影响——根据中俄双方的档案文献和口述史料》，载《中共党史研究》2002年第2期，第38～44页；《关于20世纪50年代苏联援华贷款的历史考察》，载《中国经济史研究》2002年第3期，第83～93页；《对中苏同盟经济背景的历史考察——中苏经济关系（1948—1949）研究之一》，载《党的文献》2001年第2期，第53～64页；《新中国建立初期苏联对华经济援助的基本情况（上、下）——来自中国和俄国的档案材料》，分别载《俄罗斯研究》2001年第1期第53～66页、第2期第49～58页。
④ 沈志华：《援助与限制：苏联与中国的核武器研制（1949—1960）》，载《历史研究》2004年第3期，第110～131页。
⑤ 罗时叙：《由蜜月到反目——苏联专家在中国》上、下册，世界知识出版社1993年版。
⑥ 安琪：《第一批苏联专家来华始末——访翻译家师哲》，载《国际人才交流》1989年第1期，第34～35页。

黑龙江省苏联专家撤走后几个相关问题的探讨》①等。

美籍华人学者郑竹园的《1949~1963年共产党中国的科学和工程人力》(*Scientific and Engineering Manpower in Communist China* 1949 - 1963)一书，介绍了中国科技领域骨干的传记材料和苏联援华主要专家的情况，并评价了苏联在帮助中国培养科学技术专业人才方面所发挥的作用②。

俄罗斯学者扎捷尔斯卡娅所著《苏联从中国召回专家的原因及其后果》一文回忆了苏联专家帮助中国掌握引进技术的有关情况③。该文经翻译后发表在2003年第1期的《中共党史资料》上。

孙其明著《中苏关系始末》分析了苏联援助中国的历史过程和内容④。周弘等的《外援在中国》专门有一章阐述了20世纪50年代苏联对华援助，包括苏联对华援助的动因、援助的概况、援助的影响等⑤。这两本书都涉及中国引进苏联技术的内容。

从中苏关系角度研究的著作还有李丹慧编著的《北京与莫斯科：从联盟走向对抗》⑥，德国学者海茵茨希（Dieter Heinzig）的《中苏走向联盟的艰难历程》⑦ 分析了苏联援助中国过程中技术方面的问题。另外，从这一角度进行研究的论文，还有王善中的《50年代初期的中苏关系述评》⑧ 等。

3. 关于人物、行业的研究

从人物角度进行研究的如米镇波的《周恩来为争取156项大型建设项目所开展的对苏外交》⑨，介绍了周恩来从156项工程建设项目的立项到实施过程的有关细节。

---

① 张海星：《1960年驻黑龙江省苏联专家撤走后几个相关问题的探讨》，载《当代中国史研究》2009年第4期，第58~64页。
② Cheng Chu - yuan, Scientific and Engineering Manpower in Communist China 1949 — 1963, Washington, D. C., National Science Foundation, 1965.
③ ［俄］扎捷尔斯卡娅著，栾景河译：《苏联从中国召回专家的原因及其后果》，载《中共党史资料》2003年第1期，第177~194页。
④ 孙其明：《中苏关系始末》，上海人民出版社2003年版，第162~178页。
⑤ 周弘等：《外援在中国》，社会科学文献出版社2007年版，第69~133页。
⑥ 李丹慧编著：《北京与莫斯科：从联盟走向对抗》，广西师范大学出版社2002年版。
⑦ ［德］海茵茨希著，张文武、李丹琳等译：《中苏走向联盟的艰难历程》，新华出版社2001年版。
⑧ 王善中：《50年代初期的中苏关系述评》，载《历史教学》1996年第11期，第8~11页。
⑨ 米镇波：《周恩来为争取156项大型建设项目所开展的对苏外交》，载《南开学报》1998年第2期，第23~29页。

从行业发展的角度进行研究的有：蒋洪巽、周国华的《50年代苏联援助中国煤炭工业建设项目的由来和变化》，考察了156项工程中苏联援助中国煤炭工业的项目情况[①]；杨爱华的《苏联对中国空军实施技术援助的方式特点及影响》[②]，对苏联援助中国空军的情况进行了考察。

在核工业方面，除前述沈志华的《援助与限制：苏联与中国的核武器研制（1949—1960）》以外，还有戴超武的《中国核武器的发展与中苏关系的破裂（1954—1962）》[③]等。

宋超、惠富平的《建国初期中苏农业科学技术合作初探》[④]对中苏农业科学技术合作进行了系统的总结和初步探讨，其中涉及中国引进苏联农业技术的情况。

4. 关于技术转移的研究

科学技术史论著对中国引进苏联技术做过详尽描述，例如，张柏春等著《苏联技术向中国的转移（1949—1966）》，对中国引进苏联技术项目进行了梳理，该著作从技术转移角度，经过系统的综合、分析，阐述了中国引进苏联援助的各个方面，并对一汽技术引进进行了个案分析[⑤]。另外，董光璧主编的《中国近现代科学技术史》[⑥]、吴敬熙主编的《中国近现代技术史》[⑦]等都提到20世纪50年代中国引进苏联技术问题。

这些技术史类的研究成果虽不属经济类，但是在资料上为本书提供了重要的参考。

5. 关于技术引进的综合研究

20世纪80年代以来，学术界对新中国引进技术进行了描述和分析，从

[①] 蒋洪巽、周国华：《50年代苏联援助中国煤炭工业建设项目的由来和变化》，载《当代中国史》1995年第4期，第13~21页。
[②] 杨爱华：《苏联对中国空军实施技术援助的方式特点及影响》，载《自然辩证法研究》2012年第8期，第79~83页。
[③] 戴超武：《中国核武器的发展与中苏关系的破裂（1954—1962）》（连载一）（连载二），分别载《当代中国史研究》2001年第3期第76~85页、第5期第62~72页。
[④] 宋超、惠富平：《建国初期中苏农业科学技术合作初探》，载《中国农史》2006年第4期，第38~47页。
[⑤] 张柏春等：《苏联技术向中国的转移（1949—1966）》，山东教育出版社2004年版。
[⑥] 董光璧主编：《中国近现代科学技术史》，湖南教育出版社1997年版。
[⑦] 吴敬熙主编：《中国近现代技术史》，科学出版社2000年版。

总结历史经验、教训的角度,把20世纪50年代、60年代初技术引进问题置于新中国成立以来的技术引进历史中进行综合、比较研究。

陈慧琴的论文《我国三十年来技术引进工作经济效果初步分析》,对新中国成立30年来技术引进工作进行了综合研究①。

有关论文还有以下一些:康荣平、杨英辰的《新中国技术引进40年述评》结合新中国40年技术引进的历程,对新中国第一次技术引进进行了分析②;陈东林的《20世纪50—70年代中国的对外技术引进》对新中国成立以来的3次大规模成套技术设备引进进行了比较,指出了20世纪50年代中国技术引进的国内外背景和指导思想等③;林柏的《1949—1978年中国技术引进成效的影响因素研究》对新中国技术引进成效进行了分析,涉及20世纪50年代、60年代的技术引进④。

6. 关于技术引进的特征研究

国内对20世纪50年代苏联援助中国或中国第一次大规模成套技术引进的特点进行了概括。

李德彬的论文《五十年代我国引进技术设备的问题》也从技术设备引进的角度概括了技术引进的特点⑤,李国青、娄成武的论文《20世纪50年代我国技术引进的若干特点及其评价》从更广泛的角度对20世纪50年代我国技术引进的特点进行了概括⑥;苏冰、史玉民的论文《20世纪50年代我国技术引进的特点成效分析》也对技术引进的特点进行了概括⑦;张柏春、张久春、姚芳的论文《苏联技术向中国转移的特点及其影响》分析了技术

---

① 陈慧琴:《我国三十年来技术引进工作经济效果初步分析》,载《工业经济管理丛刊》1981年第5期、第6期。
② 康荣平、杨英辰:《新中国技术引进40年述评》,载《管理世界》1991年第6期,第168~174页。
③ 陈东林:《20世纪50—70年代中国的对外技术引进》,载《上海行政学院学报》2004年第6期,第69~80页。
④ 林柏:《1949—1978年中国技术引进成效的影响因素研究》,载《贵州财经学院学报》2012年第2期,第73~77页。
⑤ 李德彬:《五十年代我国引进技术设备的问题》,载《北京大学学报(哲学社会科学版)》1985年第4期,第77~85页。
⑥ 李国青、娄成武:《20世纪50年代我国技术引进的若干特点及其评价》,载《东北大学学报(社会科学版)》2004年第6卷第1期,第8~11页。
⑦ 苏冰、史玉民:《20世纪50年代我国技术引进的特点成效分析》,载《合肥学院学报(社会科学版)》2007年第24卷第6期,第118~121页。

转移的特点①；傅正华、雷李军的论文《建国以来我国技术转移的发展阶段及特点》也涉及技术转移的特点②。

7. 部分学位论文对技术引进的研究

在博士学位论文中，林柏的《1949—1978年中国工业技术引进和技术创新的历史考察》分析了20世纪50年代、60年代初中国技术引进状况。唐艳艳的《中国工业化进程中的"156项工程"研究》分析了中国引进苏联技术的情况。两者属经济史论文，分别对太钢、武钢做了个案分析，对本书写作提供了重要参考。

1.3.4 成绩与不足

总的来看，过去的研究取得了丰硕的成果。目前学术界从经济史、中共党史、中华人民共和国史、国际关系史、科技史、军工史等不同视角对于20世纪50年代和60年代初中国分别引进苏联技术、西方技术这段历史进行了广泛的研究，对技术引进的背景，技术引进项目、贷款、专家问题，技术引进特点、意义，以及对军工发展的作用等进行了分析。

现有文献与研究成果关于中国技术引进的内容有两大侧重点：一是侧重技术引进与工业化，技术进步与产业结构、经济增长关系的研究，探讨技术引进在这些方面产生的影响；二是侧重对中国技术引进活动各方面情况的分析和描述，包括技术引进的内容、特点、效果及影响技术引进效果的因素和改善引进效果的政策建议或措施等。

但是，现有文献也存在着明显的不足，表现在三个方面：

第一，从经济史角度研究的成果较少，特别是缺少一些深度研究的论文，缺少史论结合，缺少从经济史角度全面系统地展示1949~1965年中国技术引进情况的文献；缺少实证分析，根据数量关系深刻分析其对我国工业化以及整个中国经济影响的文献较少。

第二，没有把技术引进置于整个宏观经济研究中，没有将其放到新中国

---

① 张柏春、张久春、姚芳：《苏联技术向中国转移的特点及其影响》，载《科学学研究》2004年第3期，第278~283页。

② 傅正华、雷李军：《建国以来我国技术转移的发展阶段及特点》，载《华南理工大学学报（社会科学版）》2006年第6期，第14~17、52页。

成立以来的整个经济建设历史中进行深入考察和分析。同时,对技术引进深入研究不够,研究硬件技术较多,对软件技术如管理技术、管理方法研究不够。

第三,对成套技术设备引进的研究大多集中在"一五"时期中国引进苏联技术援助的 156 项工程,对"一五"时期以后技术引进项目的后续问题则涉及很少,对占有很大比重的国防或军工项目研究不够,对 20 世纪 60 年代初中国引进西方技术成套设备的研究也不够。

另外,现有文献研究成果多是从宏观上对大规模成套技术设备引进进行研究,从行业角度的研究不多,对企业个案研究深度不够。

1.4 本书的研究方法、结构框架

本书运用经济史分析方法与统计分析方法,首先根据新中国成立初期的经济技术基础,概括出了新中国的技术发展战略,接着介绍了技术引进的各个方面的历史事实,然后以事实为依据,根据后发优势理论和工业化赶超战略等,分析、评价其对中国工业化和技术发展的影响,最后得出结论。

1.4.1 研究方法

历史分析方法是本书采用的重要方法。

本书根据历史分析方法,以时间为顺序,考察技术引进的历史,介绍在工业化战略下 20 世纪 50 年代和 60 年代初技术引进的历史背景与内容,系统地阐述了 1949~1965 年工业化进程中的技术引进;同时,从技术引进历史角度,准确、完整地对比、分析了这两次技术引进,也体现了对比分析方法。

统计方法是本书采用的另一个重要方法。本书引用了大量的统计数据,首先分析了新中国成立初期的经济技术状况,结合"一五"计划优先发展重工业的战略,分析了新中国贯彻的优先发展重工业战略和毛泽东的赶超思想,然后概括出中国技术发展是在坚持优先发展重工业,坚持以"农、轻、重为序,安排国民经济"和坚持自力更生为主、争取外援为辅的方针下,全面学习先进技术,加强对引进技术的消化、吸收与创新,注重人才队伍建设。同时，本书运用大量统计数据，分析了以156项工程为核心的技术引进状况等。

另外，本书也采用了经济分析方法。根据引进技术项目情况，采用数量分析方法，分析技术引进对中国工业化、经济增长的贡献及技术发展的影响等，我们可以看出，引进苏联技术使中国的工业技术水平从新中国成立前落后于工业发达国家半个世纪，迅速提高到20世纪40年代的水平，奠定了中国工业化基础。

1.4.2 结构框架

本书的思路是：首先，论证选题，阐述适用技术引进的经济学理论，接着分析新中国成立初期的经济技术状况，概括出技术发展中贯彻的方针和技术发展战略组成，然后，全面系统地阐述1949～1965年的技术引进，之后再结合事实，分析与评价技术引进对中国工业化、经济发展和技术发展的影响，最后得出结论。

本书共7章，具体安排如下：

第1章，导论，是本书的纲要部分：首先提出问题，分析选题的意义，介绍国内外研究现状，并提出本书的研究方法、思路与逻辑框架，指出主要创新点与不足。

第2章，技术引进的概念与理论，是本书的理论部分：界定技术的含义、技术引进等概念，介绍技术引进的方式、模式、战略等，阐述技术差距理论、后发优势理论、后发劣势理论、经济赶超理论，并提出经济赶超战略。

第3章，新中国的技术发展战略，这是本书立论的历史起点：首先根据新中国成立初期经济技术基础，分析了新中国贯彻的优先发展重工业战略和毛泽东的赶超思想，然后概括出新中国技术发展的特点：在坚持优先发展重工业、坚持以"农、轻、重为序，安排国民经济"和坚持自力更生为主、争取外援为辅的方针下，全面学习先进技术，加强引进技术的消化、吸收与创新，注重人才队伍建设。

第4~6章是本书的核心部分，主要介绍了20世纪50年代引进苏联技术，以引进成套设备为主，辅之以多种方式，围绕156项工程，具体表现在援建项目、贷款、核工业、人力资源、国营企业管理—长制、国营企业管理方法、科学技术合作等方面。另外，研究了几个案例：苏联专家在一汽、"马钢宪法"的引进和"鞍钢宪法"的产生。

作为对比，本书同时介绍了20世纪60年代初引进西方技术，内容包括：引进西方技术的确立、以进口成套设备为主要引进方式、单项设备引进方式、技术资料与技术交流引进方式、技术引进项目的执行情况。

第7章，技术引进的分析与评价，分析了技术引进的特点，对技术引进的水平进行了评价，分析了技术引进对新增生产能力和中国工业化、经济增长的贡献，并对技术引进进行了制度分析，指出技术引进对中国经济发展具有重要贡献。

同时，本书得出四个结论，即技术引进有利于产业结构发展，是实现经济赶超的捷径，有助于加强自主技术创新，有助于加强人才资本培养。

1.5 主要创新点与不足

1.5.1 本书主要创新点

第一，根据新中国成立初期经济技术基础，概括出了新中国技术发展是在坚持优先发展重工业、坚持以"农、轻、重为序，安排国民经济"和坚持自力更生为主、争取外援为辅的方针下，全面学习先进技术，加强引进技术的消化、吸收与创新，注重人才队伍建设，体现了本书的特点。

第二，本书较全面系统地阐述了20世纪50年代引进苏联技术的内容：以引进成套设备为主，辅之以多种方式，围绕156项工程，具体表现在援建项目、贷款、核工业、人力资源、国营企业管理一长制、国营企业管理方法、科学技术合作等方面，展示了中国引进苏联技术的脉络。同时，为了完整地把握并进一步对比分析，本书介绍了60年代初从西方引进技术的内容，便于深刻认识"文革"之前的新中国技术引进，这是本书的一个特点。

第三，根据新经济史学的路径依赖理论，对中国技术引进进行制度分析。另外，根据后发优势理论、后发劣势理论、经济赶超理论等分析技术引进，也是本书的一个亮点。

第四，在理论上探讨技术引进对工业化和技术发展的影响，完善对技术引进问题的多角度研究，运用技术引进理论、经济赶超理论等，对技术引进进行分析、评价，进而得出四个结论，是本书的另一个学术价值。

1.5.2 本书的不足之处

第一，在档案与文献上，由于部分档案未开放、时代久远、语言差异等原因，引进苏联技术、西方技术的现有档案与文献有限，全面准确地收集苏联技术援助的资料、数据有一定的困难，这对本书利用档案与文献有一定影响。

第二，相比20世纪50年代引进苏联技术，在篇幅内容上，20世纪60年代初引进西方技术的资料不足；在研究分析上，对引进西方技术的分析也不足。

第三，尽管本书采用经济分析方法，但是实证分析不足，需要进一步研究计量模型，运用双重差分、空间计量、仿真分析等严谨的实证分析方法进行论证。

第2章

技术引进的概念与理论

本章通过界定技术的含义、技术引进等概念,论述了技术引进方式、模式、战略等,分析了技术差距理论、后发优势理论、后发劣势理论和赶超理论,进而分析了赶超战略,有助于全面系统地分析1949~1965年中国工业化进程中的技术引进。

2.1 技术的含义

技术作为人类智慧的成果,是一种系统的知识,可以是工艺、设备、方法等。历史上许多著名的学者都对技术的定义有着自己的理解。但是,到目前为止,理论界对"技术"一词的具体含义尚未形成统一的认识。

在西方国家,亚里士多德(公元前384~公元前322年)将技术定义为"一种真正理性的创制品质"[①]。

据《大不列颠百科全书》的解释,技术(technology)一词源于希腊文 techne(工艺、技能)与 logos(词、讲话)的组合,意思是对造型艺术和应用技术进行论述。当它在英国首次出现时,仅指各种应用技艺。到20世纪初,技术的含义逐渐扩大,它涉及工具、机器及其使用方法和过程,到20世纪后半期,技术被定义为"人类改变或控制客观环境的手段

---

① 亚里士多德著,苗力田译:《尼各马科伦理学》,中国人民大学出版社2003年版,第122页。

工业化进程中的技术引进（1949－1965）

或活动"①。

从不同的认识角度，一些权威的机构和权威的人士也给出了技术的定义。

经济学文献对技术的定义各有不同。斯图瓦特（F. Stevart，1977）认为技术包括生产使用和做有用的事情所需要的所有技巧、知识和程序，包括生产所需的软硬件技术、管理与营销技术，并进一步扩展到服务领域。埃迪莱克和拉波鲍特（Erdilek and Rapoport，1985）认为技术是指有关某种产品或生产技术的一系列知识。伊诺斯（Enos，1989）认为技术是存在于专利中的技术信息或以书面形式存在的、可以交流的知识，把技术限定在较窄的范围内。②

联合国世界知识产权组织（World Intellectual Property Organization，WIPO）于1977年编写的《供发展中国家使用的许可证贸易手册》（*Licensing Guide for Developing Countries*）对技术的定义如下：技术是指"制造一种产品的系统知识、所采用的一种工艺，或提供的一项服务"。③

这是迄今为止国际相关组织给技术所下的比较全面和完整的定义。实际上，世界知识产权组织把世界上所有能带来经济效益的科学知识都定义为技术。这个定义说明技术有三种表现形式：第一，创造一种产品的系统知识、某种工艺、某种服务；第二，技术可能凝结在某具体的创新产品中，可能以技术情报的形式出现；第三，可能是为某实体企业或个人提供的咨询服务。

实际上，各国学者在理论上对技术认识的差异主要是由于对技术认识角度上的不同，这种认识角度的不同使技术的含义具有了狭义和广义之分。狭义的技术指的是那些应用于改造自然的技术，而广义的技术则是指解决某些问题的具体方法和手段。

在我国的有些文献中，"技术"被当作"专门的技艺"。

《现代汉语词典》对"技术"的解释与上述定义差别不大，即：技术是人类在利用自然和改造自然的过程中积累起来并在生产劳动中体现出来的经验和知识，也泛指其他操作方面的技巧。

---

① 《大不列颠百科全书（国际中文版修订版）》第16卷，中国大百科全书出版社2004年版，第513页。
② 杜奇华主编：《国际技术贸易》，复旦大学出版社2008年版，第3页。
③ 世界知识产权组织编，刘朝晋等译：《技术贸易手册》，中国财政经济出版社1979年版，第27页。

《辞海》对技术的定义是：狭义上讲，技术"泛指根据生产实践经验和自然科学原理而发展成的各种工艺操作方法的技能"。《辞海》强调了技术是劳动工具和技能的综合，强调技术是人们在生产或服务过程中综合运用的经验、知识。广义上讲，技术"除操作技能外"，"还包括相应的生产工具和其他物资设备，以及生产的工艺过程或作业程序、方法"。[①]

这里更多地强调技术是经济、文化、历史、科学发展的标志。从石器、青铜器、铁器、手工工具到自动化机械、网络信息工具，每一种工具都作为技术的载体，标志着人类发展的一个不同历史时期。

在技术引进和技术援助研究中，通常把技术看成是具体的工程方法、各种工艺操作方法和技能，包括各种生产工具和物质设备等，本书借鉴了技术的这一含义，同时也赋予其更广泛的含义，增加了管理制度、管理方法等内容。

2.2 技术引进等概念

技术转移、技术转让、技术引进、技术创新既有联系又有区别。

技术转移（technology transfer）是指技术地理位置的变化，既可以指技术在一个国家境内不同地区的地理位置移动，也可以是技术在不同国家间跨越国境的地理位置移动。技术转移通常是一种行为，如技术人员到工作、生活条件更优越的地区或国家谋生，或者因为战乱移居他乡异国，其本身无意识地成了技术的载体，完成了技术转移。国际技术转移即为技术在不同国家间移动，其关键是人而不是技术文件，常常通过技术人才的流动而实现。

技术转让（technology assignment）是指人们根据不同地区或国家的生产力水平、经济基础、劳动力素质等因素，人为地、有意识地将技术在不同地区间或国家间进行引进或让予的行为。技术转让一般又分为两种：有偿转让和无偿转让。

20世纪70年代后期，对技术转移、技术扩散、技术转化和技术转让有不同翻译。随着研究的进一步深入，在20世纪90年代中后期学术界达成共

[①] 《辞海》上卷，上海辞书出版社1999年版普及本，第1903页。

识：广义上的技术转移包括技术扩散、技术转化和技术转让等。

对于技术引进（technology introduction）概念，也有不同理解。庄卫民编著的《产业发展与技术进步》一书指出：技术引进是国际间技术转移的一种重要形式，是在国际范围内通过购买、转让、合作与交流，输入他国（地区）科学技术成果的总称，是20世纪70年代末期出现的一种从工业发达国家引进技术的技术贸易方式，以区别于50年代成套设备引进的方式。而50年代所谓技术引进，只能被称为成套设备进口①。

1985年5月，国务院发布的《中华人民共和国技术引进合同管理条例》第二条规定，技术引进包括"专利权或其他工业产权的转让或许可；以图纸、技术资料、技术规范等形式提供的工艺流程、配方、产品设计、质量控制以及管理等方面的专有技术；技术服务"。而自2002年1月1日起施行的《中华人民共和国技术进出口管理条例》指出，技术进出口包括专利权转让、专利申请权转让、专利实施许可、技术秘密转让、技术服务和其他方式的技术转移②。

从我国实际情况看，李京文指出：技术引进是"一国（或其企业、单位、地方）通过国际贸易或经济合作交流等途径，采取不同的贸易方式（如现汇贸易、补偿贸易、记账贸易、出口信贷、来料加工等）和不同的经济合作方式（如合资经营、合作生产、来人指导、培训专业人员、参加国际学术会议等）从国外获得需要的生产、经营、管理技术的经济活动"。③

本书的技术引进概念借鉴上述有关提法，提出技术引进的内容包括项目引进、专利权转让、资料引进、资金引进、人力资源引进、管理制度与方法引进等。

而技术援助，即援助方向受援方提供成套的先进设备及提供全部或者部分设备所需的零部件、原材料，派遣技术专家负责组织和指导施工、安装和试生产，帮助受援方学会管理生产和操作技术，甚至通过提供贷款方式给予援助。而对于受援方来说，这在一定意义上就是技术引进。

熊彼特认为，创新就是"建立一种新的生产函数，把一种从来没有的

---

① 庄卫民编著：《产业发展与技术进步》，立信会计出版社2003年版，第123页。
② http://www.gov.cn/gongbao/content/2002/content_61768.htm。
③ 李京文：《论技术引进和我国的技术引进战略》，载《社会科学研究》1998年第4期，第33页。

关于生产要素和生产条件的新组合引入生产体系"。这个概念包括五种情况：一是采用一种新的产品；二是采用一种新的生产方法；三是开辟一个新的市场；四是掠取或控制原材料或半制成品的一种新的供应来源；五是实现任何一种工业的新的组织。①

经济发展是经济本身质的自发性突破，是由技术创新和生产组织形式的创新所引发的经济活动内部的一种创造性变动，需要通过引进"新组合"、进行创新来实现。因此，创新是经济发展的实质，是经济发展的根本现象。

按照熊彼特的创新理论，从长期来看，创新是一个周期性的过程。在创新的最初阶段市场中不会有大量的创新竞争者，新产品、新市场、新技术、新组织形式作为创新的成果在短期内相对于其他企业是相对垄断的。这时的市场是有与无的竞争，创新的企业家能够获得创新初期的相对垄断利润，而且利润会随着新的创新而不断增加。其他企业为了争取一部分市场份额和利润，会相继模仿已有的创新。这时，模仿者越来越多，原有的垄断格局被打破，原先创新的技术、市场、新组织形式因为模仿在全社会扩散普及，在竞争中产品的价格下跌使创新者的利润不断下降。当一种创新在社会上被广泛普及到一般企业后，创新产生的垄断利润也就逐渐下降直至消失。企业家为获取更多利润，将转向其他创新，这样一个创新过程就完成了。②

在分析了有关概念后，以下将重点分析技术引进的方式、技术引进的模式、技术引进的战略。

2.3 技术引进的方式

技术引进包括设备引进、软件引进、外商直接投资、人才引进与交流、非贸易型技术引进五种形式。

第一，设备引进（硬件引进）。设备引进的具体形式可以是引进成套设备、生产线，也可以是引进单项设备、样机等。成套设备从主机、辅机到配件、备件都由技术输出国提供，因而输入国需支付较多的资金，并容易形成

---

① ［美］熊彼特：《经济发展理论》，商务印书馆1990年版，第73~74页。
② 段培君主编：《战略思维理论和方法》，中共中央党校出版社2011年版，第155页。

工业化进程中的技术引进（1949—1965）

对技术输出国的依赖，不利于迅速培养出自己的技术人才，但能马上形成生产能力，见效快，容易掌握。生产线（production line）是按产品的工艺流程将不同的设备组合成流水线进行生产，可以完整地掌握产品的制造技术，并且比包建工程花费少，所以可以算作技术引进方式，配套设备可由国内提供①。

20世纪50年代，我国从苏联引进技术就是以购进成套生产线为主，整个项目的设备设计、制造、工建、安装、调试、试生产过程等都要由苏联提供，即成为"交钥匙"工程，这种技术引进方式可以节省费用，很快形成生产能力，对新中国经济发展和技术进步具有重要意义。而在60年代，我国从西方引进技术仍然延续了以购进成套生产线为主。

第二，软件引进。这主要指许可贸易、技术服务等方式的引进。此种引进形式所需资金相对较少，可使输入国举一反三，推动本国的技术进步，但不能直接形成生产能力，需要时间组织研究、消化，经过制造、管理等多方面的人才协作攻关，转化成生产能力，这要求输入国有较高的技术吸收能力。

第三，外商直接投资（FDI）。外商直接投资包括独资、合资、合作建立生产企业或合作研究等形式。一般认为，外商直接投资具有可以引进技术、资金和管理经验等优点，作为获得技术的一种方式已为发展中国家普遍采用。

第四，人才引进与交流。人才引进（即智力引进）与交流是技术引进的一种特殊形式。人们普遍认为，人才引进是各种引进方式中综合效果最好的方式，被称为"活件"引进。其主要形式有聘请专家、讲学、参加研究等。

第五，非贸易型技术引进。主要是通过人员交流、移居、参观考察和培训，以及科技讲座和文献交流等活动获得所需技术，从而使用很少外汇实现技术引进。

一般认为，设备引进，特别是成套设备的引进，属于比较初级的技术引进方式。随着技术水平的提高和经济发展，引进技术应从成套设备向单项关

---

① 庄卫民编著：《产业发展与技术进步》，立信会计出版社2003年版，第124页。

键设备过渡,从硬件引进向软件引进及人才引进过渡。①

2.4 技术引进模式

技术引进主要由人、物与信息这三种要素组成。由于在工业化进程中的国情不同与国际环境的变化,各国家在技术引进中对人、物(工具、设备)与信息要素各有侧重,从而形成了各具特色的技术引进模式,主要包括硬件模式、活件模式、软件模式、资本模式与混合模式等。

2.4.1 硬件模式

1. 硬件模式的形成

技术引进的硬件模式就是以购置机器设备为主引进技术的模式。历史上,苏联曾经成功采用这种模式。

苏联自成立以来在技术引进上有两次高潮,第一次在20世纪20年代末至30年代中期,第二次在20世纪60年代后半期至70年代,都是采用这种模式,以引进技术设备为主,对人才引进重视不够,其中,第一次引进高潮中还引进了一些人才,而第二次世界大战后苏联引进人才数量非常少。

苏联第一次技术引进采取了租让制、技术援助协议、进口成套设备、人才引进等形式,但主要是技术设备引进。苏联于1928年开始执行第一个五年计划,1929年爆发了席卷所有资本主义国家的经济危机,这次危机持续时间很长,到1933年才告结束。苏联利用这个时机从西方引进大量物化技术,购买成套设备和关键装置,成为当时西方技术设备的最大买主。当时世界进出口贸易下降,而同期苏联进出口贸易恰恰相反,且进口额比出口额增幅更大,以1929年为100,则1930年为141,1931年为162。在这个时期,苏联从国外购买的机械设备占世界机械设备出口总额的比重很大,1931年为1/3,1932年为1/2。1931年苏联从美国购买的机器设备约占美国机器设备出口总额的50%,1929年和1930年两年,苏联从英国购买的机器占英国

---

① 庄卫民编著:《产业发展与技术进步》,立信会计出版社2003年版,第126~127页。

工业化进程中的技术引进（1949-1965）

机械设备出口总额的70%，1932年提高到90%①。

20世纪60年代至70年代，苏联的技术引进始终坚持购置机器设备这条主线，其引进技术设备的比例高达90%以上。主要原因在于：首先，工业化以来，通过引进机器设备来快速实现经济发展成为一种重要方式。苏联抓住历史机遇，引进大量机器设备，避免了国内人才不足与技术基础的薄弱，促进了苏联工业化的发展。其次，实施出口导向战略。苏联通过出口丰富的自然资源，换入设备，这是工业化国家初期的重要选择。再次，国际环境问题。十月革命胜利后，苏联受到世界资本主义国家的围困，只有迅速工业化才能生存，为此大量引进设备几乎是唯一的道路。二战后，在冷战的影响下，苏联排斥其他引进方式，强化了硬件引进。最后，苏联与西欧发达国家地理上相邻，有陆路相通，使得苏联能够更便利地运送设备，也促成了苏联模式的形成②。

2. 关于"等距离追赶"问题

20世纪20~30年代，苏联通过第一次技术引进，短期内迅速实现了工业化，但这种技术引进的长期效果不理想，这在很大程度上与苏联不太重视人才引进，忽视技术引进后的消化、吸收和创新有直接的关系，因此苏联在许多领域里只保持"等距离追赶"世界先进技术水平的状况。技术引进中的"等距离追赶"现象，在苏联20世纪60~70年代同样存在。

20世纪20~30年代，苏联大量引进西方技术，科技水平有了较大提高，与当时的世界先进水平缩小了差距。二战后，苏联通过自己的努力和引进技术，科技水平也不断提高，也能仿制甚至创造出一些新的产品。但是，由于西方转让给苏联的技术都是成熟技术，比当时最先进的技术早一至二代，此外，加上引进、安装、投产需要一定的时间，等新产品生产出来时，早已不是什么先进的东西了。因此，苏联同西方在技术上一直保持着相当的差距。③

引进西方国家的技术最根本的目的是提高本国的科技水平，缩小同发达

---

① 龚维新、蒋德明编著：《国际技术转移的理论与实务》，上海人民出版社1990年版，第367页。
② 康荣平：《技术引进的几种国家模式》，载《世界经济》1992年第2期，第40页。
③ 邢书纲主编：《苏联是怎样引进和利用西方的资金与技术的》，上海三联书店1988年版，第470页。

国家的经济和科技差距,尽快使本国经济和技术达到世界先进水平。引进的本身,只是达到目标的第一步,而引进之后的消化和创新则更为重要。否则,就难免停留在长期落后、永远"等距离追赶"状态,这样就使引进技术失去了其真正的意义。

产生"等距离追赶"的原因很多,主要包括国外原因和国内原因。国外原因主要是西方发达资本主义国家出于政治、经济的考虑,从来不愿意把最先进的技术转让给苏联,苏联得到的技术只是西方已经推广的技术,从而保持它们对苏联的技术优势,使苏联购买西方技术设备的局面不得不长期存在下去。要克服"等距离追赶",就只有从苏联国内因素出发。苏联长期实行优先发展重工业的经济战略,使国民经济各部门之间的比例关系和技术结构严重失调,再加上苏联妨碍技术进步的僵化体制等,是存在"等距离追赶"问题的国内原因,只有克服这些问题,才能从根本上解决"等距离追赶"。"等距离追赶"就是等距离落后,就是长期落后。解决"等距离追赶"问题,是引进技术获得成功的根本所在。事实上,从先进国家引进先进技术,只能提供一个赶上世界先进科技水平的前提,绝不能保证达到世界先进水平。要想达到世界先进科技水平,就必须找到克服"等距离追赶"的有效途径。[①]

克服"等距离追赶"的有效途径主要就是调整经济发展战略,努力消除阻碍科技进步和经济发展的一切不利因素,包括管理体制的、政策的、人才的、物质的、技术的因素等,其中最主要的是不断改革一切不适应生产力发展的东西,不断进行技术革新与创新。

20世纪50年代,苏联技术在世界上是比较先进的,苏联为中国提供技术援助,基本上使中国处于技术发展水平的前列。但是,由于同样存在"等距离追赶"问题,中国的技术水平与苏联技术以及西方国家的先进技术仍然有较大的差距。

2.4.2 活件模式

技术引进的活件模式就是以人员的国际移动、迁居为主引进技术的模

[①] 邢书纲主编:《苏联是怎样引进和利用西方的资金与技术的》,上海三联书店1988年版,第470~471页。

式。历史上，美国曾经成功采用这种模式。

美国在技术引进中重视人这一要素，其主要特点是通过吸引国际移民而实现技术进步和经济发展。在北美殖民地时期，欧洲是世界技术的中心，美国通过欧洲移民，引进先进技术，特别是英国技术，从而实现技术进步。同样，美国独立后，通过吸引移民，引进了英国工业革命的关键技术。19世纪中后期，美国仍然通过吸引移民，引进欧洲新技术。18～19世纪移居美国的移民大多来自技术先进的欧洲，特别是英国，大量的国际移民作为技术载体不断把欧洲新技术转移到美国。通过移民引进技术，与美国所处的国际环境有直接关系。当时英国为保持其经济技术上的优势，实行禁止新机器（包括设计图纸）出口的法律，这促使美国只能通过移民来实现技术引进。被誉为美国制造业之父的S.斯莱特，就是在充分了解、熟悉英国棉纺织生产的工厂体系的情况下移居美国，然后凭记忆模仿英国技术建立起美国的第一座近代纺织厂，开始了美国的工业革命，由此奠定了技术引进中活件模式的基础。第二次世界大战期间和大战后，包括爱因斯坦在内的一大批高级人才到美国定居，为美国的技术发展做出了贡献。[①]

2.4.3　软件模式

技术引进的软件模式就是以技术信息（许可证贸易等）为主引进技术的模式。历史上，二战后，日本政府大量引进信息技术，开创了技术引进的软件模式道路。

从1950年开始，日本用了近30年时间从欧美各国大量引进技术，几乎吸收了全世界近半个世纪中开发出来的技术。1959～1967年，日本每年引进技术约1200项，大部分是引进单项技术，很少引进成套设备，在某些领域的技术已经超过欧美各国。[②]

日本对机器设备进口的数量不大，比发达国家的平均值低十几个百分点，20世纪50～70年代，日本的技术引进费用增加了14倍，而主要用于消化、吸收和创新的科研经费却增加了73倍，其费用是引进费用的2～3

[①] 康荣平：《技术的要素与技术转移的模式》，载《科技进步与对策》1986年第5期，第43页。

[②] 傅正华等：《我国技术转移的理论与实践》，中国经济出版社2007年版，第175～176页。

倍。1976年，技术消化创新费用与技术引进费用之比高达1:7。①

日本技术引进采取引进—消化—吸收—创新的路径，在较短时间内缩短了日本与世界先进技术水平间的差距，技术发展水平超过了美国，到1972年，日本技术贸易收支出现顺差，1980年以后，日本技术输出已经遍及全世界，成为第二号世界经济强国。

2.4.4 资本模式与混合模式

技术引进的资本模式是以吸收外商直接投资（FDI）为主引进技术的模式。二战后的新加坡和巴西最为典型。以新加坡为例，新加坡1965年成立共和国以来，确定了以吸引FDI为主的发展道路，年均吸收FDI不断增加。新加坡通过FDI主要引进了国外先进的工艺、管理方法等，充分发挥了FDI周期短、风险小、见效快、债务少等优点。

技术引进的混合模式是几种方式并用的模式，其典型代表是韩国。20世纪60年代至70年代初，韩国发展轻纺工业时，技术引进主要是包括活件方式在内的非贸易型技术引进，在20世纪60~70年代的化工、20世纪80年代的汽车和电子工业等技术和资金密集产业的发展上，韩国积极采用FDI形式。20世纪70年代，韩国在其钢铁工业大发展的初期，采用了硬件模式，取得明显效果。

2.5 技术引进战略

技术引进战略作为国家总体发展和整个经济发展战略的重要组成部分，是国家关于技术引进的全局性、长远性的指导原则和计划，主要包括技术引进的路线选择和工业化战略选择等。

2.5.1 技术引进的路线选择

各国在工业基础、技术力量、资源条件、经济水平以及文化素质等方面

---

① 李宽、黄麟雏：《美国、日本和中国的技术引进比较》，载《引进与咨询》1995年第1期，第27页。

工业化进程中的技术引进（1949—1965）

存在差异，因此在引进技术的路线上，一般有三种战略选择：循序渐进战略、迎头赶上战略和捷足先登战略。循序渐进战略强调引进国外已经成熟的技术，适合技术引进的初期阶段采用。迎头赶上战略强调引进国外处于技术成长阶段的技术。技术落后国家可采取迎头赶上战略，利用国际技术市场，引进先进技术。捷足先登战略即比对手领先一步取得创新成果或占领市场，适合发达国家。发达国家尤其是工业发达国家中的大型跨国公司，在技术创新成果的取得上和把创新成果转入商品化生产上，具有优势或比较优势，但需要正确地执行捷足先登战略，才能把优势转化为市场竞争中的胜势[1]。

技术落后国家在技术引进时应选择迎头赶上战略，先在主要技术领域达到先进水平，积蓄后发优势，然后再选准突破口，在已经取得突破的技术领域或有一定实力的企业集团中采用捷足先登战略，注重最新技术成果的运用，最终实现技术发展的跨越。20世纪50年代、60年代我国基本上是采取循序渐进战略，在某些工业领域采取迎头赶上战略。

2.5.2 工业化战略的选择

技术引进作为经济发展的一个重要内容，要符合工业化战略的需要。

二战后，以追求国民生产总值快速增长为目标和以实现工业化为主要内容的工业化战略，习惯上被称为传统发展战略，包括初级产品出口的发展战略、进口替代战略和出口导向战略。

第一，初级产品出口的发展战略是一种外向型发展战略，是以本国廉价劳动力开发本国丰富的自然资源，发展农、矿、特产等初级产品出口，推动本国经济发展的战略。

后起国家通过初级产品出口，增加财政和外汇收入，有利于引进发达国家先进技术。泰国、马来西亚等都运用该战略，推动了经济发展。但是初级产品出口的发展战略作用是有限的，已经不适合现代的后起国家。

第二，进口替代战略是一种内向型经济发展战略，是立足国内市场，从减少进口出发，以本国产品替代同类产品的进口，以满足国内市场需求的战略。

---

[1] 汪星明主编：《技术引进：理论·战略·机制》，中国人民大学出版社1999年版，第141页。

进口替代战略促进了原来单一畸形的经济结构逐步转换为多样化的经济结构,在经济发展和对外技术交流中发挥了重要作用。然而,后起国家工业化过程中,该战略逐步暴露出严重的缺陷。例如,20世纪70年代以来,东亚和拉美工业化经验表明,进口替代战略只能是一种阶段性的战略,只有在一定经济发展阶段实施进口替代战略,经济才能持续、高速发展。

第三,出口导向战略是一种外向型战略。它主要是面向国际市场,根据国际市场或国际分工的需要,从增加本国的出口出发,发展本国的出口加工业。20世纪60~70年代,一些后起国家和地区应用出口导向战略取得了成功。"亚洲四小龙"、日本和南美洲的巴西等出口导向战略实施得都比较成功,但它们在转向出口导向战略之前,都长期成功地推行了进口替代战略。如果没有20世纪50年代的进口替代为其工业化奠定基础,就不会有60年代顺利推行出口导向战略的成功。①

一个国家采用的工业化战略不是一成不变的,会随着国际经济环境的变化而调整,并且有时是进口替代战略和出口导向战略相结合。引进技术战略作为经济发展战略的重要组成部分也将随着工业化战略的变化而进行调整。

重工业优先发展战略作为赶超战略或工业化战略的一种形式,除了采取进口替代战略之外,还完全可以采取其他战略模式和方案,关键是从本国国情出发。20世纪50年代苏联对我国进行技术援助,我国采用重工业优先发展战略,向苏联出口初级产品和原料,引进苏联技术,采取的是进口替代战略,为我国的工业化奠定了基础。在此后相当长的时间里,我国采取的是进口替代战略。但是,随着我国经济不断发展,必须改变单一的进口替代战略,适时采取进口替代战略和出口导向战略相结合的发展战略,这符合经济发展规律,也是许多国家经验所证明的。

2.6 技术差距理论

针对20世纪50年代中国引进苏联技术,以及20世纪60年代中国引进

---

① 汪星明主编:《技术引进:理论·战略·机制》,中国人民大学出版社1999年版,第141~142页。

工业化进程中的技术引进（1949－1965）

西方技术，选取技术差距理论、格申克龙的后发优势理论进行分析具有重要意义。

技术差距理论产生于 20 世纪 60 年代，它的创始者为波斯纳（M. U. Posner）和胡弗鲍尔（G. C. Hufbauer）。1961 年，美国学者波斯纳在他发表的《国际贸易与技术变化》一文中，提出了技术差距理论（technological gap theory），也称技术差距模型（technological gap model）、技术间隔论。

该理论认为，由于发达国家具有较强研究与开发能力，导致更多的技术创新是在发达国家内产生的。发达国家的技术创新加剧了发达国家与发展中国家之间的技术差距，由此在一定时间内发达国家不仅取得了技术上的优势，而且一定时期内在某种产品的生产上也取得了垄断地位，进而有可能暂时享有生产和出口某类高技术产品的比较优势，从而形成了与未进行技术创新的其他国家间的技术差距，并且导致了该技术产品的国际贸易。随着该产品国际贸易规模的扩大以及该技术日渐成熟，为了追求更高的利润，技术先进国可能会通过多种途径和方式进行技术转让，而技术落后的国家由于该项技术及其产品的经济示范效应则对其进行研究开发及模仿，或者直接从技术先进国引进，从而最终掌握该项技术，缩小技术差距。相应地，该技术产品在技术先进国与技术引进国之间的贸易量也逐渐减少，直到技术引进国能自主生产满足国内需求的商品数量时，该技术产品的贸易就会停止，两国间原有的技术差距也就消失了。

一些技术差距论者甚至提出，各国存在着技术差距导致技术转移的发生。世界各国科技发展不平衡，经济发展程度存在差异，发达国家是技术的"中心"，发展中国家是技术的"外围"（或边缘）。技术转移的方向是从"中心"向"外围"（或边缘），中心国占有了几乎全部的技术进步利益，"中心"控制和支配"外围"（或边缘）。

该理论还提出了模仿时滞问题。模仿时滞指的是其他国家模仿创新国家的新技术产品需要一定的时间，这段时间的起止点分别为技术差距产生和由该项技术引起的国际技术贸易终止。因为该时滞的存在，技术差距才能使创新国家在模仿期间内具有技术及其项下产品生产的垄断优势。时滞效应也解释了国与国之间存在技术差距的原因。1963 年戈登·道格拉斯（Gordon Douglas）运用模仿时滞的概念，解释了美国电影业的出口模式。1966 年胡弗鲍尔（G. C. Hufbauer）利用模仿时滞的概念，解释了合成材料产业的贸易模式。

1979年美国学者克鲁格曼（P. Krugman）提出了一般均衡条件下的商品周期贸易模式，成为保持技术差距的依据。①

克鲁格曼在技术和比较优势关系的简单模型中，强调每个国家在产品档次系列上都有一个与其技术水平相适应的位置，从而在这个档次产品生产上具有比较优势。档次高的国家处于技术的高等级上，在高新技术产品生产方面具有比较优势，大量出口创新产品；技术等级低的国家在低技术产品生产方面具有比较优势，大量出口模仿产品。由于技术是不断变化的，技术进步对不同技术等级的国家的福利水平都会产生影响。当发达国家发生技术进步、扩大与其他国家的技术差距时，不仅能增强其所有产品生产率高的优势，而且技术密集度越高的产品，生产率提高程度越高，从而为技术创新国创造更多的贸易机会，进而促进其工资水平和国民收入提高。与此同时，不断创新的技术通过各种途径由发达国家转移到发展中国家，也促进了发展中国家的经济发展和福利水平的提高。由于技术差距是技术转移的基础，所以发达国家出口创新产品并转移技术，发展中国家引进技术并出口模仿产品。②

事实上，技术差距理论是比较优势理论在国际技术贸易领域的运用。但这种理论没有具体分析"技术差距"的种种形态，只看到了技术先进国与技术落后国之间存在的技术差距，仅仅说明了国际垂直的技术转移，而没有办法解释技术水平大致相同的国家之间为什么也存在技术转移，即水平转移的情况。③

技术差距理论是应用技术进步因素，对国际技术转移的最新解释。技术差距理论注重国际技术转移的成效，对分析不同国家引进技术方面的成效具有启发意义。根据技术差距理论，技术引进的成效不仅取决于技术提供方所提供的技术状况，而且还取决于技术引进方的经济技术基础和技术消化吸收能力等。一个发展中国家国内经济基础越差，技术储备越低，吸收、消化技

---

① 傅正华等：《我国技术转移的理论与实践》，中国经济出版社2007年版，第23页。
② 李虹：《国际技术转移与中国技术引进》，对外经济贸易大学出版社2016年版，第16～17页。
③ 杜奇华主编：《国际技术贸易》，复旦大学出版社2008年版，第51页。

术的能力越差,其引进技术的成效就越小,与发达国家的技术差距也就越大。

对于技术落后国家而言,技术引进的目的在于缩小与技术先进国家之间的技术差距,因而要从减小技术差距着手,研究造成技术差距的各方面原因,提高技术引进的效益,促进经济发展。

20世纪50年代苏联对华技术援助,从一定意义上讲,在于中苏之间存在技术差距,苏联技术的梯度高于中国,中国引进苏联技术才成为可能。20世纪60年代,中国引进西方技术,也在于西方技术的梯度高于中国。

2.7 后发优势理论

格申克龙的后发优势理论为后起国家实现工业化提供了理论依据,但是实现后发优势,要避免后发优势陷阱。

2.7.1 后发优势理论的提出

格申克龙提出的后发优势理论成功地解释了20世纪80年代以来的后起国家日本和亚洲新兴工业化国家经济高速增长的原因,因此越来越受到重视。

在经济学上,后发性(backwardness)亦称后起性、落后性、后进性,一般指近现代以来,以工业化为主要内容的国家经济发展进程中所具有的特性。

后发性这一概念源于古典经济学的集大成者约翰·斯图亚特·穆勒(John Stuart Mill,1806~1873年)对不同国家经济发展历程的考察。但后发优势概念的提出应归功于亚历山大·格申克龙(Alaxander Geschenkron,1904~1978年)。1952年,出生于俄国的美国著名经济史学家格申克龙发表了《经济落后的历史透视》(*Economic Backwardness in Historical Perspective*)一文,对19世纪德国、意大利、俄国等欧洲较为落后国家的工业化过程进行了分析和系统考察。

在1962年收入同名著作的另一篇论文《欧洲工业化的再探索》(*The Approach to European Industrialization: A Postscript*)中,他又进行了进一步阐

述。格申克龙通过对欧洲国家工业化进程的历史考察，概括出六种不同的工业化形态特征和"大爆发"的概念。

格申克龙指出：根据某一个给定国家在其工业化前夕经济落后程度的不同，其工业化的过程与特征在许多重要的方面也将倾向于发生不同的变化。这些变化可以方便地压缩成六个命题的缩略形式。

（1）一个国家的经济越是落后，它的工业化就越可能作为一种以较高的制造品增长率表现出来的突然的大爆发而间断式地开始。

（2）一个国家的经济越是落后，在其工业化的过程中就越是更多地强调要重视工厂与企业的大规模。

（3）一个国家的经济越是落后，就越是更多地强调生产者物品而不是消费品的重要性。

（4）一个国家的经济越是落后，对人民消费水平的压制就越严重。

（5）一个国家的经济越是落后，旨在增加新生工业部门资本供给的特殊的制度因素所发挥的作用就越大。一国的经济越落后，就越是宣称这些因素的强制性与综合性。

（6）一个国家的经济越是落后，其农业就越不可能通过向日益增长的工业提供一种扩张的工业品市场（这种市场反过来要以农业劳动生产力的提高为基础）所带来的好处来发挥任何积极的作用。①

后发优势概念是格申克龙理论的核心部分，从上述六个特征中可以归纳和引申出后发优势的具体内涵。作为对后起国家工业化理论的总结，格申克龙阐释了后发优势学说。

后发优势是后起国家在推动工业化方面所拥有的由后起国家地位所致的特殊优势，这种优势既不是发达国家能拥有的，也不是后起国家通过自身努力创造的，而完全是与其经济的相对落后共生的。因此，所谓后发优势（advantage of backwardness）常被称作后起之益、后发性优势、落后的优势、落后的有利性等，包括两个层次的含义：

其一是替代性（substitution）的广泛存在。格申克龙指出，替代性是指后起国家享有的特殊益处，广泛存在于后起国家通过有别于先进国家实现工

---

① ［美］亚历山大·格申克龙著，张凤林译：《经济落后的历史透视》，商务印书馆2012年版，第444~445页。

业化水平的方式、途径,以及由此导致这些后起国家的工业化可选择资源和时间的节约。

其二是指替代性这样一种后起之益的三种具体表现形式:第一,引进技术先进国家的技术和设备,特别是成套设备。第二,学习和借鉴技术先进国家所积累的经验与教训。第三,对经济落后和寻求工业化发展的强烈的社会意识。

格申克龙对后发优势没有给出清晰完整的界定,但其提出的后发优势假说意义重大,后来的学者对后发优势问题进行了深入的探索。

纳尔逊(R. Nelson)以及温特(S. Winter)等人对此进行了模型化。美国著名社会学家列维(M. Levy)在《现代化与社会结构》(1996年)一书中,将格申克龙的后发优势理论具体化,总结归纳了后发式现代化的利与弊。阿伯拉莫维茨(Abramovitz)提出,后发优势是一种潜在优势,将潜在(potential)优势转变为现实(realistic)优势需要技术差距、社会能力以及历史、现实和国际环境等条件来实现。[①]

后发优势理论从理论高度展示了后起国家在工业化进程中赶超发达国家的可能性和具有的潜力,对解释后起国家经济阶段性高速增长的原因具有理论意义。后发优势理论不仅解释了日本通过技术引进实现了其后发优势,二战后的"亚洲四小龙"通过技术引进在20~30年时间内实现了经济腾飞,而且对19世纪末作为工业化先行者的英国被后来的德国、美国等赶超也做了很好的解释。

事实表明,在工业化和现代化进程中,后起国家赶超发达国家的实例比比皆是,后发优势理论对于后起国家发展战略的制定具有重要借鉴作用。

2.7.2 后发优势陷阱分析

后起国家工业化的发展道路表明,后起国家要实现经济赶超,必须有效利用后发优势,主要表现在学习和引进发达国家的先进技术与制度。这里的先进技术包括工艺、经验与管理方法等,制度包括发达国家的工业化战略、方针政策及措施等。因此,后起国家不必再花费同样多的人力、财力和物力进行重复开发和探索,由此带来经济的发展。

---

① M. Abramovitz, *Thinking about Growth*. Cambridge University Press, 1989: 220-242.

但是，如果后起国家在工业化赶超过程中，在技术进步方面仅仅是紧随先发国家的步伐，完全模仿、照抄技术先进国家的经验和制度，那么就可能遭遇困难和障碍，陷入后发优势陷阱，主要表现为两种：一是技术模仿陷阱；二是制度模仿陷阱。

所谓技术模仿陷阱，主要是指后起国家的技术进步表现为一种完全模仿和采用先发国家已有技术，缺乏技术自主创新潜力和能力，一直落后于技术先进国家。所谓制度模仿陷阱，主要是后起国家在学习、引进和模仿先进国家制度过程中，实行拿来主义，对发达国家的制度进行引进与模仿，而不予消化与创新，从而使制度的各个因素之间出现摩擦、冲突与障碍。

陷入后发优势陷阱中，后起国家的技术引进就会一直处于"引进—模仿—再引进—再模仿"的被动循环之中，最后技术进步与发展陷入"引进—落后—再引进—再落后"的怪圈。造成上述被动循环与怪圈的最为根本的原因是：后发优势理论的核心是假定后起经济国家或地区具有技术学习与制度学习的后发优势，强调了模仿，而忽略了技术与制度创新，或没有正确处理技术与制度引进的辩证关系。

为此，要加强技术与制度的创新，同时注重技术学习与制度学习，不可固守或偏重于某一方面的学习，特别是不能用技术学习（模仿）代替制度学习（模仿）。实际上，由于技术学习与制度学习具有高度关联性，决定了后起国家不可能只进行单纯的技术学习而实现经济赶超目标，制度学习关系到后起国家的经济长期发展的基础和动力，二者并重是后起国家发挥后发优势的关键。

2.8 后发劣势理论和经济赶超理论

后发劣势在后起国家中是一个普遍现象。克服后发劣势是实现经济赶超的前提，经济赶超理论以后发劣势理论为基础。

2.8.1 后发劣势理论

后发劣势是指后起国家在经济发展过程中，相对于先发国家而言，由于后发这一特殊境遇而面临的不利发展条件，或由于历史原因滞后启动工业化而面临的不利处境。

后发劣势是由美国经济学家沃森提出的,他认为,由于发展比较迟滞,后起国家在很多方面可以模仿发达国家。模仿主要包括制度模仿和技术模仿两种形式。由于技术模仿比较容易,制度模仿比较困难,因此后起国家一般会倾向于技术模仿。但是,技术模仿虽然可以使后起国家在短期内取得非常好的发展,却可能会给长期发展留下许多隐患,甚至导致长期发展失败,这就是后起国家的后发劣势。[1]

对后起国家来说,后发劣势具有普遍性,是它们共同面临的一种不利发展处境和负面影响,对后起国家的现代化起着阻碍作用。

除了沃森提出的后发劣势理论之外,学者们对后起国家的后发劣势也进行了分析,主要包括马克斯·韦伯在《新教伦理与资本主义精神》一书中提出的文化障碍论、发展经济学家纳克斯等提出的资本短缺论、弗农通过产品周期理论指出的技术依附论、新历史学派经济学家诺思等提出的路径依赖论、德国历史学派经济学家弗里德里希·李斯特在其《政治经济学的国民体系》一书中提出的不平等竞争论等。

2.8.2 经济赶超理论

经济赶超理论曾经指导过后起国家的发展并具有深远影响,属于发展经济学中的内容,以后发劣势理论为基础,强调克服后发劣势是实现经济赶超的前提。

1. 李斯特的幼稚产业保护论

首次提出经济赶超理论的是德国历史学派经济学家李斯特,他提出了幼稚产业保护论及其发展战略。

李斯特认为,后起国家与先发国家发展条件不一样,有自己的特殊性,如果按照英国经济学家倡导的完全市场经济与自由贸易政策制定本国的经济发展战略,在不平等的竞争力条件下,后起国家的幼稚民族工业将被摧毁,重新陷入纯农业国地位。为了实现公平竞争,后起国家就必须实现工业化,

---

[1] 王文龙:《基于后发劣势理论的经济赶超战略研究》,中国社会科学出版社2014年版,第6页。

提升自己的产业结构,但工业化需要一段时间的幼稚产业保护期,为了加速幼稚产业的成长,后起国家应该积极创造条件,实行有限贸易保护政策,改善贸易条件,增强国力。由此,李斯特就提出了以幼稚产业保护论为核心,以生产力论、工业化论、国家推动论为重点的经济赶超理论[①]。

李斯特的幼稚产业保护论,为后来的德国、美国的工业化提供了理论指导。第一次世界大战之前,在西欧各国之中,只有德国实现了经济赶超,这既与李斯特的关税同盟理论和铁路线建设理论在德国付诸实施并取得显著成效有关,又与德国较高的经济技术水平相关。李斯特的幼稚产业保护论对于美国工业化的成功赶超也提供了理论借鉴。但是,在德国、美国之后,其他后起国家却很少能成功。

2. 新经济史学派的路径依赖论

经济史表明,制度是影响经济发展的重要因素之一。

新经济史学派认为,经济发展的真正原因应该是隐藏在经济发展背后的制度,而西方世界的兴起正是因为其背后的制度。后起国家虽然已经摆脱了殖民统治,但长期的殖民统治所形成的国内经济、政治、阶级结构却由于路径依赖依然长期存在,并维持原来的功能,导致新殖民主义和国内殖民,使发展困难重重,利益集团的存在进一步阻碍了经济发展。由此,他们认为,只有那些能够降低交易成本、保护产权、使个人收益与社会收益相一致、合理地解决"搭便车"问题、能刺激私人创新的制度才能获得持续的发展。一旦一种制度获得了较好的绩效,这种制度就会保留下来,并不断强化,但是,由于利益集团的阻碍,一项坏的制度也会长期保存下来,并持续发挥作用[②]。

为此,新经济史学派提出了路径依赖、诱致性制度创新等理论,强调了文化与意识形态对经济发展的重要性。

[①] 王文龙:《基于后发劣势理论的经济赶超战略研究》,中国社会科学出版社2014年版,第15页。
[②] 王文龙:《基于后发劣势理论的经济赶超战略研究》,中国社会科学出版社2014年版,第23页。

2.9 赶超战略的后发劣势分析

赶超（catching-up）是经济上的后起国家追赶先发国家并最终实现现代化的过程。经济赶超是指后起国家通过一定的发展战略，在迅速工业化基础上赶上并且超越先发国家经济发展水平，赶超目标的实现则取决于后起国家有效利用后发优势，克服后发劣势。

自英国工业革命成功以来，经济赶超战略成为经济学研究的重点。利用本国后发优势，克服本国后发劣势，以实现经济赶超，成为后起国家的目标。

工业发展历史表明，大凡以制定和实施工业化战略方式推进本国工业化建设和发展的后起国家，其工业化战略本身即是一种旨在赶超的战略。所谓工业化战略就是落后的国家有意识地加快工业化进展，以实现工业化赶超的指导性纲领，实质是以实现工业化为主题的经济赶超战略。作为多数后起国家工业化的必然选择，工业化战略就是后起国家所特有的一种处于政府的积极干预之下的工业化的发展指导纲领，主要体现在四个方面：第一，工业化战略思想的赶超性，即后起国家有意识地通过引进技术、强化学习等以加快工业化进展、实现工业化赶超。第二，工业化战略目标的赶超性，即后起国家的工业化目标以先进国家工业化水平为参照和终极目标，最终达到与先进工业化国家同步的发展状态。第三，工业化战略方案的赶超性，后起国家工业化战略所包括的战略目标、原则、重点、步骤和战略措施等，都必须具有赶超性质。第四，工业化战略立场的赶超性，主要是指后起国家的工业化战略制定者的立场和整个指导思想始终处于一种强烈的赶超意识支配之下。①

实际上，赶超战略或工业化战略在于对赶超意识的强调和战略目标的赶超性以及目标的实现。

根据后发劣势理论，经济赶超战略以经济赶超理论为依据和基础，其关

---

① 史东辉：《后起国工业化引论——关于工业化史与工业化理论的一种考察》，上海财经大学出版社1999年版，第78~80页。

键在于克服后发劣势。由于后发劣势具有动态性、相对性、递增性等特点，这就决定了后发劣势战略也必须随着时间、地点的改变而不断调整，以克服动态化的后发劣势。

任何一个经济赶超战略都是一个完整的体系框架，除其理论依据外，还包括实现目标、实现方法。目标规定了经济赶超战略希望达到的指标，是整个经济赶超战略的核心；方法则将理论与现实结合起来，将发展目标具体化，确定经济发展战略的方向，提出各种具体对策、制度设计与步骤来落实目标。这样，经济发展战略理论依据、实现目标、实现方法各部分之间相互支撑、相互影响。

目前，经济学家在经济赶超问题上取得了一些基本共识：

第一，资本对于经济发展特别是对于后起国家的发展更为重要。资本的获得形式多种多样，既可以是少数石油出口大国的石油等资源，也可以是居民的高储蓄率，还可以通过引进外商直接投资获得。

第二，必须重视人力资本的开发。一国经济发展的核心竞争力是科技的竞争力，为此，后起国家应该把基础教育放在优先发展地位，防止教育的过度发展，造成大量知识分子失业，浪费人力资源。同时，在大力发展教育的基础上，后起国家应该大力吸引人才，发展科技，促进国家产业结构和工业结构的升级，提高国家经济的竞争力。

第三，社会发展要协调。一是兼顾公平与效率。一般来说，公平与效率是对立统一的，市场的公平进入机会和公平竞争与效率是统一的。但是在现实中，二者关系比较难以很好地处理。二是兼顾平衡发展与不平衡发展。在经济发展过程中，产业的特点不同，区域的自然禀赋也不一样，实现产业、区域的完全的平衡发展是不实际的。但是，经济发展的目标是平衡发展，平衡发展中有重点发展，重点发展又必须保证全局的平衡发展，才能使经济发展健康可持续。为此，在强调重点发展的同时，要注意协调产业之间、区域之间的平衡发展。

这些共识是制定经济赶超战略的基础，但是要实现经济赶超，必须在借鉴历史上成功的发展经验基础上，根据本国发展条件制定出适合国情的发展战略，才有可能获得经济赶超的成功，否则盲目模仿只能导致失败。

实际上，深刻认识后发劣势是理解经济赶超理论的起点，经济赶超成功的前提在于克服后发劣势，发挥后发优势。为此，正确认识后发劣势与后发

工业化进程中的技术引进（1949－1965）

优势的辩证关系至关重要。后发劣势与后发优势是矛盾的两个方面，正如"鸟之两翼，车之两轮"。两者是后起国家同时存在的环境和条件，它们密切相关、相互制约，并在一定条件下可以相互转化。因此，不能将两者僵化地对立起来、割裂开来。只有把充分利用后发优势与克服后发劣势紧密地结合起来，后起国家才能实现经济赶超。

第3章

新中国的技术发展战略

中华人民共和国成立初期,中国的经济与技术非常落后。在此基础上,中国开始进行国民经济恢复与建设,接受了苏联援助,全面系统地引进苏联技术,移植了苏联优先发展重工业的经济发展战略模式。中国的技术发展战略,在坚持优先发展重工业,以"农、轻、重为序,安排国民经济",以及坚持自力更生为主、争取外援为辅的方针之下,全面引进、学习、吸收、消化国外技术,重视技术创新,并注重人才队伍建设。中国的技术发展战略,对20世纪50年代引进苏联技术、60年代初引进西方技术都有着重要影响。

3.1 新中国成立初期的经济技术基础

新中国成立初期,中国经济非常落后,工业生产和技术水平极端低下,教育状况相当落后,技术人员和管理人才严重不足。经过国民经济恢复时期的发展,中国的经济与技术得到提高,但是,总体上,中国工业化的基础仍然较薄弱。

3.1.1 新中国成立初期的工业经济状况

新中国成立初期,工业基础薄弱,战争破坏严重,经济非常落后,工业生产水平极低,工业固定资产仅有124亿元,工业生产比战前显著下降,

工业化进程中的技术引进（1949－1965）

1949年工业总产值比1936年下降了一半，其中重工业下降尤为严重。①

第一，主要工业产品产量低。1949年中国主要工业产品的产量很低，其中，生铁25万吨，钢15.8万吨，原煤0.32亿吨，原油12万吨，发电量43亿度②。当时，煤、电、油供应紧张，钢铁、有色金属、基础化学、建筑材料等产品数量不足，品种规格不多，质量不高。

1949年是全国工业生产最低落的一年，如以历史上的最高年产量（1936年产量）为100，则1949年几种主要工业产品的产量大约如下：生铁降至10.9，钢锭降至15.8，钢材降至17.8，煤降至44.5，电力降至72.3，水泥降至30.9，纯碱降至62.9，棉纱降至72.4，棉布降至72.6，汽车胎降至35.9，纸降至89.5，面粉降至77.6，糖降至39.6③。可见，1949年主要工业品的产量只有20世纪30年代最高水平的15%～80%。

以钢产量为例，1949年中国钢产量15.8万吨，人均0.29公斤，不仅与1949年美国钢产量7074万吨相比，有巨大的差距，与美国平均每人占有钢产量相比则更加悬殊。与其他发达国家相比，中国的钢产量也有较大差距。

工业生产能力差。以钢铁为例，1949年钢铁工业生产情况如下：全国原有炼铁设备年产能力300万公吨，东北占其中的71%；炼钢设备年产能力1476千公吨，东北占91%；轧钢设备年产能力只有70万吨，东北占50%。其余钢铁工业设备分布于太原、北京石景山、唐山、天津、上海、大冶、重庆、广州等地。全国炼钢设备，只及炼铁设备的49.2%，轧钢设备又只及炼钢设备的47.4%。这些设备一部分被破坏，没有修复④。

水泥产量也很低。根据1949年的中国经济简报，我国水泥品质优良，1936年关内水泥产量为957千公吨，一部分销往国外。战后外货充斥，我国水泥工业大受打击，1947年全国产量仅及设备能力的24%。1945年估计东北14大水泥厂年产能力为220万公吨，1943年最高产量达150万公吨，占设备能力的68.2%。战后东北设备被敌伪及蒋匪破坏甚烈，损失大半。

---

① 吴承明、董志凯主编：《中华人民共和国经济史（1949—1952）》第1卷，中国财政经济出版社2001年版，第69页。
② 国家统计局编：《中国统计年鉴（1984）》，中国统计出版社1984年版，第220～228页。
③ 李富春：《中国工业的目前情况和我们的努力方向》，引自中国社会科学院、中央档案馆编：《1949—1952中华人民共和国经济档案资料选编·综合卷》，中国城市经济社会出版社1990年版，第65页。
④ 中国社会科学院、中央档案馆编：《1949—1952中华人民共和国经济档案资料选编·综合卷》，中国城市经济社会出版社1990年版，第47页。

估计全国水泥原设备的年产能力为 3438193 公吨。1949 年产量为 41 万公吨，占原设备能力的 12%①。

新中国成立前夕，中国一些重要工业产品产量不仅与同时期的美国相比相差几倍到上千倍，而且与印度相比也有很大差距。通过 1949 年中国主要工业产品产量与美国、印度的比较（见表 3 – 1），可以明显看出中国与世界的巨大差距。

表 3 – 1　　　　1949 年中国、美国、印度主要工业产品产量比较

产品名称	单位	产量			产品名称	单位	产量		
		中国	美国	印度			中国	美国	印度
生铁	万吨	25	4982	164	硫酸	万吨	4.0	1037	10
钢	万吨	15.8	7074	137	纯碱	万吨	8.8	355	1.8
原煤	亿吨	0.32	4.3597	0.322	烧碱	万吨	1.5	202	0.6
原油	万吨	12	24892	25	棉纱	万吨	32.7	171.5	61.5
发电量	亿度	43	3451	49	棉布	亿米	18.9	76.8	34.6
金属切削机床	万台	0.16	176.2		糖	万吨	20	199	118

资料来源：国家统计局编：《中国统计年鉴（1984）》，中国统计出版社 1984 年版，第 220～228 页；《国外经济统计资料（1949—1976）》，中国财政经济出版社 1979 年版，第 148～262、276～277 页。

第二，工业畸形发展。根据 1949 年中国经济简报，中国工业不仅落后，并且发展也是畸形的。轻工业大部分集中于沿海的几个大都市。据国民党政府经济部 1947 年对中国主要都市所有制造业的统计，仅上海、天津两地，工厂数即占主要都市总数的 63%，职工人数占 61%。东北则占有全国半数以上的重工业。据统计，"1943 年东北生铁产量占全国产量的 87.7%，钢材占 93%，煤占 49.5%，电力占 78.2%，水泥占 66%。整个工业彼此不相配合，煤用不完，而电力则感缺乏，生铁只有 1/2 能炼成钢，而轧钢能力又仅及炼钢的 1/2 弱"②。

---

① 中国社会科学院、中央档案馆编：《1949—1952 中华人民共和国经济档案资料选编·综合卷》，中国城市经济社会出版社 1990 年版，第 53 页。
② 中国社会科学院、中央档案馆编：《1949—1952 中华人民共和国经济档案资料选编·综合卷》，中国城市经济社会出版社 1990 年版，第 64 页。

工业化进程中的技术引进（1949–1965）

在 1949 年工业总产值中，轻工业总产值占 73.6%，重工业总产值占 26.4%。因为旧中国的工业多数是纺织、面粉和卷烟工业。为数极少的重工业，其内部结构也是畸形的，缺乏基础工业和制造设备的机械工业①。

以机械工业为例，当时中国的机械工业畸形发展，尚处于向独立制造转变的过程中，没有以新技术装备国民经济各部门的能力。

中国的机械工业在关内的分布畸形，集中于上海、天津、青岛、广州等沿海城市，基础脆弱。1949 年，全国机器工厂初步统计约 5000 家，工作母机约计 6 万台，其中公营约占一半，职工人数约达 21 万。生产方面，除一部分因解放战争尚在进行，须继续为兵工服务外，大部分积极生产电工器材与工具机，特别是小型马达，煤矿、铁道、轮船及轻工业、农业等所需的机器与设备②。

第三，经营管理水平差。以电力工业为例，1949 年全国电力工业基本情况如下：首先，设备陈旧，且遭破坏，发电出力与设备容量间的差额仍很大，东北、华北、华东三大地区全部设备的最大出力仅占总设备容量的 65%。全国公营主要电厂发电量仅 2163500 千度，而 1944 年东北一地发电量即达 4481090 千度。其次，机械效率低，管理不善，事故经常发生。原有设备的平均利用率仅达 24.8%，平均煤耗每度为 0.99 公斤，平均厂用电及线路损失，更高达 31.4%。东北、华北、华东三大地区，1949 年共发生事故 3268 次，停电的损失，据不完全统计达 8000 万斤小米。另外，经营分散，各地经常发生余电、缺电现象，尚待调整。但就 1949 年下半年与上半年比较，已有若干进步。③

中国经济这一个落后的、贫困的、带有殖民地性质的情况，必然会使新中国在经济恢复和建设中遭遇到更多的困难④。在此国情的基础上，中国的工业化道路不是一帆风顺的。

基于这种情况，新中国需要首先恢复国民经济，创立国家工业化的基

---

① 李德彬：《五十年代我国引进技术设备的问题》，载《北京大学学报（哲学社会科学版）》1985 年第 4 期，第 78 页。
② 中国社会科学院、中央档案馆：《1949—1952 中华人民共和国经济档案资料选编·综合卷》，中国城市经济社会出版社 1990 年版，第 50～51 页。
③ 中国社会科学院、中央档案馆：《1949—1952 中华人民共和国经济档案资料选编·综合卷》，中国城市经济社会出版社 1990 年版，第 43 页。
④ 中国社会科学院、中央档案馆：《1949—1952 中华人民共和国经济档案资料选编·综合卷》，中国城市经济社会出版社 1990 年版，第 37 页。

础,为建立完整的国民经济体系夯实基础。这就决定了新中国必须寻求外来援助,实施技术引进,以提高经济、技术水平。

在经济恢复时期,国民经济发展取得了较大成就,到1952年底,中国主要工业产品铁、钢、煤、发电等的产量超过1949年的水平,也超过了新中国成立前的最高水平。尽管经济得以恢复,但是同世界经济发达国家比较,新中国的差距仍然是巨大的。

1952年中国国民收入是239亿美元,比1950年的173亿美元有了显著增长,但是与1952年美国国民收入3176亿美元以及苏联的756亿美元相比,仍有较大差别,人均水平差距更加显著(详见表3-2)。

1952年中国人均国民收入为42美元,抵不上美国人均国民收入1789美元的零头,与苏联、联邦德国、英国、法国、日本相比也少得可怜。

表3-2　　国民经济恢复时期中国国民收入同部分国家的比较

国别	1950年		1951年		1952年	
	总量 (亿美元)	人均 (美元)	总量 (亿美元)	人均 (美元)	总量 (亿美元)	人均 (美元)
中国	173	31	202	35	239	42
美国	2658	1746	3042	1964	3176	1789
苏联	611	339	689	376	756	406
联邦德国	209	437	256	529	294	604
英国	364	687	382	760	410	813
法国	259	621	316	751	374	883
日本	—	—	—	—	162	189

资料来源:《中国统计年鉴(1983)》,中国统计出版社1983年版,第22页;《国外经济统计资料(1949—1976)》,中国财政经济出版社1979年版,第41~43页。

一些主要工业产品的产量,中国同样无法与发达国家相比。1952年中国煤炭产量为6600万吨,发电量为73亿度,钢为135万吨,水泥为286万吨,而美国煤炭产量为46033万吨,发电量为4631亿度,钢为8452万吨,水泥为4239万吨,中国主要工业产品的产量大大低于美国,也低于同期的苏联、英国、联邦德国等(详见表3-3)。

工业化进程中的技术引进(1949-1965)

表3-3　　1952年中国重要工业产品的产量同部分国家的比较

国别	煤炭(万吨)	发电量(亿度)	钢(万吨)	水泥(万吨)
中国	6600	73	135	286
美国	46033	4631	8452	4239
日本	4490	516	699	712
联邦德国	22621	568	1581	1238
英国	23013	752	1668	1132
法国	5736	406	1087	907
加拿大	—	661	336	294
澳大利亚	2794	—	165	125
印度	3689	61	160	359
苏联	30088	1191	3449	1391

资料来源:《中国统计年鉴(1983)》,中国统计出版社1983年版,第244~245页;《国外经济统计资料(1949—1976)》,中国财政经济出版社1979年版,第145~241页。

若按人均水平比较,中国主要工业产品的产量在世界大国中数字低得更加惊人。1952年中国的人均钢产量为2.4公斤,美国为476.0公斤,苏联为185.1公斤;1952年中国的人均发电量为12.6度,美国为2608.8度,苏联为588.0度(详见表3-4)。因此,在中国经济迅速恢复到历史最高水平、经济增长速度较高的同时,中国国民收入总额、人均国民收入、主要工业产量、人均水平等与发达国家相比,差距还在加大。

表3-4　　1952年中国人均工业产量同部分国家的比较

主要工业品	中国	美国	苏联	英国	日本	联邦德国
钢(公斤)	2.4	476.0	185.1	331.7	81.8	228.1
发电量(度)	12.6	2608.8	588.0	149.1	60.4	819.3
棉布(米)	6.7	49.0	27.0	30.0	21.9	—

资料来源:《中国统计年鉴(1983)》,中国统计出版社1983年版,第242~245页;《国外经济统计资料(1949—1976)》,中国财政经济出版社1979年版,第145~251页。

为了缩小这一差距，必然要利用新中国具有的后发优势，寻求外援，实行优先发展重工业的赶超战略，实现国家的工业化。

3.1.2 新中国成立初期的工业技术指标

在旧中国，工业生产技术水平很低。作为国家工业生产技术水平标志的机械工业十分落后，多数企业是从事机器修理的小工厂，1949年全国一共生产了1582台普通机床和一些小型发电机，单机容量大的不过几百千瓦，这些发电机的总发电能力仅为10181千瓦。①

新中国成立初期生产技术普遍落后，生产效率低下。如鞍钢为当时我国最大的钢铁企业，其操作仍未全部机械化。全国轧钢工厂的设备，多为中小型的轧钢机，整个钢铁工业的机械及炼炉都没有发挥到应有的效率。②

工业设备的利用率较低。根据中财委的《一九五一年中华人民共和国国民经济计划》，1950年工业设备的利用率平均只有45%左右。重工业较高，钢铁工业超过65%，煤矿已达90%，轻工业则只有棉纺工业达到60%，棉布超过70%，造纸超过60%，其余大都不到50%：火柴48%，卷烟40%，面粉35%多，橡胶工业30%（制造轮胎的设备则几乎充分利用），毛纺织不到30%，丝织也只有35%左右。工业设备之所以未充分利用，除了部分由于破旧尚需修复外，主要是我们的工业大都不能成为一套，有的是设备不衔接，如钢铁工业之矿砂、生铁、炼钢、轧钢之间的不衔接；有的是地区分布的脱节，需经长途运输才能供应生产，如大渡口的轧钢需靠鞍钢的钢锭，轧好的钢材有些又要运到上海用；有的是原材料不足，如棉纺、橡胶、纸烟；有的是战后人民购买力太低，销路不畅，如复制业（过去还出口很多）；有的是过去盲目发展的结果，如面粉业，过去最高只开一半工。这说明我们的工业还都有很大的潜在能力，特别是轻工业，需要恢复与调整后才能发挥。③

在国民经济恢复时期，在国营企业内部实行了民主改革和生产改革，建

---

① 李德彬：《五十年代我国引进技术设备的问题》，载《北京大学学报（哲学社会科学版）》1985年第4期，第78页。
② 中国社会科学院、中央档案馆编：《1949—1952中华人民共和国经济档案资料选编·综合卷》，中国城市经济社会出版社1990年版，第46页。
③ 中国社会科学院、中央档案馆编：《1949—1952中华人民共和国经济档案资料选编·综合卷》，中国城市经济社会出版社1990年版，第65~66页。

工业化进程中的技术引进（1949－1965）

立了就业、保险、保护等劳动合同管理制度，开展了群众性的劳动竞赛和增产节约运动。由此，消除了企业内部的各种消极因素，改善了工人待遇，使职工的生产积极性空前高涨，企业的经济效益普遍提高，国营企业尤其突出。特别是引进苏联国营企业管理方法，大力开展企业技术革新，使得恢复时期工业劳动生产率得到提高。

1952年中央各工业部所属企业每一生产工人的劳动生产率较1951年均有显著提高，钢铁工业提高了37%，有色金属工业提高了7%，化学工业提高了42%，电力工业提高了12%，煤炭工业提高了24%，石油工业提高了34%，机械工业提高了30%，纺织工业提高了32%，造纸工业提高了23%，橡胶工业提高了18%。1952年中央各工业部所属企业全体职工平均工资较1951年增加了25.5%（其中包括房租和水电补助费），国家机关工作人员的平均工资较1951年增加了15%。[1]

1949~1952年，工业全员劳动生产率平均每年增长11.8%；在工业总产值增加额中，由于提高劳动生产率而增加的产值占48.6%。[2] 劳动生产率提高情况见表3－5。

表3－5　　　　1949~1952年国营工业企业劳动生产率提高情况

项目	1949年	1950年	1951年	1952年
每个工人平均年产值（千元）	4.9	6.2	7.1	7.9
增长指数（以1949年为100）	100	126	144	161
增长指数（以上年为100）	—	126	114	111

资料来源：《1949—1952中华人民共和国经济档案资料选编·工业卷》，中国物资出版社1996年版，第807页。

例如，重工业部直属的151个国营和公私合营企业中，按1950年不变价格计算，重工业部全体生产工人的人均年产值如下：1949年为2362.4万元，1950年为5478.4万元，1951年为7833万元，1952年为1亿元。劳动

---

[1] 国家统计局编：《一九五二年国民经济恢复与发展情况公报》，1953年6月11日，引自中国社会科学院、中央档案馆编：《1949—1952中华人民共和国经济档案资料选编·综合卷》，中国城市经济社会出版社1990年版，第865页。
[2] 国家统计局社会统计司编：《中国劳动工资统计资料（1949—1985）》，中国统计出版社1987年版，第229页。

生产率逐年增长的速度为：1950年提高132%，1951年提高43%，1952年提高28%。①

中央直属企业设备利用率得到提高。鞍钢1943年高炉每立方米容积每昼夜产铁0.48吨，平炉每平方米炉底面积每昼夜产钢3.03吨；与旧中国比较，1952年高炉和平炉利用比1943年提高将近1倍。1933~1934年，煤矿井下工人平均每日采煤0.481吨，而1952年则达到1.081吨，增长1.247倍。1936年，每件棉纱平均用棉222.8公斤，1952年的平均用棉量则仅为1936年的88%，即每件棉纱的用棉量减少26.21公斤。1936年上海、青岛日商各纺织厂平均每个纺织工人年产纱量为19.7件，而1952年纺织工业部所属企业则达到37.5件，增长了90%②（见表3-6）。

表3-6　　　　　　中央直属企业设备利用率提高情况　　　　　单位：%

项目	1949年	1952年	1952年比1949年提高的比例
发电设备利用率	26.3	42.0	60
炼铁设备能力利用率	31.3	84.4	168
炼钢设备能力利用率	24.9	58.6	135
纺织机时间利用率	58.2	94.2	62
纺布机时间利用率	58.0	95.0	65

资料来源：《1949—1952中华人民共和国经济档案资料选编·工业卷》，中国物资出版社1996年版，第807页。

国民经济恢复时期，工业生产率和企业设备利用率都得到提高，生产能力得到较大提高。据统计，1950年、1951年、1952年因劳动生产率提高而增加的工业产值占总产值的比重分别为41.0%、43.5%和37.8%，工业设备的利用系数迅速提高③（见表3-7）。

---

① 国家经贸委编：《中国工业五十年（1953—1957）》第2部上卷，中国经济出版社2000年版，第1810页。
② 董志凯主编：《1949—1952年中国经济分析》，中国社会科学出版社1996年版，第282页。
③ 吴承明、董志凯主编：《中华人民共和国经济史（1949—1952）》第1卷，中国财政经济出版社2001年版，第560~561页。

表 3-7　　　1949~1952 年部分工业技术经济指标提高情况

项目	计量单位	1949 年	1952 年	1952 年比 1949 年增（+）减（-）
发电设备利用小时	小时	2330	3800	（+）63.1%
发电标准煤耗率	公斤/度	1.020	0.727	（-）29.4%
原煤回采率	%	63.1	76	（+）20.4%
高炉利用系数	吨/立方米昼夜	0.62	1.02	（+）64.5%
平炉利用系数	吨/立方米昼夜	2.42	4.78	（+）97.5%
棉纱每千锭时产量	公斤	16.60	19.64	（+）18.3%
棉布纺机每台时产量	米	3.516	3.988	（+）13.4%
每件纱用棉量	公斤	205.85	198.97	（-）3.3%

说明：高炉利用系数是大中型高炉的数字，原煤回采率是大中型煤矿的回采率。
资料来源：国家统计局编：《伟大的十年》，人民出版社 1959 年版，第 97 页。

1952 年，中国国营工业较 1949 年增长了 2.9 倍[①]。1952 年，中国的钢铁企业不仅能够生产多种普通钢材，而且能够生产机械工业急需的某些优质钢；在有色金属方面，新增加了 8 种有色金属的原料开采和冶炼能力；1952 年的机械工业产值是 1949 年的 3.9 倍；电力部门试制成功 3000 千瓦水力发电机、1000 千瓦电动机、44000 伏安变压器；在煤炭采掘、纺织、土木建筑等领域推广了许多先进方法和工艺。技术水平的提高，极大地提高了设备的出力比，降低了物耗和产品成本。

从上述资料可以看出，1949~1952 年我国经济发展取得了很大成就，技术水平有了明显提高，但是与同期发达国家相比仍有较大差距。

3.1.3　新中国成立初期的教育状况

旧中国教育相当落后。1946 年平均每千人中，高等学校毕业生仅为 0.3 人，中等学校学生 4 人，小学生 50 人[②]。1928~1947 年高等学校毕业生累

---

① 中国社会科学院、中央档案馆编：《1949—1952 中华人民共和国经济档案资料选编·综合卷》，中国城市经济社会出版社 1990 年版，第 807 页。
② 国家统计局编：《我国的国民经济建设和人民生活》，统计出版社 1958 年版，第 329 页。

计18.5万人。其中工科3.2万人，财经科1.9万人①。

1949年，中国教育水平仍然不高，各级各类学校情况如表3-8所示，其中高等学校学生数11.7万人，中等学校学生数126.8万人，小学学生数2439.1万人。

表3-8　　　　　　　　1949年中国各级各类学校情况

项目	高等学校	中等学校							小学
		总数	中等专业学校			普通学校			
			总数	中等技术学校	中等师范学校	总数	高中	初中	
学校数	205	5216	1171	561	610	4045			34.68
教职工数	4.6	12.8	2.4	1.1	1.3	10.4			84.9
学生数	11.7	126.8	22.9	7.7	15.2	103.9	20.7	83.2	2439.1
专任教师数	1.6	8.3	1.6	0.7	0.9	6.7	1.4	5.3	83.6

注：高等学校、中等学校单位为所，小学单位为万所，学生人数为万人，教职工数和专任教师数单位为万人。
资料来源：《中国百科年鉴（1980）》，中国大百科全书出版社1980年版，第535~536页。

经过国民经济恢复时期，学校教育有了大发展（见表3-9）。《中国统计年鉴（1981）》的数据显示，1952年小学生在校人数达5110.0万人，比1949年增加了109.5%，中等学校人数比1949年增加了148%，高等学校人数比1949年增加了63.2%，但中国的教育发展仍然是落后的。

1953年6月11日国家统计局发布的《一九五二年国民经济恢复与发展情况公报》也显示了经过3年发展后教育事业取得的成就：

1952年全国高等学校学生20.21万人（包括研究生2661人），其中：工科学生占33%，师范学生占18%，医科学生占13%。

---

① 国家统计局编：《中国统计年鉴（1983）》，中国统计出版社1983年版，第520页。

表 3-9　　　　　　　　1949~1952 年各级学校学生数　　　　单位：万人

项目		1949 年	1950 年	1951 年	1952 年
在校学生数总数		2577.6	3062.7	4527.1	5443.6
其中	高等学校	11.7	13.7	15.3	19.1
	中等学校	126.8	156.6	196.4	314.5
	小学	2439.1	2892.4	4315.4	5110.0

资料来源：《中国统计年鉴（1981）》，中国统计出版社 1982 年版，第 441 页。

高等学校学生总数与 1951 年相较为 129%，与 1950 年相较为 141%。1952 年全国中等学校学生 309.5 人，与 1951 年相较为 154%，与 1950 年相较为 196%。在中等学校学生中，中等技术学校学生 29.8811 万人，与 1951 年相较为 183%，与 1950 年相较为 205%。1952 年全国初等学校学生 5003.3 万人，与 1951 年相较为 116%，与 1950 年相较为 173%。

科学研究事业也取得了较大成就，1952 年中国科学院共有 28 个研究所，配合国家建设进行科学研究，科研人员与 1950 年相较为 277%。①

3.1.4　新中国成立初期的技术人员和管理人才状况

1949 年以后，新中国面临着建立政权、恢复和发展经济的艰巨任务，但各个层次的专业技术人员和管理人才却十分匮乏。

到全国解放时，旧中国遗留下的科学研究机构不过三四十个，科研人员和技术人员不过 5 万人，其中专门从事科研工作的人员仅 600 余人②。除了地质学、生物学、气象学等地域性调查工作和一些可以不依靠实验设备而勉强进行的科研工作以外，整体而言，旧中国的科学技术几乎是一片空白。

新中国接收的国民党政府中央研究院和北平研究院只有 22 个研究单位，科研人员仅 200 余人。地质勘探、设计、建筑安装等力量极其微弱。③

旧中国的地质勘探工作是极其落后的，从我国开始有地质工作的 1907

---

① 国家统计局编：《一九五二年国民经济恢复与发展情况公报》，引自中国社会科学院、中央档案馆编：《1949—1952 中华人民共和国经济档案资料选编·综合卷》，中国城市经济社会出版社 1990 年版，第 868 页。
② 武力主编：《中华人民共和国经济史（1949—1999）》上册，中国经济出版社 1999 年版，第 348 页。
③ 张寿春等：《新中国经济建设评析》，东南大学出版社 1996 年版，第 5 页。

年起到1949年新中国成立前为止,"累计钻探进尺不到15万公尺,全部地质技术人员不到200人,钻机不到100台,且大部分破旧,不堪利用,旧中国几乎没有留下可靠的地质资源资料,许多矿产储量都是根据片段数字或个别地质学者的意见估计推算的,残缺谬论,不足为据"。①

直到国民经济恢复时期结束,全国也仅有16.4万工程技术人员,地质专家总共不到200人。②

据中国有关统计资料,作为全国钢铁工业中心的东北,钢铁业技术人员多为日本人,在日本人被遣送回国后,其技术人员占该行业人员总人数的比例已经降至0.24%。③

到1951年7月,技术干部严重不足成为新中国经济建设所面临的主要障碍。尽管中国政府正在努力组织训练班和技术大学,派大批学生到苏联留学,但抗美援朝战争还在继续,技术干部短缺问题短期内很难解决。

1951年9月20日,中央劳动部发布的《劳动力情况续报》指出:"技术员到处感到缺乏,在东北、上海、天津、北京等地的机器、铁工、印刷、建筑、玻璃仪器、电工器材等行业中最为显著。"④

新中国成立初期,不仅技术干部严重不足,制约了新中国经济建设,而且干部文化水平低下,成为新中国在国家管理方面面临的主要难题。由于缺乏专家,中方甚至无法提出要求苏联提供经济、技术援助的货物清单。

依靠如此单薄的技术力量根本无法满足新中国全面恢复经济和建设的需要,依靠这样一支干部队伍也无法对新中国进行有效管理。因此,新中国必须迅速培养出专业技术人才和管理人才,而这需要得到苏联的大力帮助。中共一方面动员各部门干部到苏联学习、参观,另一方面聘请大量苏联专家来华协助中国政府进行管理。

对于中国国民经济的恢复和建设,苏联的援助不仅是必要的,而且是急需的。在当时的情况下中国的工业化建设只能依靠苏联的帮助,这已经成为

---

① 中国社会科学院、中央档案馆编:《1949—1952中华人民共和国经济档案资料选编·基本建设投资和建筑业卷》,中国城市经济社会出版社1989年版,第323页。
② 武衡、扬浚主编:《当代中国的科学技术事业》,当代中国出版社1992年版,第4页。
③ 中国社会科学院、中央档案馆编:《1949—1952中华人民共和国经济档案资料选编·综合卷》,中国城市经济社会出版社1990年版,第46页。
④ 中国社会科学院、中央档案馆编:《1949—1952中华人民共和国经济档案资料选编·综合卷》,中国城市经济社会出版社1990年版,第150页。

共识。对此，1952年1月16日中国驻苏大使张闻天给周恩来的信中，强调"一个高度工业化的社会主义的苏联，它可以而且愿意诚心诚意地给予我们以科学技术的、各种专家与各种设备的援助，依靠与信任这一援助，我们就可以把我们工业化的速度，提高许多倍，使我们真正能做到不是'跟上'先进的资本主义国家，而是'迎头赶上'"。① 对于这封信，中共中央高度重视，从中央领导的有关批示、函复可以看出引进苏联技术的重要性。

3.2 重工业发展战略和毛泽东的超赶思想

根据赶超战略或工业化战略的内涵，20世纪50年代初中国选择、实施重工业优先发展战略，具有赶超性质。在中国实现重工业优先发展战略的过程中，毛泽东提出了经济赶超思想。

3.2.1 "一五"计划确立优先发展重工业战略

实现国家工业化是中国共产党的伟大奋斗目标。新中国成立后，尽管恢复国民经济的任务还十分繁重，还不可能立刻着手大规模经济建设，但是从国家发展战略的高度出发，毛泽东开始思考经济建设的具体步骤。

1951年2月14日，中央政治局扩大会议召开，会上，毛泽东提出："希望在三年内（包括1950年）把工作做好些，创立条件，以备由1953年之后即走入计划经济（五年计划），争取这三年内完成这些准备工作，是可能的。"② 2月18日，毛泽东在为中共中央起草的党内通报《中共中央政治局扩大会议决议要点》中进一步提出"三年准备、十年计划经济建设"的思想，"要使省市级以上干部都明白。准备时间，现在起，还有22个月，必须从各方面加紧进行工作"。③

"三年准备、十年计划经济建设"的战略构想，不仅是指导经济建设和工业建设的行动纲领，而且首次提出了编制国民经济发展计划的要求，由此

---

① 中国社会科学院、中央档案馆编：《1949—1952中华人民共和国经济档案资料选编·基本建设投资和建筑业卷》，中国城市经济社会出版社1989年版，第364页。
② 《毛泽东年谱（1949—1976）》第1卷，中央文献出版社2013年版，第302页。
③ 《建国以来毛泽东文稿》第2册，中央文献出版社1988年版，第126页。

开启了我国第一个五年计划的编制。

在新中国这样落后的国家实现工业化,应当采取怎样的方针,通过怎样的途径,这是摆在毛泽东和五年计划编制者们面前的首要问题。

当时苏联从重工业开始,只用了十几年的时间就实现了工业化,对新中国有较强的示范效应。为此,中国共产党和毛泽东仿效苏联模式,确立优先发展重工业的战略。"一五"计划就是在优先发展重工业的战略下编制的。

早在1952年8月,政务院财政经济委员会(简称中财委)就下发文件提出,今后五年的建设方针是:"工业建设以重工业为主、轻工业为辅,工业的发展速度应在可能的条件下力求迅速,工业的地区分布应有利于国防和长期建设。"①

随着国民经济迅速恢复,社会主义改造快速进行,1952年9月24日晚上,毛泽东主持召开中央书记处会议,会议听取了周恩来关于"一五"计划轮廓问题同苏联商谈情况的汇报,并讨论了"一五"计划的任务等。毛泽东指出:"我们现在就要开始用十年到十五年的时间基本上完成到社会主义的过渡,而不是十年或者以后才开始过渡。……争取十五年不打仗是可能的。"②

这里,毛泽东第一次提出过渡时期总路线的初步设想,为"一五"计划的编制确立了指导思想。而过渡时期总路线和总任务包括实现工业化的重要内容,并把以实现工业化为主要目标的"一五"计划纳入过渡时期总路线的轨道,成为实现过渡时期总路线的一个重要步骤。对此,"一五"计划做了充分体现。例如,关于基本任务,在正式公布的"一五"计划报告中明确指出,在集中主要力量进行工业建设的过程中,实现对于农业、手工业和私营工商业的社会主义改造等。

为加强计划工作,1952年11月,国家计划委员会成立并领导全国计划工作。此后,中财委同国家计委开始第三次编制"一五"计划。1952年底,毛泽东继续主持讨论《五年计划轮廓草案》。12月22日,在审阅《中共中央关于编制一九五三年计划及五年建设计划纲要的指示》稿时,毛泽东批示:"此件以电报发中央局、分局、省市区党委。"③ 这一指示指出了编

---

① 《陈云年谱》(修订版)中卷,中央文献出版社2015年版,第230页。
② 《毛泽东年谱(1949—1976)》第1卷,中央文献出版社2013年版,第603~604页。
③ 《毛泽东年谱(1949—1976)》第1卷,中央文献出版社2013年版,第642页。

工业化进程中的技术引进（1949—1965）

制计划中应注意的几个问题：

（一）我们国家大规模建设是在抗美援朝环境下进行的，因此必须按照中央的"边打、边稳、边建"的方针来从事国家的建设。……

（二）工业化的速度首先决定于重工业的发展，因此我们必须以发展重工业为大规模建设的重点。……集中力量保证重工业的建设，特别是保证其中主要工程的完成，决不能理解为取消了国家建设的大规模性质，决不能理解为可以忽视轻工业的发展、农业和地方工业的发展、贸易合作事业和运输事业的发展及文化教育卫生事业的发展，以至放松对这些事业的领导。

（三）在编制生产计划时，必须充分发挥现有企业的潜在力量，反对保守主义。……

（四）必须以科学的态度从事计划工作，使我们的计划正确地反映客观经济发展的法则。……

（五）在各部门和各地方计划时吸收群众特别是各部门中先进人物参加讨论计划的编制，是必须采取的方法。①

该指示成为"一五"计划的指导方针和原则，并在"一五"计划中得到了充分体现，使"一五"计划编制避免了不少弯路。

为了强调走苏联的优先发展重工业的工业化道路，1953年2月，毛泽东在全国政协一届四次会议上强调"在全国掀起一个学习苏联的高潮，来建设我们的国家"。②

1953年4月4日，米高扬根据苏联编制五年计划的经验，向李富春通报了苏共中央、苏联国家计划委员会和经济专家对我国"一五"计划的意见，并提出一些建议。这些意见和建议基本符合当时中国的实际，国家计委又参考这些意见，对草案做了较大的调整。几易其稿后，"一五"计划编制完成。

为了使"一五"计划落在实处，经过谈判，中苏两国政府最终商定，此后五年里，苏联给予中国必要的援助，开工建设骨干工程。1953年5月15日，《关于苏维埃社会主义共和国联盟政府援助中华人民共和国中央人民政府发展中国国民经济的协定》正式签订，苏联援助中国的第二批91个项

---

① 中国社会科学院、中央档案馆编：《1953—1957中华人民共和国经济档案资料选编·综合卷》，中国物价出版社2000年版，第356~359页。
② 《毛泽东文集》第6卷，人民出版社1999年版，第264页。

目落实下来。据李富春回忆，苏联为了帮助我国建设与改建141个企业，"各设计院要增加一万名设计人员，她为交付上述企业的设备，把他们主要工厂的生产计算到一九六○年"。①

1953年6月，全国财经工作会议召开，毛泽东讲道："为了保证国家的独立，我们在编制五年计划时要把建设重点放在重工业上，以增强国防力量，向社会主义前进。"② 1954年6月14日，毛泽东在谈到我国发展重工业的必要性和重要性时，形象地说："现在我们能造什么？能造桌子椅子，能造茶碗茶壶，能种粮食，还能磨成面粉，还能造纸，但是，一辆汽车、一架飞机、一辆坦克、一辆拖拉机都不能造。"③

优先发展重工业，实现工业化，是国家生存与发展的必经之路。由此，从1953年开始，我国开始大规模国家建设，主要体现在重点建设苏联援建的工程项目，优先发展重工业。1955年，第一届全国人大二次会议通过的《中华人民共和国发展国民经济的第一个五年计划（1953—1957）》明确规定了五年中工业化的主要任务："集中主要力量进行以苏联帮助我国设计的156项建设单位为中心的、由限额以上的694个单位组成的工业建设，建立我国社会主义工业化的初步基础。"

第一个五年计划的工业化主要任务反映了以重工业优先增长为中心的工业化战略思想。"一五"期间轻工业与重工业的投资比例为1∶5.7，④ 高于苏联的前三个五年计划。如果把工业各部门之外的非工业部门的投资，如为重工业服务的地质勘探投资、建筑安装和勘察设计投资、铁路运输车辆及机械制造等计算在重工业中，则"一五"期间轻工业与重工业的投资比例为1∶7.4。⑤

"一五"计划的投资结构充分反映了优先发展以重工业为核心的工业化战略方针。在投资总额中，工业的比重占第一位，共248.5亿元，占58.2%；在工业投资中，苏联帮助设计的主要是重工业的建设单位的投资，占44.3%，加上直接配套的建设投资，则占51.5%。⑥

---

① 李富春：《关于我国五年计划的方针任务的意见》，载《党的文献》1989年第4期，第7页。
② 《毛泽东传（1949—1976）》（上），中央文献出版社2003年版，第273页。
③ 《毛泽东文集》第6卷，人民出版社1999年版，第329页。
④ 国家统计局编：《伟大的十年》，人民出版社1959年版，第52页。
⑤ 刘国良：《中国工业史现代卷》，江苏科学出版社2003年版，第241页。
⑥ 董志凯：《"一五"计划与156项建设投资》，载《中国投资》2008年第1期，第108页。

3.2.2 毛泽东的超赶思想

在工业化战略下，毛泽东提出了超赶思想，对中国经济建设以及技术引进都产生了重大影响。

1. 毛泽东提出超英赶美

赶超西方发达国家，是近代以来数代中华儿女的追求。20世纪50年代开始，我国实施优先发展重工业的经济发展战略是模仿苏联重工业优先发展战略。

苏联实行重工业优先发展战略经历了一个复杂的过程。面对西方列强对苏联不断的战争威胁、孤立与包围以及苏联近代工业化落后局面等，苏联主要以"剪刀差"进行资本的内部积累，并通过国有化和计划化实现超资本积累，促进了重工业的超常发展，在短时间内实现了工业化。由此，苏联实行重工业优先发展的战略，国防工业被提到突出的优先地位。苏联在近于封闭的环境里，通过强政府推动、国有经济与计划配置，在"剪刀差"基础上扭曲了资源配置，实行重化工业优先发展，迅速地由一个落后的农业国变成世界工业强国，并在第二次世界大战中战胜了强大的德国。但是，苏联实行的重工业优先发展的战略，有别于西方独特的工业化发展战略，在某种程度上也深刻地影响了第二次世界大战后一些国家初期的工业化进程。然而，苏联重工业优先发展的战略有其自身局限性，模仿很难获得成功。

中华人民共和国成立后，中国模仿苏联重工业优先发展的战略，很快就发现了其弊端，并进行了战略调整，强调走中国特色的工业化道路。20世纪50年代后期，我国对这种以苏联模式为基础的优先发展重工业战略做出了新的探索，但是片面化了重工业优先原则。

随着"一五"计划的顺利实施，以毛泽东为代表的党中央认为，中国经济的主要问题已经不再是体制问题而是速度问题，落后的生产力已经不能适应人们日益增长的物质文化需要，由此，毛泽东就明确地提出了赶超世界先进国家的思想。

在实现赶超的目标上，1955年3月，在中国共产党全国代表会议上，毛泽东第一次明确提出"要在大约几十年内追上或赶过世界上最强大的资本主义国家"的想法①。毛泽东对比分析了中国、美国自然条件的相似性以及社会制度的差异后指出:"所以,赶超美国,不仅有可能,而且完全有必要,完全应该。"② 毛泽东的论述,充分体现了后发优势思想。

"一五"计划的顺利实施使我国工业发展取得了重大成就,为工业化和国民经济的发展提供了坚实的基础。但按照新中国成立初期制定的工业化时间表,时间已经过去了1/3,其发展速度仍然不能令人满意。在迫切赶超愿望的推动下,毛泽东发动和领导了"大跃进"运动,提出了"十五年超英赶美"和"以钢为纲"的工业化发展目标。

毛泽东超英赶美的主张,反映了毛泽东要尽快改变中国落后面貌的雄心壮志,成为全党、全国人民的行动纲领。1958年1月1日,《人民日报》根据毛泽东的多次讲话精神,发表了题为《乘风破浪》的社论,指出:"我们要在15年左右的时间内,在钢铁和其他重要工业产品产量方面赶上和超过英国;在这以后,还要进一步发展生产力,准备再用20年到30年的时间在经济上赶上并且超过美国。"社论强调"这是我国人民光荣的伟大的和艰巨的历史任务"。

提出这个任务,在当时具有号召力,能够调动人民建设社会主义的积极性。但限于当时国内经济条件,这个任务不可能实现,并且在其后实施这个任务的过程中,造成了中国经济短期中的严重困难。特别是,毛泽东不仅主张中国经济超英赶美,而且也要跑到苏联的前面,引起了赫鲁晓夫的不满,再加上其他一些原因,致使之后的中苏关系并没有像莫斯科会议所表现的那样友好,这些都不是毛泽东所愿意看到的。

2. 毛泽东赶超思想的分析

毛泽东提出超英赶美思想以及中国掀起的超英赶美运动,是当时历史情况下的特定产物。作为后起国,20世纪50年代初期,中国处于国内外各种劣势因素的制约之下。根据后发优势理论和赶超战略,从某种意义上说,新中国经济上各种劣势也就成为相对的后发优势。毛泽东的赶超思想充分体现了这一点。

---

① 《毛泽东文集》第6卷,人民出版社1999年版,第392页。
② 《毛泽东文集》第7卷,人民出版社1999年版,第89页。

工业化进程中的技术引进（1949－1965）

15年赶上和超过英国，正是对这个目标的追求，使得中国社会主义建设的重心发生了由从中国实际出发转向从快速赶超出发的错误变化。这个目标的提出，不仅表明了急于求成的思想在中共领导层已占主导地位，而且还使这种思想在全国传播并实施，出现了片面追求钢产量的现象，从而在相当程度上导致了大炼钢铁运动的发动以及后来"大跃进"的兴起。

毛泽东不仅提出了赶超目标，而且提出了实现赶超目标的具体途径。1956年4月，毛泽东在《论十大关系》中明确提出了"向外国学习"的口号和向外国学习的方针："我们的方针是，一切民族、一切国家的长处都要学，政治、经济、科学、技术、文学、艺术的一切真正好的东西都要学。但是，必须有分析有批判地学，不能盲目地学，不能一切照抄，机械搬用。"并且，毛泽东提出："对于苏联和社会主义国家的经验，也应当采取这样的态度。"①

毛泽东的赶超思想，对中国经济发展和技术引进产生了一定的积极影响。通过学习先进国家的技术与制度，借鉴先进国家的管理经验和方法，更好地实现工业化，这是赶超战略的必经之路，中国"一五"计划的优先发展重工业战略是后起国家赶超战略的体现。从这一角度看，毛泽东的赶超思想具有一定的合理成分。但是，毛泽东提出超英赶美的目标主要是受到苏联领导人的影响，脱离了中国的实际，致使"一五"计划的优先发展重工业化战略畸形化，具有空想因素。

超越中国当时的实际条件，中国的赶超目标就不可能实现。后来的实践证明，中国赶超运动最终失败了。而由于中国以及其他一些后起国家工业化赶超战略的曲折经历乃至失败，近年来有一些学者对赶超战略提出了质疑或持否定态度。

林毅夫等提出，20世纪50年代初中国选择、实施重工业优先发展战略，在短期内能够实现较快的经济增长，但是必将进一步造成价格体系的扭曲，导致产业结构失衡、技术效率低下和缺乏激励机制，使长期的发展无以为继。②

---

① 《毛泽东文集》第7卷，人民出版社1999年版，第44页。
② 林毅夫、蔡昉、李周：《对赶超战略的反思》，载《战略与管理》1994年第6期，第1～12页。

3.3 新中国技术发展贯彻的方针

20世纪50年代,苏联援助中国,中国引进苏联技术,中国经济发展采取了苏联优先发展重工业的战略模式,为此,中国技术发展服从于经济发展战略,技术发展战略始终贯彻优先发展重工业,以"农、轻、重为序,安排国民经济"和自力更生为主、争取外援为辅的方针。

3.3.1 坚持优先发展重工业的方针

20世纪50年代,我国经济发展移植了苏联优先发展重工业的工业化发展战略,这是中国技术发展战略所坚持的方针。

1. 优先发展重工业战略的分析

新中国优先发展重工业的经济发展战略的形成,不仅有着国际背景,而且有其深刻的经济原因和社会背景。

工业革命以来,17~18世纪英国、美国等早期工业化国家,以发展轻工业起步,经历了相当漫长的过程,待积累了大量资本后,再发展重工业;19世纪中后期的德国、日本,在继承早期工业化发展所创造的科技成果的基础上,由政府投资发展重工业,由民间投资发展轻工业,很快成为后起工业化国家;到20世纪二三十年代,在沙俄时代军事工业初步发展的基础上,苏联优先快速发展重工业,在短期内建成了独立完整的工业体系。

尽管苏联在工业化过程中轻工业和农业的发展相对缓慢,但实现工业化的高速度和建设成就为全世界所瞩目,特别是在当时东西方两大阵营尖锐对立,我国经济建设尚无经验,而苏联模式备受世界瞩目以及苏联对新中国友好的背景下,走苏联的工业化道路就成为全国上下坚定不移的信念。在1955年苏联揭露斯大林问题以前,苏联实施工业化赶超战略的成功典范,给中国工业化道路起了示范作用。[①]

---

① 苏少之、任志江:《1949—1978年中国经济发展战略研究》,载《经济史》2006年第3期,原载《中南财经政法大学学报》2006年第1期,第131~135页。

工业化进程中的技术引进（1949-1965）

同时，中国优先发展重工业的战略也是经济发展的必然选择。新中国成立初期，中国经济落后，产业结构极其不合理，工业尤其是重工业的严重落后，要求新中国实施优先发展重工业的工业化赶超战略。近现代100余年惨痛屈辱的历史教训和1950年被迫卷入朝鲜战争，导致中美两国的直接对抗，再加上来自西方的威胁，都使中国人民深刻认识到建立强大国防力量的必要性和紧迫性。在这种情况下，新中国为建立独立完整的工业体系，确立了以"一五"计划为标志的优先发展重工业的工业化经济发展战略。这种经济发展战略具有以下几个特点：以高速度发展为首要目标；优先发展重工业；以靠增加生产要素的外延型经济发展为主要途径；从备战和效益出发，加快内地发展，改善生产力布局；以建立独立的工业体系为目标，实行进口替代。①

"一五"计划的编制由当时中国国情决定，体现了优先发展重工业的工业化经济发展战略，实质上属于以苏联工业化道路模式为基础的均衡重工业优先战略，也是20世纪50年代世界上大多数后起国家普遍选择的工业化战略。但中国并不是简单地照抄照搬苏联经验，而是在一定程度上结合了中国的国情，比较注意各产业之间和部门内部的比例与平衡，加之资源配置方式的灵活多样以及其他一些因素，使这一战略为中国工业化发展创造了良好的开端。

虽然中国的工业化战略具有某些中国的特色，但是从根本上看是仿效苏联工业化发展模式的。1956年中共八大前后，中国共产党就从反思苏联工业化发展模式开始，对社会主义道路进行了新思考。这既是对"一五"计划实践的总结，又有着国际背景。

在国内，社会主义改造已接近尾声，"一五"建设取得了重大成果，但也出现了社会不稳定因素。从国内经济发展状况来看，以"一五"计划为标志的重工业化发展战略在执行中暴露出了问题，"一五"计划对重工业过度投资，导致了工业增长速度与农业增长速度之间的矛盾；当时不少骨干项目，特别是许多苏联援助的项目进入施工高峰，需要加快建设速度，同时国民经济的某些部门也出现了齐头并进和急于求成的倾向。另外，从国际环境

---

① 武力主编：《中华人民共和国经济史（1949—1999）》上册，中国经济出版社1999年版，第9页。

看，1956年，国际形势发生了重大变化，被毛泽东称为"多事之秋"。国际上，1956年2月，苏共二十大"揭了盖子""捅了漏子"，全面否定斯大林，尖锐地揭露了斯大林在领导苏联社会主义建设中出现的严重错误以及对他的个人崇拜所造成的严重后果，在社会主义阵营中引起极大震动。不久，1956年6月发生了波兹南事件，下半年发生了波兰和匈牙利事件，世界上掀起一股反苏反共浪潮。

由此，在已趋缓和的国际环境下，苏共二十大的"揭盖子"，使我国开始反思和调整经济发展战略。①

国际国内形势重大变化所反映出的深层问题，是以苏联模式建立的社会主义经济和政治体制的某些弊端。对此，使毛泽东高度警觉。出于对国内外情况的考虑，1956年2月14日至4月24日，毛泽东连续听取了中央34个工作部门的汇报，开始反思和探索我国的经济发展道路，并取得了一些积极成果，集中体现在4月25日中央政治局扩大会议上，毛泽东发表了《论十大关系》讲话。毛泽东强调："这样，重工业是不是不为主了？它还是为主，还是投资的重点。但是，农业、轻工业要加重一点。"② 随后毛泽东在《关于正确处理人民内部矛盾的问题》讲话中，把重工业与农业、轻工业的发展关系上升为中国工业化道路的具体模式。

此时，中共中央对该战略和苏联模式做出了新的探索和尝试，开始注意调整农轻重的发展关系和外延增长与内涵增长的关系。毛泽东正在试图寻找一种能够比苏联模式更快地实现中国工业化的途径。但是，从1957年下半年开始，由于"左"的指导思想逐渐在中国共产党内居于主导地位，基本上中断了对中国工业化道路的正确探索，使国民经济陷入困难。③

从此，优先发展重工业的战略被扭曲，中国放弃了对以苏联模式为基础的优先发展重工业战略的探索，使优先发展重工业的战略畸变为"大跃进"时期片面发展重工业的模式。实际上，这是一种急于求成的思想，发端于1957年9～10月中国共产党八届三中全会上毛泽东发动的批判"反冒进"，经过1958年初的一系列中共中央全会的推动，到1958年中共八大第二次会

---

① 武力主编：《中华人民共和国经济史（1949—1999）》上册，中国经济出版社1999年版，第11～12页。
② 《毛泽东文集》第7卷，人民出版社1999年版，第23页。
③ 武力主编：《中华人民共和国经济史（1949—1999）》上册，中国经济出版社1999年版，第13～14页。

议和 8 月的北戴河会议才形成的。① 优先发展重工业的战略不可避免地被片面化，使中国经济付出了极大代价。尽管优先发展重工业的战略被片面化，但是优先发展重工业的战略是中国经济发展的必然选择，符合中国的国情，其历史地位不应否定。

2. 技术引进服务于优先发展重工业的方针

后起国家的技术进步战略属于工业化战略的重要组成。在工业化战略的总体安排下，后起国家贯彻的技术进步战略主要是通过较为经济及合适的途径，最大限度地发挥后发优势带来的技术进步的独到便利和巨大潜力，在尽可能短的时期内缩短与先进工业化国家在技术方面的差距，加速本国工业化进程，最终实现技术和工业化的赶超目标。大多数后起国家的工业技术进步的主要战略措施为：确定工业技术进步体制；确立本国技术进步的战略重点产业领域和战略重点技术；制定政府扶持工业技术进步的基本对策，以及对重点产业技术进步的扶持政策；在本国工业化初期，制定引进技术的政策规范，以及对技术引进活动进行重点引导和扶持。②

后起国家的技术赶超始终将工业装备技术列为重点。在工业化进程中，我国采取了服务于优先发展重工业、建立独立工业体系的技术引进战略。这主要由国内外政治、经济环境所决定。

20 世纪 50 年代，为了服从优先发展重工业的工业化战略，我国以引进重工业技术为主。引进技术设备的项目不但数量多，而且内容相当广泛，各个主要工业部门都有引进，但重点是加强重工业的建设。因此，引进的技术设备集中于冶金、电力、石油化工、矿山、机械、电子、汽车、拖拉机、飞机和军工等重工业部门。据统计，20 世纪 50 年代，我国的技术引进实际执行合同按照消耗的外汇计算，主要是电力工业、机电工业（包括军事工业）、冶金工业部门，而纺织、食品比重较少。③

20 世纪 60 年代，我国在引进西方技术时，除引进农业和有关解决吃穿用问题的科学技术以外，还引进尖端的国防科学技术。

---

① 高伯文：《中国共产党与中国特色工业化道路》，中央编译出版社 2008 年版，第 166 页。
② 史东辉：《后起国工业化引论——关于工业化史与工业化理论的一种考察》，上海财经大学出版社 1999 年版，第 176 页。
③ 陈慧琴：《技术引进与技术进步研究》，经济管理出版社 1997 年版，第 14~18 页。

中国通过大量的技术引进，工业结构有了很大改观，建立起了工业化的初步基础和国防工业，有力地维护了国家的独立和主权。

3.3.2 以"农、轻、重为序，安排国民经济"的方针

坚持以"农、轻、重为序，安排国民经济"方针的提出，有着特定的历史背景。

"大跃进"时期片面发展重工业的模式，不仅脱离了中国的国情，而且违背了世界工业化发展规律与经典作家关于社会主义经济建设高速度的思想。它强调了超出常规的高速度和片面追求以钢为中心的工业产量指标，把重工业优先原则扭曲到畸形，并严重忽视各种经济规律，最终使"大跃进"变成大灾难。

在中国经济受到严重挫折的情况下，1960年9月，中共中央批准了周恩来总理审定的国家计委党组《关于1961年国民经济计划控制数字的报告》，首次提出了以调整为中心的"调整、巩固、充实、提高"八字方针，经过1961年1月中共八届九中全会通过后，开始了经济战略的调整。

调整，首先是有意识调整某些重工业，放慢钢铁工业的发展速度。调整不但不会妨碍工业的发展，相反会大大促进工业的继续跃进。我国国民经济的发展，必须以农业为基础，以工业为主导，把优先发展重工业和迅速发展农业结合起来。坚持以"农、轻、重为序，安排国民经济"的方针，把农业列在首要地位，这是促使我国国民经济继续跃进所必须采取的一个决定性的步骤，是一个长期的方针。

调整，主要是调整速度、比例关系、工业布局，调整机构、体制，精工简政；巩固，主要是巩固现有阵地，巩固已经取得的基础，巩固中还包括淘汰；充实，主要充实薄弱环节，填平补齐，但要逐年地补，逐年地填；提高，主要是提高质量、品种、技术、劳动生产率、企业管理水平和职工的觉悟程度。[①]

为了有系统地解决工业发展中存在的严重问题，逐步协调工业内部各行业之间、工业和农业之间、城市和农村之间的关系，1961年9月15日，中

---

① 中国社会科学院、中央档案馆编：《1958—1965中华人民共和国经济档案资料选编·工业卷》，中国财政经济出版社2011年版，第14页。

工业化进程中的技术引进（1949—1965）

央下发的《中共中央关于当前工业问题的指示》指出："工业的调整，应当从整个国民经济的需要和可能出发，不应当也不可能孤立地进行。工业的每一步调整工作，都要围绕以下的基本任务：（1）加强对农业的支援，增加农业的生产资料的生产；（2）加强轻工业和手工业的生产，增加市场日用品的供应；（3）加强采掘工业和采伐工业的生产能力；（4）满足国防工业生产的迫切需要，加强国防工业所必需的新型材料的研究、试制和生产。在工业的每一步调整工作中，还必须注意增加产品的品种，提高产品的质量。"①

调整工作，就是把工业生产和工业基本建设的指标降下来，降到确实可靠、留有余地的水平上。调整的方针是积极的方针。调整是为了更好地前进，使整个国民经济活跃起来。这样，第三个五年计划期间的国民经济就有了一个好的前进的基础。

经过一年多的调整，到 1962 年 9 月，就工业和农业的关系来说，工业的生产和基本建设战线已经做了必要的压缩，工业的生产和建设规模比较能够适应当时的经济可能性，特别是农业提供粮食的可能性；在工业的生产中，为农业服务的部分有了增加。就重工业和轻工业的关系来说，重工业挤轻工业的情况不存在了，重工业为轻工业提供了比过去较多的原料。就重工业内部的关系来说，铜、铝、铅、锌、石油等基本原料、材料，产量比 1961 年有所增加，煤炭产量下降的趋势已经停止，主要重工业产品的质量也有所提高，品种有所增加。在这期间，工业企业的管理工作也有了一定的改进，企业的亏损减少，盈利增加。具体变化如下：

县以上工业企业，1961 年有六万两千个，1962 年 9 月末减少为四万两千四百个；县以下工业企业，1961 年有四万六千五百个，1962 年 9 月末减少为两万三千二百个。工业部门的职工总数，1962 年 9 月末已经减少到一千一百六十万人，比 1960 年减少了九百八十四万人。

全国施工的大中型基本建设项目总数，1961 年末共有一千三百个，1962 年 9 月底减少到六百九十三个，共减少了六百零七个。

化学肥料，1961 年生产一百五十一万吨，1962 年预计生产两百万吨。

---

① 中国社会科学院、中央档案馆编：《1958—1965 中华人民共和国经济档案资料选编·工业卷》，中国财政经济出版社 2011 年版，第 15 页。

第3章 新中国的技术发展战略

1962年用于轻工市场方面的钢材为八十一万吨,比1961年增长百分之十九;用于轻工业生产方面的木材为一百六十八万立方米,比1961年增长百分之十五。

1962年预计,矿产铜生产四万两千吨,比1961年增长百分之十六;铝生产六万五千二百吨,比1961年增长百分之二十四;原油生产五百六十一万吨,比1961年增长百分之五点八。

全国煤炭的平均日产量,1月份为七十二万吨,8月份降到五十一万七千吨,9月份回升到五十四万五千吨。

工业企业亏损,1961年为四十六亿元,1962年预计减少为三十二亿元。[①]

所有这些调整,为把我国工业转移到以农业为基础的轨道上创造了有利的条件。尽管如此,还是存在问题:第一,工业现在能够为农业提供的生产资料,包括农业机械、化肥、农药、农村运输工具、建筑材料等,还为数很少,有的产品又不尽适合需要。第二,原料、材料工业和机器制造工业,为农业生产资料生产服务的部分,也是为数很少。第三,不论从总的方面来说,还是从各个工业部门来说,都还没有一个支援农业的长期的和近期的全面规划和部署。

显然,工业的结构,各个工业部门的工作,还没有完全转到以农业为基础的轨道上来。工业要完全转过来,并且在农业技术改革方面发挥更大的效果,重工业本身要继续进行一系列的调整、巩固、充实、提高的工作。

因此,1963年以后的调整任务还很重,相关部门按照中央提出的以农业为基础、以工业为主导的总方针和把工业转移到以农业为基础的轨道上来的指示,以支援农业为中心,同时适当保证国防和市场的需要,进行安排。

1965年,调整任务基本完成。工业方面,在内部比例关系日趋协调的基础上,1963~1965年生产有了较大幅度增长。工业总产值方面,1965年比1962年提高了64%。1965年钢、煤产量分别达到1223万吨、2.32亿吨,分别比1962年增加了556万吨、1200万吨。[②]

可以说,20世纪60年代初中国开始引进西方技术是调整工作的重要组

[①] 中国社会科学院、中央档案馆编:《1958—1965中华人民共和国经济档案资料选编·工业卷》,中国财政经济出版社2011年版,第16页。
[②] 《中国统计年鉴(1984)》,中国统计出版社1985年版,第25、225页。

成。在引进西方技术的过程中,体现了以调整为中心的八字方针。

3.3.3 坚持自力更生为主、争取外援为辅的方针

搞革命和建设,根本的方针是以自己的力量为主。坚持自力更生为主、争取外援为辅,是中国共产党领导中国革命和建设的一贯主张,是20世纪50年代、60年代中国技术发展和技术引进的重要方针。

1. 自力更生为主、争取外援为辅方针的形成

自力更生为主、争取外援为辅,是毛泽东一贯的思想。早在抗日战争时期,1939年9月,毛泽东在论述我们抗日的对外政策时就说:"这个政策以自力更生为主,同时不放弃一切可能争取的外援。"① 为了克服抗日根据地的经济困境,毛泽东明确指出:"我们是主张自力更生的。"② 在毛泽东的视野中,自力更生应该是第一位。抗战胜利后,中国面临着两个前途、两种命运的生死斗争,为了争取光明的前途,1945年8月13日,毛泽东在《抗日战争胜利后的时局和我们的方针》中指出:"我们强调自力更生。"③

以自力更生为主,这不仅是由于中国的革命和建设主要应依靠自身的力量,而且也因为在引进外援时,要受到政治环境等各种因素的制约。毛泽东强调国际援助是中国战争和中国革命取得胜利的一个必要条件,必须尽一切可能争取国际援助,但绝不应把国家经济建设重心完全建立在外援之上。

以自力更生为主、争取外援为辅的方针也体现在经济建设中。1936年7月,毛泽东和美国记者斯诺谈话时指出:苏维埃政府欢迎外国资本的投资,但只有在中国取得真正的独立和民主之后。④ 毛泽东曾称赞国外华侨历来帮助中国革命的爱国举动,并欢迎华侨资本家到苏区来发展工业。

2. 技术援助以自力更生为主、争取外援为辅

自力更生为主、争取外援为辅,是毛泽东提出的中国进行社会主义建设的一项根本方针,对中国技术发展和技术进步具有指导意义,是我国引进技

---

① 《毛泽东选集》第2卷,人民出版社1991年版,第600页。
② 《毛泽东选集》第3卷,人民出版社1991年版,第1016页。
③ 《毛泽东选集》第4卷,人民出版社1991年版,第1132页。
④ 《毛泽东文集》第1卷,人民出版社1993年版,第393~395页。

第3章 新中国的技术发展战略

术所坚持的方针。

新中国成立后,毛泽东明确指出,我们是大国,如果不独立自主地建设和发展工业,建设自己独立的工业体系以至国民经济体系,将来必将受制于他人,而且也无法发展。因此我国始终坚持在自力更生为主、争取外援为辅的方针下进行社会主义工业化建设,并努力争取和扩大对外经济交往。

毛泽东重视外援,积极争取外援,新中国刚成立就出访苏联。毛泽东主张各国之间的援助应建立在平等互利基础之上,不应附带任何政治条件。20世纪50年代,苏联在技术上帮助中国,奠定了中国的工业基础。但是,毛泽东仍然坚持自力更生,不赞成完全依赖苏联的技术援助。

在聘请专家的问题上,周恩来提出:"必须请好的、必要的,一改过去多请、滥请而又想讨便宜的作风;同时,也逼得请专家的部门赶快在一两年内向专家学好本事,免得专家走了仍然不能自立。"①

1950年苏联政府贷款3亿美元给中国,是来自苏联援助的第一笔贷款,3亿美元数额并不大,据说比苏联最初对东欧国家的援助还要少。中国贷款较少的原因主要是毛泽东不愿意多贷。1950年1月,毛泽东对此解释说,"我们所以不提较多的要求是因为在目前数年内多借不如少借为有利"②。

1952年1月16日,张闻天在关于我国今后工业化问题给总理并报主席及中央的报告中强调,"必须把自力更生同充分依靠与信任苏联的援助密切结合起来"。同年3月7日,中共中央同意了张闻天报告中提出的意见③。

在我国第一个五年计划时期,中苏关系比较好,我国只是在"一五"计划开始时得到了苏联有限的贷款援助,整个20世纪50年代,中国贷款较少,这与毛泽东不愿意多贷款的想法有关,其背后深层次原因在于毛泽东坚持自力更生为主、争取外援为辅的方针。

争取外援不能放弃原则、丧失主权。在原则问题上,毛泽东维护国家利益,坚持独立自主。当赫鲁晓夫提出与我国搞联合舰队和长波电台时,遭到毛泽东的断然拒绝。在整个工业化建设、现代化建设过程中以及在苏联技术援助中,毛泽东始终坚持这一重要方针、原则。因此,新中国通过以自力更

---

① 《周恩来年谱(1949—1976)》上卷,中央文献出版社1997年版,第31页。
② 《建国以来毛泽东文稿》第1册,中央文献出版社1987年版,第213页。
③ 中国社会科学院、中央档案馆编:《1949—1952中华人民共和国经济档案资料选编·基本建设投资和建筑业卷》,中国城市经济社会出版社1989年版,第363~368页。

工业化进程中的技术引进（1949—1965）

生为主奠定了社会主义工业化的初步基础，并在此基础上逐步建立了独立的、比较完整的工业体系和国民经济体系，实现了主要工农业产品的基本自给。

在苏联技术援助中，我国重视科技成就与生产经验资料的引进，重视提高引进设备的国内分交额，重视成套设备制造能力的配套工作。

1953年6月，李富春《在苏联商谈我国五年计划问题的几点体会（提纲草案）》中的《关于我国五年计划的方针任务的意见》指出："苏联对我国建设是用全力援助的，其目的是扶助我们在工业上能自力更生地站立起来，而我们要依靠苏联，学习苏联，以求达到自力更生也是完全需要的，但是我们对苏联却表现有依赖思想，这是必须克服的。"①

根据李富春1953年9月3日的报告，苏联帮助我国建设与改建的141个企业，从选择厂址、搜集设计基础资料、确定企业的设计任务书、进行设计（苏方担负工作总量的70%~80%，我方担负20%~30%）、供应设备（苏方供应设备总量的50%~70%，我方担负30%~50%）、指导建筑安装和开工运转，一直到新产品的制造、无偿地供给制造新产品的技术资料等，总之是从头到尾全面地给予援助。②

坚持自力更生为主、争取外援为辅的方针，与毛泽东强调要把马列主义的基本原理和中国具体实践相结合的思想是一脉相承的。1956年8月24日，在会见中国音乐家协会负责人时发表的谈话中，毛泽东一开始就强调："实现社会主义革命的基本原则，各个国家都是相同的。但是在小的原则和基本原则的表现形式方面是有不同的。"接着，毛泽东说："我们要熟悉外国的东西，读外国的书。但是并不等于中国人要完全照外国办法办事，并不等于中国人写东西要像翻译的一样。中国人还是要以自己的东西为主。""马列主义的基本原理在实践中的表现形式，各国应有所不同。在中国，马列主义的基本原理要和中国的革命实际相结合。""教条主义要整，但是要和风细雨地整。要重视他们，但是要说服他们重视民族的东西，不要全盘西化。应该学习外国的长处，来整理中国的，创造出中国自己的、有独特的民

---

① 李富春：《关于我国五年计划的方针任务的意见》，载《党的文献》1989年第4期，第7页。
② 中国社会科学院、中央档案馆编：《1953—1957中华人民共和国经济档案资料选编·固定资产投资和建筑业卷》，中国物价出版社1998年版，第362页。

族风格的东西。这样道理才能讲通，也才不会丧失民族信心。"①

毛泽东这些讲话的核心就是强调马列主义的基本原理要和中国具体实践相结合，走有中国特色的社会主义建设道路，这实质上是毛泽东为八大政治报告定下的基调。在之后的八大政治报告修改中，充分体现了毛泽东确定的这一思想。

1956年8月29日，在审阅《中国共产党中央委员会向第八次全国代表大会的政治报告（第二次稿）》第三个修改稿时，在"国际支援"部分，毛泽东加写了两段文字。关于中国在社会主义建设中坚持独立自主的问题，毛泽东写道："中国的革命和中国的建设，都是依靠发挥中国人民自己的力量为主，以争取外国援助为辅，这一点也要弄清楚。那种丧失信心，以为自己什么也不行，决定中国命运的不是中国人自己，因而一切依赖外国的援助，这种思想是完全错误的。但是我们在肯定这一点之后，又必须肯定另一点，即应当继续努力同苏联和一切兄弟国家团结一致，继续努力同世界上一切兄弟党、人民革命政党和广大人民群众团结一致，取得他们的同情和援助。如果我们不肯定这一点，那也是完全错误的。"② 毛泽东的论述，在八大政治报告中进行了充分的展开和发挥，对中国以后的经济建设与技术引进都有着重要影响。

在第二个五年计划期间，在引进苏联技术中，中国仍然坚持自力更生为主、争取外援为辅的方针。1956年10月11日，周恩来在国务院常务会议上讨论关于苏联援助我国第二个五年计划建设项目谈判情况的报告时的发言《争取外援，但不依赖》中指出：

我们要争取苏联的帮助，但要去掉依赖思想。如果苏联有困难，或在某些方面还留一手，那就要靠我们自己想办法，主要是自力更生，但不放弃争取外援。过去我们党内一些同志有完全依靠苏联的想法，在党外朋友中这种思想也发展了。我们要靠自己，有苏联和人民民主国家的帮助当然很好，没有苏联和人民民主国家的帮助，我们也要建设社会主义。这样说，并不是不尊重苏联，不团结苏联。苏联的帮助是重要的，但起决定作用的是中国人民，这和尊重、团结苏联是两回事。有时我们的一些同志把苏联的帮助说成

---

① 《建国以来毛泽东文稿》第6册，中央文献出版社1992年版，第175页。
② 《建国以来毛泽东文稿》第6册，中央文献出版社1992年版，第148页。

工业化进程中的技术引进（1949－1965）

是决定的条件，这是不对的。……

苏联来信中说，向中国提供最先进的独一无二的设备，那我们就要最先进的独一无二的。苏联答应给我们的，还有些不是最先进的独一无二的，我们提出来，他就得考虑，但也要准备他不给。不给，也不要泄气，我们自己搞。①

1958年2月，薄一波在第一届全国人大代表大会第五次会议上的报告中指出，156项工程建设所需成套设备中，由国内制造的部分将由1957年的42%左右，提高到1958年的60%左右。这将是我国机械制造业的一个跃进。② 1958年6月17日，毛泽东在李富春关于第二个五年计划要点报告的批示上指出，"自力更生为主，争取外援为辅"，"既不能令，又不受命，是绝物也"，"走进死胡同，请问有什么出路呢？"③

1958年6月29日，毛泽东在中央军委扩大会议小组长座谈会上强调："现在教条主义抄苏联，请问苏联当时是抄谁的。'八大'决议中有一节关于技术改革的问题，按照今天的发展情况来看，提得不妥当，就是过分强调依靠苏联的帮助。争取苏联的援助是很需要的，但主要的还是自力更生，如果过分强调依靠援助，请问苏联在当时又依靠谁来援助。"④ 在1959年的郑州中央工作会议上，毛泽东说："要以我为主，不能受制于人。"⑤ 这使独立自主、自力更生的思想更具全面性和科学性。

正是坚持自力更生为主、争取外援为辅的方针，集中主要力量，重点建设重工业，新中国在苏联技术援助的基础上，不断消化、吸收、创新，技术力量不断增强，自力更生的能力逐渐增强。例如，发电设备的制造能力，引进时很注意锅炉、汽轮机、发电机制造能力的配套工作，这样的引进，十分有效地增强了自力更生的能力。

又如核工业的建立和发展。一方面，我国在核工业建设的初期，积极争取苏联在和平利用原子能的研究上给予帮助，从苏联引进了一座实验性原子反应堆和回旋加速器，于1958年建成投入运转；另一方面，由于我们正确

---

① 《周恩来外交文选》（上），中央文献出版社1990年版，第173~174页。
② 薄一波：《关于一九五八年度国民经济计划（草案）的报告》，引自《建国以来重要文献选编》第11册，中共中央文献出版社1995年版，第119页。
③ 《建国以来毛泽东文稿》第7册，中央文献出版社1992年版，第273页。
④ 毛泽东：《要以我为主学习别人的先进经验》，载《党的文献》2010年第2期，第4页。
⑤ 中国共产党新闻网，http：//dangshi.people.com.cn/GB/85041/10690628.html。

处理了自力更生和引进的关系,通过引进增强了自力更生的能力。

20世纪60年代,中苏关系开始恶化,中国进入技术自我发展阶段,中国的技术发展仍然坚持"自力更生为主,争取外援为辅"的方针,这是一个两条腿走路的方针,是对科学技术的自主研制与引进外援辩证关系的正确认识。

1963年8月12日,国家计委向周恩来并中央的报告《关于从西欧国家进口成套设备工作的进展和工作部署》中强调:"为了建设现代化的国家,我们的方针永远是自力更生,永远是依靠发展和提高我们自己的科学技术力量。这条方针并不排斥,相反地更加要求我们通过一切可能的途径积极地购买和引进新技术。当然,我们不期望所有我们需要的新技术都能从资本主义国家进口,不过,凡是进口的专利技术,我们就可以在这个基础上加以推广、提高,使我们能够在这些方面赶上和超过世界水平,同时它造成一种可能,使我们能够集中主要科学技术力量去解决那些为进口所不能解决的更重要的课题。"[1]

在引进西方技术的过程中,中国强调独立自主,依靠自己的力量,但不排斥外部援助。这就要求中国在独立自主的基础上,通过一切可能的途径积极引进国外先进技术,最终通过消化、吸收,实现技术创新,使我国能够在技术领域赶上和超过世界先进水平,进入世界技术领域的先进之列。我国核武器研制的成功,充分说明了这一点。

从1960年9月到1964年10月16日,仅仅用了4年多的时间,我国就成功地爆炸了第一颗原子弹[2]。1966年6月9日16时,我国在西部地区上空成功地进行了含有核材料的核爆炸,为此《人民日报》发号外予以报道。[3] 1967年6月17日,中国爆炸了第一颗氢弹,与第一颗原子弹爆炸仅隔两年零八个月。原子弹和氢弹是在苏联援助增强了中国自力更生能力的基础上,依靠中国自己的力量搞出来的。

---

[1] 中国社会科学院、中央档案馆编:《1958—1965中华人民共和国经济档案资料选编·固定资产投资和建筑业卷》,中国财政经济出版社2011年版,第365页。

[2] 中央档案馆编:《共和国五十年珍贵档案》上册,中国档案出版社1999年版,第906~907页。

[3] 中央档案馆编:《共和国五十年珍贵档案》上册,中国档案出版社1999年版,第952页。

3.4 新中国技术发展战略的组成

在工业化进程中，中国的技术发展战略是：全面学习先进技术，加强引进技术的消化、吸收与创新，注重人才队伍建设。

3.4.1 全面学习先进技术

中国有向一切先进国家学习的愿望。新中国技术发展强调一切民族、一切国家的长处都要学，既向苏联和东欧社会主义国家学习，也向西方资本主义国家学习。

1. 向苏联学习

20年代50年代，美国、英国等资本主义国家搞技术"禁运"，不愿教中国技术，于是中国向苏联和东欧国家学习。当时中国主张向苏联学习，其中一个重要理由是：中国认为美英等西方国家的科学技术已经被苏联消化吸收了。

早在1949年6月30日，毛泽东在《论人民民主专政》一文中就明确宣布，即将成立的新中国奉行"一边倒"的外交政策，"苏联共产党就是我们的最好的先生，我们必须向他们学习"[①]。为此，新中国成立后，毛泽东提出要学习苏联。在技术方面，举国上下全面学习苏联，包括学习理论、制度、技术、管理方法等。

1949年10月5日，刘少奇在中苏友好协会总会成立大会上的报告中指出："我们之所以特别重视和珍贵中苏两国人民的友谊与合作，还因为苏联人民所走过的道路正是我们中国人民将要走的道路。苏联人民建国的经验值得我们中国人民很好地学习。我们中国人民的革命，在过去就是学习苏联，'以俄为师'，所以能够获得今天这样的胜利。在今后我们要建国，同样也必须'以俄为师'，学习苏联人民的建国经验。现在苏联有许多世界上所没有的完全新的科学知识，我们只有从苏联才能学到这些科学知识。例如：经

---

① 《毛泽东选集》第4卷，人民出版社1991年版，第1481页。

济学、银行学、财政学、商业学、教育学等等，在苏联都有完全新的一套理论，为世界其他国家所没有的。至于苏联进步的政治科学与军事科学那就更不待说了。苏联的文化完全是新的文化。吸收苏联新的文化作为我们建设新中国的指针，是中国人民目前的迫切任务。因此我们特别需要苏联人民的友谊的帮助与合作。"①

新中国成立后，毛泽东就对苏联进行了长达两个月的访问，1950年2月17日毛泽东在莫斯科车站发表临别演说："苏联经济文化及其他各项重要的建设经验，将成为新中国建设的榜样。"②

1953年，我国进入了大规模的经济建设。1953年2月7日，在中国人民政治协商会议第一届全国委员会第四次会议闭幕大会上，在谈到关于学习苏联的问题时，毛泽东指出："我们要进行伟大的五年计划建设，工作很艰苦，经验又不够，因此要学习苏联的先进经验。在这个问题上，共产党内、共产党外、老干部、新干部、技术人员、知识分子、工人群众、农民群众，他们中间都有一些人是有抵触的。他们应该懂得，我们这个民族，从来就是接受外国的先进经验和优秀文化的。……但是我讲的古代和近代这两次学习外国，比较现在我们学习苏联的规模，学习苏联先进经验的效用，那是要差得远的。那末，我们现在学习苏联，广泛地学习他们各个部门的先进经验，请他们的顾问来，派我们的留学生去，应该采取什么态度呢？应该采取真心真意态度，把他们所有的长处都学来，不但学习马克思列宁主义的理论，而且学习他们先进的科学技术，一切我们用得着的，统统应该虚心地学习。对于那些在这个问题上因不了解而产生抵触情绪的人，应该说服他们。就是说，应该在全国掀起一个学习苏联的高潮，来建设我们的国家。"③

毛泽东发出"要学习苏联"的号召，为中国科学技术工作指明了方向。1953年2月10日、14日，《人民日报》发表社论强调向苏联学习④。此后，全国人民进入了学习苏联运动的新阶段，"苏联的今天就是我们的明天，苏

---

① 《中国与苏联关系文献汇编（1949年10月—1951年12月）》，世界知识出版社2009年版，第18～19页。
② 《人民日报》，1950年2月20日，中国社会科学院、中央档案馆编：《1949—1952中华人民共和国经济档案资料选编·基本建设投资和建筑业卷》，中国城市经济社会出版社1989年版，第357页。
③ 《毛泽东文集》第6卷，人民出版社1999年版，第263～264页。
④ 《人民日报》社论：《贯彻毛主席的伟大号召》，1953年2月10日；《人民日报》社论：《掀起学习苏联的高潮，建设我们的国家》，1953年2月14日。

联的道路就是我们的道路"成为流行一时的口号。

在全国人民学习苏联的运动中,技术方面也完全学习苏联技术。中国学习苏联技术的途径大体上有三种:第一是大量引进和翻译苏联的各类图书期刊等资料。第二是大量派遣各方面的干部、技术人员及学生到苏联实习、考察。第三是苏联在人力资本上给予援助,中国大规模、全方位地聘请苏联顾问和专家来华,包括到中国的各类考察团,与前两者相比,苏联专家对中国的影响更大。在一定程度上,苏联经济体制、经济模式、技术管理等在中国的出现,是通过苏联专家这一渠道传播的。

2. 向资本主义国家学习

尽管20世纪50年代美国、英国等资本主义国家对中国实行技术"禁运",但是,中国还是向西方资本主义国家学习先进技术,与日本、瑞士、奥地利、比利时、荷兰、丹麦、挪威、瑞典、芬兰等国进行了多领域交流,通过贸易等形式引进先进技术,进口了一些设备等。

中日两国民间贸易往来比较频繁。1952年至1958年5月,我国同日本一共签订过4个民间性的贸易协定,第一、二、三次协定的执行使两国贸易额逐年增长,贸易额最高出现在1956年,进出口总额达1.2亿美元,1957年也达1.1亿美元。我国出口的商品有大豆、煤、大米、食盐、镁石和其他矿产、土产等,自日本进口的商品有化肥、人造丝、化工原料、医药、钢材、仪器、机械和有色金属等。自1955年我国贸易代表团访问日本并签订第三次中日贸易协定后,日本来我国进行贸易活动的工商界人士日益增多,1956年最多曾达到580余人,其中除技术人员和工程师外,还有肥料、土壤、兽医、医学、水利等专家。1958年,我国同日本钢铁代表团签订了5年长期钢铁易货协议后,我方五金、矿产两公司又派出了一个代表团到日本进行钢铁易货谈判,但因日本岸信介政府破坏了第四次中日贸易协定和纵容暴徒污辱我国国旗,中日贸易于1958年5月中断。[①]

中国除与日本进行交流以外,同其他资本主义国家也进行了广泛的交流。

---

① 中国社会科学院、中央档案馆编:《1958—1965中华人民共和国经济档案资料选编·对外贸易卷》,中国财政经济出版社2011年版,第467页。

瑞士是中立国,中瑞贸易由民间完成,新中国成立后,中国对瑞士贸易采用积极态度,中瑞贸易直线上升,但是中瑞贸易中包括转口的因素,1956年和1957年由于西欧其他国家对我国实行"禁运",我国经瑞士转口进口五金钢材,自1958年起西欧各国放宽"禁运"以及我国停止经瑞士转口进口,因而贸易总额较1957年有所下降,但实际上1958年除五金外的其他品种贸易还是上升的。1959年后则有了进一步的上升。我国主要进口各种仪器、农药、染料、车床、镗床、制齿机、手表、医药、稀有金属。1954年订购了7.5万千瓦的火力发电设备,1957年订购了两套列车电站。

我国与奥地利也有着贸易关系。中华人民共和国成立以后,我国和奥地利的贸易关系是逐步发展的,1956年以后双方的往来活动才频繁起来。1956年6月,由奥地利东西贸易协会及工业家协会组成的奥地利工商界代表团来我国访问,并与我国各有关公司签订了总值555万英镑(合1500余万美元)的合同,大部分系"禁运"物资。同年9月,我国促进会展览团参加维也纳博览会展出,并由我国促进会和奥东西贸易协会签署了中奥经济学家、工商业者、技术人员相互访问议定书。1957年12月,以冀朝鼎为首的中国经济技术访问团在英访问后赴奥进行参观访问。1958年4月,由奥东西贸易协会组织的技术代表团来我国进行访问。1959年9月,以冀朝鼎为团长的我国促进会展览团参加了维也纳博览会展出。1959年9月以前,我国对奥地利基本上采取比较积极的方针,主要进口黑色金属、化学肥料、仪器、土建机械、轴承、有色金属、金属切削机床、电工设备、挖土机、建筑材料、电炉、水泵、汽车、农药、化工原料、蜡纸、电容器纸、空气压缩机、医疗器械、医药等。

比利时政府曾对我国执行"禁运"政策,我国自比利时进口较少。1952年,我国贸易访问团访比利时。1955年底,比利时工业联合会贸易访问团来华答访,此后随着"禁运"的瓦解以及我国自比利时直接进口大量化肥和钢材,贸易额遂迅速增加。1956年比利时议会代表团和1957年比利时经济学家代表团来访时,中国对外贸易部雷任民、卢绪章副部长曾分别举行座谈会,和他们就发展中比贸易问题交换意见,我国经济技术代表团也于1957年访问了比利时。我国从比利时进口的产品主要是化肥、钢材、有色金属、人造丝、羊毛条、电工机械、大型变压器、各种机械、钻石、汽车零件、化工染料、农药、照相X光胶片等。虽然我国对比利时出口逐年增加,

工业化进程中的技术引进（1949－1965）

但由于我国自比利时进口需求较大，而比利时对我国商品需求较少，加之我国纺织品向比利时输出还受到对方的一定限制，所以历年来我国逆差甚大，1959年进口仍为出口的14倍。

荷兰政府曾在政治上敌视新中国，中荷两国一度没有官方贸易，一切往来都在民间基础上进行。我国自荷兰进口的商品主要是化肥、化工原料、染料、医药等化学品，其他有镍、铝等有色金属，钢材、机械、仪器及工具，以及人造丝、纸张等。

丹麦为北大西洋公约组织成员国之一，经济上同英国及联邦德国关系都很紧密。我国对丹麦贸易是在已建立政府间正常贸易关系的基础上，本着平等互利、互通有无的原则，采取维持和逐步发展的方针。1957年，丹麦政府派贸易代表团来北京谈判签订中丹贸易协定。1959年后，我国同丹麦贸易往来有所发展，1960年2月，我国还向丹麦订购了水泥厂设备，价值580万美元。我国从丹麦进口的主要商品有农药、西药、肥料、货船、仪器、电动机、柴油机、冷冻机（丹麦著名产品是农畜产品、柴油机、冷冻机、农药）。

挪威为北大西洋公约组织成员国之一。1951年，由于挪威政府追随美国对我国实行"禁运"，两国贸易关系几乎中断。我国对挪威贸易本着两国已签订贸易协定的精神，根据平等互利、互通有无的原则，采取维持的方针。1954年，中挪建交后贸易逐渐好转。1958年12月6日，我国政府贸易代表团由白认部长助理率领访问挪威，除参观工厂外，还与挪威官方及工商界进行了广泛接触。1958年11月，挪威电气化学厂董事访问我国时，与我方五金公司签订了协议。1959年我国和挪威的进出口额达到823万美元，大大超过1946年的最高水平。我国从挪威进口的主要商品有铝、尿素、薄铜板、钢丝绳、福美林、镁、变压器、船舶、纸张、仪器等。

瑞典在经济上是北欧最发达的国家，在政治上近100多年来一直保持"中立"，当时对外采取不结盟政策。中瑞两国政府间签有贸易协定，我国对瑞典的贸易是本着平等互利、互通有无的原则，采取维持和逐步发展的方针。1955年5月，瑞典工商界贸易代表团访华，与我国公司和银行洽谈业务。1956年，我国向瑞典工厂订购大批钻探机，金额达2500万美元。1957年11月8日，中瑞签订贸易协定，协定中规定了两国间互享关税及航运上的最惠国待遇。1958年以来，瑞典四大垄断家族之一荣生集团、皮林福公司、瑞典造纸协会、培也公司、狄法伯特公司、钻探机厂、瑞典联合钢厂、瑞典批发商协会等先后来华访问,并洽谈贸易。1959年5月,我国政府贸易代表团访问瑞典,受到瑞典政府和工商界的热烈欢迎。1955年后,两国贸易逐渐增加,大大超过以往水平,但进出口是不平衡的。我国进口大于出口,1957年我国逆差竟达2975万美元,进口等于出口的27倍。我国从瑞典进口的主要商品有钻探机、滚珠轴承、空气压缩机、杂项机械、仪器、无缝钢管、碳素钢板、不锈钢板、金属制品、黑铁皮、铝、镍及压延钢材、化工原料、医药、医疗器材、纸张、人造丝、人造棉(瑞典著名产品是优质钢、滚珠轴承、机械和精密仪器)。

芬兰对外执行与苏联保持友好关系、和平中立政策。我国对芬贸易本着平等互利和争取友好的精神,采取维持、巩固和逐步发展的方针。1952年后,两国贸易关系有所发展。1952年4月,在莫斯科国际经济会议上,我国代表团同芬兰代表团接触,并通过苏联介绍,于同年9月签订了中、苏、芬三角贸易协定。1953年、1954年、1955年、1957年及1959年11月,芬兰政府曾先后派贸易代表团来京谈判签订贸易协定,1956年3月,签订了关税航行最惠国待遇换文。1960年贸易额已为新中国成立前最高年份的10倍。中国从芬兰进口的主要商品中,除新闻纸、纸浆、印刷纸、工业用纸以外,还有货船(8500吨的1艘,3200吨的6艘)、油船(4200吨的2艘)、造纸机成套设备(5台)、铜(3700吨)、电动机、挖土机、拖拉机、锅炉、人造纤维。[①]

此外,我国还同法国、希腊、新西兰、加拿大等通过贸易形式进行技术交流与学习。

从以上论述可以看出,中国通过贸易形式,进口了大量工业设备,包括机床、仪器、仪表以及其他工业产品等,出口了大量的农业、牧业、手工业产品,以及工业原料等。通过贸易等形式,中国学习、掌握了西方先进技术。只是向西方资本主义国家学习先进技术,受政治影响大。尽管中国学习、引进西方技术是作为学习、引进苏联技术的重要补充,但是这同样促进了中国技术进步和经济发展。

---

① 中国社会科学院、中央档案馆编:《1958—1965中华人民共和国经济档案资料选编·对外贸易卷》,中国财政经济出版社2011年版,第495~499页。

当1960年中国与苏联在技术等方面的合作进入低潮后，毛泽东和中共中央开始采取措施进一步学习西方国家技术，加大引进西方先进技术的力度。由此，学习、引进西方先进技术成为中国发展的重要途径。

3.4.2 加强引进技术的消化、吸收与创新

引进技术的目的，是为了促进国家的科技进步，加速经济发展。为此，在技术引进中要注意增强技术的吸收、消化与创新。如果不注意这个问题，单纯地进口设备，一旦设备陈旧落后，就必然持续不断地进口，长期依赖于外国进口，始终不能缩小与发达国家的差距，永远不能使国家科技进步、经济发展有潜力和动力。因此，在引进成套设备时，要加强引进技术软件的力度，要注意引进技术的消化、吸收与创新。

1. 对引进技术的消化、吸收

随着技术的进步与发展，生产自动化、专业化程度越来越高，对生产管理的要求也越来越专业化、规范化。实行科学、有效的管理已经是技术发展的必然趋势。只有科学、规范的管理，才能使先进设备发挥应有的作用，否则会造成生产秩序的混乱，造成经济上的损失。在这方面，我国的技术引进已经有深刻的经验和教训。因此，在引进先进技术的过程中，不仅要进口先进设备，还应当引进现代化的管理制度和管理理念，注意软、硬件配套并要结合引进现代管理方法和先进工艺，只有这样，才能充分发挥先进技术设备的作用，技术引进才能更好地为经济建设服务。

20世纪50年代，我国大量引进成套设备，并重视引进成套设备的国内消化和创新。当时采取了很有成效的措施：一是在引进设备的同时，从苏联和东欧人民民主国家引进许多项技术资料，并与苏联等国家共同进行了多项重大技术研究。二是争取较高的分交额，在科学设备进口中，争取分交一部分在国内制造。这不仅是为了节省外汇，更重要的是可以提高我国工业生产的设计能力和技术水平，有利于消化引进的设备。三是引进管理方法和经验。

20世纪50年代，苏联援助我国的技术设备大多是成套设备。在引进成套设备的同时，中国不仅从苏联和东欧人民民主国家引进了许多科学技术的成就和生产经验方面的资料，而且还聘请了苏联和东欧国家的专家来华工

作。另外，新中国也派遣人员去苏联、东欧各国实习，以掌握引进设备的生产技术和管理。20世纪60年代，我国引进西方技术，仍然是以引进成套设备为主，并注意对西方技术的消化与吸收。

2. 中国进行仿造与自行设计

在消化与吸收引进技术的基础上进行仿造是后起国家发挥后发优势生产新产品的一个比较有效的途径。

中国通过接触苏联援建项目中的成套设备、技术资料、产品设计及制造技术，在科研、设计、生产工艺、管理方法和设备制造等方面积极吸收、消化苏联技术，并开始进行模仿。

中国共产党第八次全国代表大会的决议要求从仿造过渡到自行设计产品："为了建成一个基本上完整的工业体系和推进国民经济的技术改造，在重工业部门中，必须集结和壮大设计新产品的力量，增强制造能力，并且逐步地推行生产标准化，加强专业和协作的配合，以提高我国的技术水平。在今后一个时期内，对于主要工业产品，特别是国家建设和国民经济技术改造所必需的技术设备，应当通过仿造的办法，逐步达到能够自行设计和制造的目的。在这个过程中，一方面需要广泛地吸收苏联、东欧人民民主国家和世界上其他国家最新的科学技术成就，另一方面又需要密切地结合我国的自然条件和经济条件，设计和生产适合于我国具体需要的新产品。"①

据统计，"一五"时期156项工程所需设备，当时国内制造的比例，按吨位计算为52.34%，按卢布计算为45.9%。②

按照苏联的统计，1952～1957年，中国生产的金属切削机床总数的85%是按照从苏联得到的工艺资料生产出来的。③

"一五"时期，国家建设所需设备国内自给率为62%。由国内分交制造的设备大部分由苏联供给产品图纸。④"二五"时期，中国自主制造配套设备的能力有了明显的提高，减少了对有些苏联设备的需求。20世纪50年代

---

① 《中国共产党第八次全国代表大会关于政治报告的决议》，引自《建国以来重要文献选编》第9册，中央文献出版社1994年版，第345页。
② 李进：《积极慎重地利用外资》，载《人民日报》1982年3月19日，第2版。
③ [苏] 奥·鲍·鲍里索夫、鲍·特·科洛斯科夫著，肖东川、谭实译：《苏中关系（1945—1980)》，生活·读书·新知三联书店1982年版，第153页。
④ 吴熙敬主编：《中国近现代技术史》上卷，科学出版社2000年版，第413～451页。

工业化进程中的技术引进（1949－1965）

末，中国的设计工作开始进入以模仿为基础的自行设计阶段，技术水平和设计能力有了较大的提高。①

随着技术水平的提高，一些设计机构扩大规模。到1957年，中国设计院所已能设计建设一些大型的、技术比较复杂的工程，比如年产150万吨的钢铁联合企业、年产240万吨原煤的煤矿、年产7.5万吨合成氨的氮肥厂、设备容量100万千瓦左右的水电站和65万千瓦的火电站。②

总体看，"一五"计划时期，中国在引进基础上的技术进步还处于仿制阶段。随着引进苏联技术的深入开展，中国越来越重视自行设计产品。1958年2月3日，薄一波在第一届全国人民代表大会第五次会议上的报告中指出，156项工程建设所需要的成套设备中，由国内制造的部分，将由1957年的42%左右，提高到1958年的60%左右。③

由于中国自主设计和制造能力持续提高，中方承担的设计和制造任务不断增加，中国已经具备了一定的厂矿设计能力和机器设备制造实力。④

尽管如此，中国设计机构在设计某些特大的、技术最新的和特别复杂的工程时，仍然需要苏联的技术援助和支持。中苏关系破裂后，中国在已有技术的基础上，独立进行工程和产品设计，完成了一些好的设计。例如，一汽及有关研究设计机构逐步消化吸收从苏联引进的技术，首先仿造产品设计、实现材料自给、扩大生产规模，然后改进、增加新车型，改造工艺设备，再到开发换型车等，不断创新，具备了基于国外产品和技术资料开发同类产品的能力。从投产到20世纪70年代中期，一汽为第二汽车制造厂、北京第二汽车制造厂等二三十个国内厂家和若干援外项目设计了上万套工艺装备和组合机床。

技术仿造就是在原有相关联知识的持续累积与存量水平基础上，应用新知识并将新知识整合进入自身的知识体系。仿造是基础，关键在于识别出外部知识的价值，并将这些知识应用于实际中。通过仿造以及自行设计制造实

---

① 周恩来：《关于知识分子问题的报告》，引自《建国以来重要文献选编》第8册，中央文献出版社1994年版，第19页。
② 国家统计局：《关于发展国民经济的第一个五年（1953—1957）计划执行结果的公报》，载《中国统计》1959年第7期，第115页。
③ 薄一波：《关于一九五八年度国民经济计划（草案）的报告》，1958年2月3日，引自《建国以来重要文献选编》第11册，中央文献出版社1995年版，第119页。
④ 陈云：《当前基本建设工作中的几个重大问题》，1959年3月1日，引自《建国以来重要文献选编》第12册，中央文献出版社1996年版，第107页。

现设备国产化,是消化、吸收引进技术的一个重要表现,是从引进技术转向技术创新的必经阶段。但是仿造或自行制造一些成套设备、设计一些工艺等,并不是真正意义上的创新,依然属于对引进技术的初级模仿。

3. 进行技术创新

中国技术发展的道路,一方面是在不断引进技术中,进行技术的消化、吸收,另一方面又不断加强自主技术的研发,进行技术创新。

在引进苏联、东欧人民民主国家技术的过程中,中国注意技术消化、吸收、创新,增强自主技术创新能力。从总体上看,20世纪50年代,一般工业领域的技术创新主要是对原有引进技术进行修补性质的改进,目的是为了在产品种类和数量上填平补齐,克服薄弱环节,成龙配套,发挥设备装置的综合生产能力,因此还没有从根本上超越引进技术。为了充分发挥工人、技术人员革新技术的积极性,1963年11月3日,国务院同时发布施行了《发明奖励条例》和《技术改进奖励条例》。这两个条例的实施,对于发明新的产品,改进原来产品、工艺方法、工具、设备、仪器、装置,有效利用原料、材料、燃料、动力、设备和自然条件以及其他技术的改进,发挥了很重要的作用。

而在核工业领域,在苏联专家撤走后,从1959年起,苏联停止对中国核技术援助,包括停止提供某些关键设备、原料和技术资料。从此,中国从完全模仿转向自主研制,根据中国实际情况对各类核武器进行改型和自行设计。

经过全国范围的大规模协同合作,中国依靠自己的力量,在核工业和特种技术等领域取得了巨大的成绩。1964年6月29日,中国自行设计的第一枚导弹发射成功。1964年10月16日,中国自行设计、制造的第一颗原子弹爆炸成功。1965年5月14日,改装的轰6飞机成功地执行了第一次空投原子弹的试验任务。[①] 这说明,中国对引进技术不只是学习、模仿,而且有了改进、鉴别、提高的能力。

在大规模的以国防尖端技术为中心的国产化过程中,同样依靠大规模协

---

① 《当代中国》丛书编辑部:《当代中国的航空工业》,中国社会科学出版社1988年版,第75~76页。

同的方式，我国研制出了一批当时世界较高水平的新技术，如激光器、大型精密仪器、大型精密机床，同时在国防工业的新材料、原料的国产化方面取得了进展。据聂荣臻回忆，经过五六年的努力，根据1965年4~7月的全面检查，中国试制成功的新型金属材料、新型无机非金属材料、新型化工材料共12800多项，品种上可以满足导弹、原子弹、航空、舰艇、无线电方面科研和生产需要的90%以上。许多过去靠进口的新型材料，基本上能够自己解决了，为新型材料立足国内打下了一定基础。①

总的来说，限于当时的条件，整个20世纪60年代，中国的技术创新力度不大。

3.4.3 注重人才队伍建设

20世纪50年代初，我国工业和技术基础极其薄弱，技术和管理人才严重匮乏，而中国大规模的建设需要大量的技术人才。

1952年在全国国有工业（包括重工业部、燃料部、一机部、二机部、轻工部、纺织部6个部门）、运输（铁道部、交通部、邮电部3个部门），以及地质、建筑工程系统中，见习技术员以上的技术人员仅14.8万人，占这些部门职工总数330万人的4.5%。其中，工业生产部门占4.3%，基建部门占8%。

根据国家计划委员会1953年初步计算，"一五"期间，除了现有的工程技术人员和技术工人以外，在工业、运输业和建筑业等方面，至少还需要增加大约30万工程技术人员和110万技术工人。②

大规模建设需要大量人才，根据中苏协议中关于156项工程设计的分工，一般是新建项目初步设计、技术设计和80%的施工图设计由苏方承担，其余20%的施工图设计和老厂改扩建项目的初步设计、施工图设计由中方承担。重大的改扩建项目，另有规定。设备制造方面，中方承担30%~50%。此外，还有156项以外的建设项目的勘探、设计和设备制造，任务十分繁重。当时，技术力量不足的状况十分严重，特别是缺乏地质勘探和设计

---

① 《聂荣臻元帅回忆录》，解放军出版社2005年版，第650页。
② 国家经贸委编：《新中国工业五十年（1953—1957）》第2部上卷，中国经济出版社2000年版，第13页。

人员。①

为了解决人才短缺这个尖锐的问题，党和国家采取了统一管理和培养干部的政策，主要措施为：统一抽调干部，大量培养工业建设人才；加强院校培养；吸引在资本主义国家留学的人员回国；聘请苏联专家，请求苏联帮助培养人才等措施。

1. 统一抽调干部，大量培养工业建设人才

统一抽调干部，大量培养工业建设人才，不仅是"一五"期间进行基本建设的一个重要条件，而且是当时的一项紧迫任务。

鞍钢作为新中国较早引进苏联技术重点建设的国营企业，其经验进一步证明，必须把基本建设提到工业建设的首要地位，大力充实基本建设的力量，必须从生产岗位抽调大批技术人员加强到基本建设方面来。②

对此，1952年11月9日，中财委《关于迅速准备基本建设的指示》指出："基本建设工作在经济工作中已经占有头等重要的地位……今后几年的经济工作，首先是工业领导（各部局）的注意重点，必须把基本建设放在首要地位。一切忽视基本建设的观点和做法必须受到及时的与严格的批判。"③

1952年11月18日，《人民日报》社论《把基本建设放在首要地位》强调："把基本建设放在首要地位，这必须成为今后全国共同执行的方针。我们必须努力贯彻这个方针，否则一切都是空话。……为了迎接一九五三年繁重的基本建设任务，必须立即按照中央人民政府政务院财政经济委员会基本建设会议上所规定的办法，积极地从生产方面抽调人员。这在目前来说是最大量而且是最可靠的增长基本建设力量的方法。"④

新中国成立初期，东北地区向其他地区输送了大量人才，被称为全国的干部基地，这与苏联专家的帮助有直接关系。例如，1952年东北地区计划

---

① 彭敏主编：《当代中国的基本建设》上卷，中国社会科学出版社1989年版，第61~62页。
② 中国社会科学院、中央档案馆编：《1949—1952中华人民共和国经济档案资料选编·基本建设投资和建筑业卷》，中国城市经济社会出版社1989年版，第34~35页。
③ 中国社会科学院、中央档案馆编：《1949—1952中华人民共和国经济档案资料选编·基本建设投资和建筑业卷》，中国城市经济社会出版社1989年版，第46~47页。
④ 中国社会科学院、中央档案馆编：《1949—1952中华人民共和国经济档案资料选编·基本建设投资和建筑业卷》，中国城市经济社会出版社1989年版，第36~37页。

统计干部已达 3 万多人，其中领导骨干大部分都是苏联专家亲自培养的。①

通过大规模抽调干部，集中使用，再加上其他措施，"一五"期间，新的技术力量成长很快，基本上保证了基本建设的需要，有效地缓解了技术人员短缺现象。

2. 加强学校培养力量

新中国成立后，即将开始的大规模经济建设迫切需要大量的干部，以满足优先发展重工业的战略和全国工业建设的需要，为此，需要加强学校培养力量。

（1）关于院系调整。

参照苏联重视理科，特别是重视与重工业有关的课程设置模式，国家对高等学校院系进行了调整，高等教育以发展高等工科学校和综合大学的理科为重点，适当地发展农林、师范、医药和其他各类学校，而文科受到较大削弱。中等专业教育的重点也是培养工业和农业的技术干部与管理干部，毕业生以工科、师范、农林、医药为主。同时进行了新院校的建设，学生人数迅速增加。

新中国成立初期，旧有各大学工学院尚未进行基本改革，还存在着几个主要缺点：具有浓厚的半殖民地性质；政治思想薄弱；教学方法还是教条式的，不切实际，不注意实习；缺乏统一的领导和计划；过去某些学校的宗派主义很严重。

为了适应全国工业建设的需要，1950 年 5 月，重工业部准备向 6 月 1 日教育部召开的全国高等教育会议提出整顿高等工业教育的提案。重工业部的意见是：各大学工学院要与综合大学分离，并调整院系，逐渐向专业化发展。各系修业年限不必一律，一般为四年半至五年半。增加校外生产实习，与工厂密切配合进行教育。并建议：在京津成立一所新型的工业专科大学，由重工业部与教育部共同领导。在财经委员会下设立经济干部计划处，领导所属工业学校，有计划地培养人才。各专科大学要受所属工业部与教育部的双重领导。在课程方面，为适应随后三五年内恢复工业生产的需要，重工业

---

① 中国社会科学院、中央档案馆编：《1949—1952 中华人民共和国经济档案资料选编·工业卷》，中国物资出版社 1996 年版，第 755 页。

部建议各系从实际出发,增加专门课程的比重。尽量开办专修科,培养专门技术人才,并尽量吸收技术工人入学。在教学方面,建议设立强大的编译机关,编译课本,限于一年内取消各工学院所用的不合乎中国实际的外国课本。①

1952年秋季,中央教育部进行了院系调整②。调整后,私立高等学校全部改为公立,各院校的性质和任务均较前明确,工科院校得到了发展,综合大学得到了整顿。这些院校大多数已按照苏联经验改组了系科,设置了专业,而多数工科及一部分理科的专业,已基本上适应国家的需要。这使得高等学校在院系设置上基本符合国家建设的需要。③

院系调整后各级各类学校对教学方法和课程内容也进行了初步改革,招生规模大增。1952年全国高等学校学生202100人（包括研究生2661人）,其中工科学生占33%,师范学生占18%,医科学生占13%。高等学校学生总数与1951年相较为129%,与1950年相较为141%。④ 工科院校学生在高校所占比例列第一位。

1952年暑期,全国高等学校除19206名应届毕业生外,三年级的8438名理、工科学生提前毕业（合计27644名）,以应急需。虽然如此,全年暑期高等学校毕业生的数量,仍然远远赶不上国家建设的需要,故必须把为数有限的高等学校毕业生有计划地分配到国家最需要的工作岗位上去。为此,1952年暑期高等学校毕业生统一分配工作的基本方针确定为"集中使用,重点配备"。⑤

在党和政府的领导下,经1952年、1953年两次调整后,全国高等学校院系调整工作基本完成,结束了院系庞杂纷乱、设置分布不合理的状态,走

---

① 中国社会科学院、中央档案馆编：《1949—1952中华人民共和国经济档案资料选编·基本建设投资和建筑业卷》,中国城市经济社会出版社1989年版,第350~351页。
② 根据中央档案馆档案资料。
③ 《中央人民政府高等教育部关于一九五三年全国高等学校院系调整的计划》,载《党的文献》2002年第6期,第66页。
④ 国家统计局编：《一九五二年国民经济恢复与发展情况公报》,1953年6月11日,载中国社会科学院、中央档案馆编：《1949—1952中华人民共和国经济档案资料选编·综合卷》,中国城市经济社会出版社1990年版,第868页。
⑤ 中国社会科学院、中央档案馆编：《1949—1952中华人民共和国经济档案资料选编·综合卷》,中国城市经济社会出版社1990年版,第140~141页。

工业化进程中的技术引进（1949－1965）

上了适应国家建设需要培养专业人才的道路①。

（2）关于统一分配学生与招生。

依据"集中使用，重点配备"的方针，安排各类学校毕业生，即由高等学校依据中央人事部的分配方案提出将学生分配到某一厂矿去的计划，经批准后负责把这些毕业生派遣到他们服务的单位。

1949～1965年，中国高等学校累计毕业生155.44万人，其中工科毕业生53.06万人，师范毕业生39.02万人，农林毕业生14.71万人，医药毕业生16.66万人，这四项占高等学校总毕业人数的79.4%。中等专业学校毕业生总计295.85万人，其中工科毕业生73.76万人，师范毕业生135.89万人，农林毕业生34.14万人，医药毕业生37.02万人，这四项占中等专业学校总毕业人数的94.9%。②

学生来源方面，除高中毕业生升学外，还从党政机关、军队、人民团体里抽调了大批合格人员升入高等院校进行培养。

1951年11月15日发布的《中央人民政府教育部党组关于全国工学院调整发展方案的报告》指出：1952年全国高等学校拟招收新生7.5万名，其中4万名为工学院新生。但1952年全国高中毕业生只有6.4万名，即使90%投考高等学校，也相差2万名左右。因此请求通知中央人事部从精简名额（如文工团、土改工作队等）中抽调年龄较轻、具有相当文化水准者补足之。

对此周恩来批示：从机关部队精简中抽调二万知识分子。③

尽管如此，高中学生来源不足已成为当前发展高等教育的严重问题。这一问题，必须设法解决；不解决，便会影响到国家的高等教育计划的执行，便会阻碍国家建设事业的发展。为此，政务院决定从中央一级各部门抽调1000名青年知识分子干部升入高等学校。④

---

① 《中央人民政府高等教育部关于一九五三年全国高等学校院系调整的计划》，载《党的文献》2002年第6期，第66页、第68页。
② 国家统计局编：《中国统计年鉴（1983）》，中国统计出版社1983年版，第520页。
③ 《建国初期全国高等学校院系调整文献选载》（1951－1953年），载《党的文献》2002年第6期，第61页。
④ 中国社会科学院、中央档案馆编：《1949－1952中华人民共和国经济档案资料选编·综合卷》，中国城市经济社会出版社1990年版，第140页。

3. 争取留学生和专家回国

新中国成立后，许多在海外特别是在资本主义国家留学的人员冲破重重障碍，回国参加新中国建设，例如，一大批科学家回国，在海外留学人员中产生了良好的影响。但是，到1954年4月底，在资本主义国家仍然有大约7000名中国留学人员，其中美国最多，为5242人（不包括华侨子弟）。在此之前已回国的留学生1344人，以后回国的有154人。[①] 这些留学生大部分是1948年以前出国的，吸引这批人才为国家建设服务非常必要、重要。为此，党和政府采取了许多有力的措施。

1953年9月9日，中共中央批复中南局《关于从国外招聘中国籍技术人员的规定给各中央局、分局的指示》，其附件即1953年8月5日发布的《中南局关于从国外招聘中国籍技术人员的规定》指出："为了国家大规模经济建设的迫切需要，通过可靠关系，经过一定的批准、审查手续，从国外招聘一批确有科学技术的中国技术人员参加国家经济建设，以补助国家技术人员之不足，这是许可的。"[②]

1956年2月22日发布的《中共中央转发争取留学生回国工作组〈关于争取尚在资本主义国家留学学生回国问题的报告〉的批示》指出："现在还在资本主义国家的留学生大约有7000人，他们大都是高级知识分子，具有专门知识，不少人已经是科学家和高级技术人员。争取他们回国参加社会主义建设，在目前有重要的意义。因为，中国科学院现有的副研究员以上的高级科学研究人员只有401人，全国高等学校中副教授以上的教师也只有700余人。很显然，还在资本主义国家的这7000左右的留学生，对我国社会主义建设是一个很大的后备力量，必须大力争取他们回国参加建设。"

为了大量地争取尚在资本主义国家的留学生回国参加建设，中央采取"普遍争取而又以在美国的留学生为重点"的方针，"要求在大约3年时间内把尚在资本主义国家的可以回国的留学生基本上争取回国，1956年要求争取1000人。争取这批留学生回国是一件重要而复杂的工作，各有关部门

[①] 中国社会科学院、中央档案馆编：《1953—1957中华人民共和国经济档案资料选编·综合卷》，中国物价出版社2000年版，第962页。

[②] 中国社会科学院、中央档案馆编：《1953—1957中华人民共和国经济档案资料选编·综合卷》，中国物价出版社2000年版，第957~958页。

都必须动员起来,积极地参加这一工作,大胆放手地开展这一工作"。[①]

1956年5月30日,中央批准了争取还在资本主义国家留学生回国工作组《关于争取还在资本主义国家留学生回国的工作报告(第五号)》,指出,争取还在资本主义国家的留学生回国参加建设,是一个相当长期和艰苦的工作,各有关部门应继续努力,使争取工作持久进行。[②]

1957年3月5日,国务院专家组党组《1957年争取还在资本主义国家留学生回国的工作计划报告》指出,经过艰苦细心工作,1956年共有161名留学生从资本主义国家回国,其中从美国回来的104人;学理工的116人,学文法的四五人。这些人已分别按其专长、志愿及国家需要妥善安置了工作,他们在学术上的水平一般较高,在科学研究和教学方面已起了显著作用。同时,争取还在资本主义国家留学生回国的政策,在国内国外均发生了积极的政治效果。

经过几年的努力,争取留学生回国工作取得较大成绩,为国家建设吸引了大量人才。

4. 中国引进人力资源

苏联在人力资源方面给中国以巨大的援助。一方面,中国曾大规模、全方位地聘请苏联顾问和专家来华,苏联向中国派出了1万名以上的顾问和专家;另一方面,苏联帮助培养中国技术人员,主要是通过接受中国留学生学习和技术干部实习两种途径,中国选派留学生、实习生等人员到苏联和东欧各社会主义国家学习。此外,苏联专家在中国通过帮、传、带方式,培养中国技术人员。在中国和苏联的学校、科研院所、设计机构、企业等部门,一些青年技术人员得到了培养锻炼。对此,详情见第5章引进苏联人力资源部分。

另外,东欧人民民主国家在人力资源方面也给中国以巨大的援助。一方面,中国曾聘请东欧人民民主国家的技术专家来华;另一方面,东欧人民民主国家通过接受中国留学生的方式帮助中国培养技术人员。

---

① 中国社会科学院、中央档案馆编:《1953—1957中华人民共和国经济档案资料选编·综合卷》,中国物价出版社2000年版,第960~961页。
② 中国社会科学院、中央档案馆编:《1953—1957中华人民共和国经济档案资料选编·综合卷》,中国物价出版社2000年版,第967页。

总之，通过从各条战线抽调优秀干部，加强工业部门和重点建设项目的领导，并且依靠原有企业抓紧培养和输送技术人才，通过加强高等院校加快培养，通过吸引在资本主义国家的留学生回国，通过苏联、东欧人民民主国家在人力资源方面给中国的援助等，我国有效地解决了技术人员和管理人才短缺问题。

20世纪60年代，中国的技术人才有了一定规模，同时，在引进西方技术的过程中，注重技术交流和培养、引进技术人才，只是引进人力资源的规模比50年代要小得多。

第4章

以156项工程为核心的技术及资金引进

20世纪50年代,苏联对我国进行了全面而系统的援助,中国引进苏联技术主要以苏联援建156项工程为核心,以引进成套设备为主,辅之以多种方式,具体表现在援建项目、贷款、核工业、人力资源、国营企业管理一长制、国营企业管理方法以及科学技术合作等方面。

4.1 20世纪50年代中国引进苏联技术的历史背景

中华人民共和国成立后,中国共产党审时度势,采取"一边倒"的外交政策,与苏联结成友好同盟,中国开始大规模引进苏联技术。但是中苏同盟关系并不牢固,对中国引进苏联技术产生了重要影响。

4.1.1 抗美援朝期间苏联对中国的全面援助

实现工业化是中国共产党的重要目标。中华人民共和国成立后,中国共产党面临着非常严峻的国际国内局势。在国际上,冷战双方尖锐对立,美国对华采取极端敌视的政策:外交上孤立,经济上封锁,军事上包围,政治上颠覆。在国内,新中国的工业基础薄弱,技术水平、管理能力都极其低下。要在短时间内实现工业化的快速发展,争取外国援助特别是苏联援助至关重要。

1949年10月1日,中华人民共和国成立。10月2日,世界上第一个社会主义国家苏联即宣布承认中华人民共和国，决定与中国建立外交关系，成为第一个承认中华人民共和国的外国政府。中国共产党审时度势，采取"一边倒"的外交政策，向苏联政府提出了援助请求。

1949年12月16日，毛泽东访问苏联，周恩来于1950年1月20日抵达莫斯科，双方正式开始会谈。毛泽东访苏的主要目的就是签订新的中苏同盟条约，同时争取得到苏联的大规模经济技术援助。1950年2月14日，中苏签订《中苏友好同盟互助条约》，同意废除1945年的《中苏友好同盟条约》。这一条约是毛泽东迫使斯大林做出重大让步的结果，为了区别于旧条约，新条约加上了"互助"二字。

毛泽东莫斯科之行达到了缔结新盟约和争取苏联援助的预期目的，新中国有了安全保障。条约规定："缔约国双方保证共同尽力采取一切必要的措施，以期制止日本或其他直接间接在侵略行为上与日本相勾结的任何国家之重新侵略与破坏和平。一旦缔约国任何一方受到日本或与日本同盟的国家之侵略因而处于战争状态时，缔约国另一方即为其全力给以军事及其他援助。"条约还规定："缔约国双方根据巩固和平与普遍安全的利益，对有关中苏两国共同利益的一切重大国际问题，均将进行彼此协商。"[①]

另外，中苏结成同盟关系后，进一步加强了新中国在经济和技术上对苏联的依赖性。尽管新的中苏同盟条约的签订标志着联盟的形成，但这个条约除了给苏联带来了东方战线的安全保证外，也使斯大林感到了一定的担忧。因为在中苏结盟谈判问题上，斯大林与毛泽东存在着分歧。虽然经过谈判，最后签订协议，但是分歧仍然存在，因此中苏同盟在形成时就埋下了隐患，这影响了苏联对中国的援助。20世纪50年代，苏联对华援助基本上就是在矛盾中进行的，从而使中国引进苏联技术也相应地受到影响。

1950年6月即中苏同盟条约签订4个月后，朝鲜战争爆发。在极端困难的条件下，毛泽东毅然决定新中国出兵援助朝鲜。因此，斯大林在很大程度上改变了对中共和毛泽东的看法，苏联向中国提供了全面援助。[②]

[①] 《中国与苏联关系文献汇编（1949年10月—1951年12月）》，世界知识出版社2009年版，第137页。

[②] 沈志华主编：《中苏关系史纲（1917—1991年）》（第3版）上册，社会科学文献出版社2016年版，第170~171页。

工业化进程中的技术引进（1949－1965）

在冷战思维的主导下，斯大林当然明白，中国不仅是为朝鲜作战，更主要的是为社会主义阵营作战，用实际行动反对资本主义阵营。因此，在抗美援朝战争期间，斯大林向中国提供了大量援助。①

中国抗美援朝化解了中苏同盟在刚刚形成时就出现的危机，缓和了中苏之间的矛盾，并使中苏同盟出现了新的局面，为中苏之间的同盟关系进一步发展奠定了政治和经济基础。

作为对中国抗美援朝的有力回应，苏联政府不仅履行了各项经济技术协定，而且在整个朝鲜战争期间，中苏在军事上配合、协调，进行了全面经济技术合作，苏联开始对中国进行全方位、大规模的援助。对此，1958年7月22日，毛泽东在同苏联驻华大使尤金的谈话中指出："苏联人从什么时候开始相信中国人的呢？从打朝鲜战争开始的。从那个时候起，两国开始合拢了，才有一百五十六项。"②

中苏经过大量的准备工作与协商，至1952年底，陆续商定了苏联帮助中国恢复与建设的50个重点项目。这些项目在国民经济恢复时期确定，是156项工程项目的第一批项目。

经过3年的经济恢复和建设，中国国民经济迅速发展，新中国成立初期国内的混乱局面得到有效扭转，已经能为大规模的经济建设提供一个稳定的国内环境，中国已经初步具备了有计划地进行大规模经济建设的能力，由此开始实施国民经济发展的第一个五年计划。

4.1.2 蜜月期中国加强对苏联的技术引进

1953年7月，朝鲜战争结束。这场战争是新中国在极端困难条件下被迫进行的，并最终取得了胜利，这不仅改变了斯大林对毛泽东和中共的认识，也大大提高了新中国在社会主义阵营中的地位和影响，苏联方面也意识到了这一点。

对于苏联援助中国以及中苏关系中的相互援助问题，斯大林能够正确地对待。1952年，斯大林曾对周恩来说，援助是责任，你们的革命后成功，运气好，假使你们的革命先成功，我们也会向你们求援的。我应当感谢你们

---

① 沈志华主编：《中苏关系史纲（1917—1991年）》（第3版）上册，社会科学文献出版社2016年版，第178页。
② 《毛泽东外交文选》，中央文献出版社、世界知识出版社1994年版，第325页。

第4章 以156项工程为核心的技术及资金引进

在朝鲜作战和提供橡胶两件事情上对苏联的援助。由此可见,斯大林认为,中苏两国之间的援助是相互的,并把它视为一种真诚的国际义务。①

1953年斯大林去世,赫鲁晓夫执政后,重新审查对外政策,确定了缓和国际紧张局势和巩固自身实力的方针,主张对华采取积极援助的路线和政策,继续执行对中国的友好政策,中苏关系得到进一步加强。赫鲁晓夫回忆道:"我们是在援助我们的朋友,比如援助中国。但中国像我们所支援的其他国家一样,是付钱的。有人会说,既然人家付钱,那还算援助吗?这好像是贸易嘛。并非全然如此!既然是有偿的,当然是贸易。我们的援助则表现在我们用信贷方式提供设备,并在我们的协助下安装这些设备,工厂由我们来建,工人自我们来培训,再由我们提供安排生产所需要的一切。这个国家便一下子获得生产钢铁和设备的能力。……所以既提供设备,又提供整个工厂。不但如此,我们还是以优惠价格提供设备的。例如,资本家提供贷款,年利率5%~7%,而我们贷款的年利率为2.5%或者2%。这是很大的优惠。因此我们可以理直气壮地说,我们的确是在援助兄弟国家。"② 但是,赫鲁晓夫执政后半期中苏关系恶化,他承诺的提供多于斯大林时期的援助项目都未能兑现。

赫鲁晓夫执政前期,即20世纪50年代上半期,在世界两大阵营对峙、中苏两大国结盟的特定历史条件下,中苏两国在意识形态、社会制度等方面是一致的,两国相互之间以信任为主,因此,两国在各个方面相互支持与配合,苏共与中共也逐渐步入平等与友好发展的道路。

当时,苏联与中国战略利益相符,两国开展了经济合作与技术援助等,意识形态并不是中苏关系的主要内容。20世纪50年代中期,赫鲁晓夫把苏中关系和对华友好政策提高到对外战略的重要层面,而新中国的国防和建设事业也要求中国全面学习苏联,并依赖苏联的经济技术援助。

1953~1959年是赫鲁晓夫执政前期,中苏关系进入了蜜月期,苏联加大了对中国的经济与技术援助力度,特别是赫鲁晓夫开启了中国和平利用原子能的通道,奠定了中国发展核工业的基础。但是中苏经济关系一直受到政

---

① 裴坚章主编:《中华人民共和国外交史(1949—1956)》,世界知识出版社1994年版,第43页。
② [苏]尼基塔·谢·赫鲁晓夫著,述弢等译:《赫鲁晓夫回忆录·国务活动家(全译本)》第3卷,社会科学文献出版社2006年版,第2254~2255页。

治影响,从20世纪50年代前夕开始,苏联对华援助就是在矛盾中进行的。朝鲜战争提升了中国的国际地位,在中苏关系进入蜜月期后,中国共产党的国际影响日益扩大。在国际问题与时代特征的认识上,中共与苏共之间的分歧逐渐加大。

实际上,中苏真正的蜜月期仅存在了几年的时间,到1958年初就大体结束了。赫鲁晓夫执政时期的中苏关系变动幅度最大,中苏两国的合作与摩擦冲突在经济和技术领域表现得十分明显,到1960年中苏经济与技术合作就基本停止了,苏联也终止了对中国的经济与技术援助。

20世纪60年代初期,中苏两党分歧加大,中苏冲突成为主导,随之苏联中断了与中国签订的合同,苏联援助停止,中国引进苏联技术也基本停滞。

4.2 引进以156项工程为核心的重点建设项目

实现工业化是中国共产党的重要目标。中华人民共和国成立初期,中国工业和技术基础极其薄弱。在苏联的帮助下,中国共产党参照苏联经济建设的经验,制定了以实现重工业化为目标的第一个五年计划。第一个五年计划的主要内容,是实施苏联援建的一批大型工业企业项目。这些项目在"一五"时期称为156项工程项目,它的确立经历了一个复杂过程,在"二五"时期苏联援建项目有了新的变化。

4.2.1 1950年首批50个重点项目的确立

中华人民共和国成立后,中国面临的国际国内局势非常严峻。"国际上,是尖锐对立的冷战局面。美国对华采取极端敌视政策:外交上孤立,经济上封锁,军事上包围,政治上颠覆。当时,新中国的工业基础十分薄弱,技术力量、管理水平都极其低下。要在最短时间内实现工业化的快速发展,争取外国的援助是关键。"[①] 1949年10月2日,即中华人民共和国成立的第二天,世界上第一个社会主义国家苏联即宣布承认中华人民共和国,决定与

---

① 刘振华:《建国初"156项"工程项目的确立》,载《中国档案》2009年第3期,第82页。

中国建立外交关系,成为第一个承认中华人民共和国的外国政府。中国共产党审时度势,采取"一边倒"的外交政策,向苏联政府提出经济技术援助请求。

1949年12月16日,毛泽东抵达莫斯科,会见斯大林率领的苏共中央政治局全体成员。毛泽东此行目的主要是商讨中苏友好同盟问题、苏联对华贷款以及两国贸易问题等。1950年2月14日,中苏两国正式签订《中苏友好同盟互助条约》和《中华人民共和国中央人民政府 苏维埃社会主义共和国联盟政府关于贷款给中华人民共和国的协定》(以下简称《协定》)等。根据《协定》,在苏联帮助中国建设的项目中,机械和军工占了很大比重。

1950年至1952年初,苏联帮助设计的项目共42个,第一批16个设计组是1950年毛泽东、周恩来在苏时聘请的,第二批3个设计组是朝鲜战争发生后聘请的,第三批设计组是1951年聘请的。

在42个项目中,东北30个(其中电力、钢铁、煤炭、制铝等项目占20个,其他10个是机械、化学、造纸等项目)、关内6个(太原、重庆、西安、郑州4个电站及太原肥料厂和染料厂)、新疆5个(电厂和医院)、内蒙古1个,总投资额仅关内和东北35个项目估算就达34亿元,其中国外订货占30%。至1952年1月,已做出初步设计并已经批准的有15个。经过大量的准备工作和与苏联协商,又增加了几个,至1952年底,终于商定了苏联帮助中国恢复与建设的50个重点项目。这50个项目在国民经济恢复时期确定,是156项工程的第一批项目。

4.2.2 91个重点项目的确立

1952年8月至1953年,苏联帮助中国建设的重点项目又增加了91个。

1952年8月,以周恩来为团长,陈云、李富春为副团长,由30多名专家组成的我国政府代表团访问苏联,进一步商谈请苏联政府对我国经济建设予以援助的问题。原则确定后,周恩来总理、陈云副总理等先行回国,李富春同若干助手继续与苏方商谈对我国经济建设援助的具体细节,历时8个月。代表团以1952年中财委拟出的关于第一个五年计划中重要的工业建设项目草案为依据,与苏联政府商谈。1953年5月15日,李富春和米高扬分别代表两国政府签订《关于苏维埃社会主义共和国联盟政府援助中华人民共和国中央人民政府发展中国国民经济的协定》,内容包括:在1953年至

1959年内，援助中国建设与改建91个企业。这91个企业项目成为苏联援助我国建设的第二批项目。

这91个企业项目加上1953年4月以前苏方同意援助我国建设与改建的50个企业项目，共141个企业项目①。这些企业项目对中国的国民经济具有重大意义。这些企业建设完成后，中国将成为一个有自己独立的工业体系的国家。

4.2.3 156项工程的最终确立

此后，苏联援助我国建设的项目又有变动，主要是将前50个项目中的沈阳飞机修理厂、洛阳航空发动机修理厂、南昌飞机修理厂、株洲航空发动机修理厂四个项目合并在后91个项目中；停止牙克石纸厂、营城子银矿山八号竖井两个项目的设计，将兴安台选煤厂自兴安台一号竖井的项目中分出，如此141个项目变成了136项。在1954年8月备忘录及其他文件中又取消了91个项目中的武汉电站，将避雷器车间并入西安高压电瓷厂内，将抚顺镁厂并入抚顺铝厂，并新增加了11项。经过这次变动，形成了144个建设项目。②

尽管项目数量发生了变化，但是，在计算引进项目时，习惯仍然以双方有关协定的141项称谓。

朝鲜战争提高了中国的国际地位，赫鲁晓夫上台后调整对华政策，加强了对华援助，督促苏联有关部门尽快确定和落实对中国的援助项目③。1954年9月，赫鲁晓夫访问中国。1954年10月12日，中苏两国政府达成《对1953年5月15日关于苏联政府援助中华人民共和国中央人民政府发展中国国民经济的协定的议定书》，规定对于苏联所供应的设备和所给予的技术援助的偿付，按照当时实行的中苏贸易协定进行。在《议定书》的备忘录中又新增加了15个项目。

这15个项目是新增加的，加上有关协定中签订的第一、二批141项，至1954年底被确定"156项"建设项目。实际上，当时项目共计162个，

---

① 中国社会科学院、中央档案馆编：《1953—1957中华人民共和国经济档案资料选编·固定资产投资和建筑业卷》，中国物价出版社1998年版，第361页。

② 董志凯等：《新中国的工业奠基石：156项建设研究》，广东经济出版社2004年版，第146~147页。

③ 刘振华：《建国初"156项"工程项目的确立》，载《中国档案》2009年第3期，第83页。

其中 35 个为国防项目。这就是第一个五年计划中提出的建设重点,这些项目确定以后又随着形势和认识的发展变化有所调整,有的取消了,有的分成两期实施,即被视为两个项目。但是由于一届人大二次会议通过的"一五"计划公布的"156 项"在先,因此就将"156 项"作为一个标志而不加改动了。实际上,正式施工的项目为 150 个,其中在"一五"时期施工的有 146 项。

4.2.4 "一五"计划颁布后新增加的项目

1955 年,"一五"计划正式颁布,此后又新增加了一些项目。1956 年 4 月 7 日,中苏再次签订协议,增加了 55 个苏联援助中国建设项目,其中新增工业建设项目为 49 个,另外包括 3 个研究所、2 个电站的二期工程和 1 个国防工业的重复项目。同年 9 月又签订了 12 项。

截至 1957 年 3 月,我国与苏联签订了协议的建设项目共计 255 项,包括工业部门项目 244 项,非工业项目 11 项。

以上项目中除去重复计算的 13 个项目、经双方同意撤销的 10 个项目及 1957 年底可建成的 63 个项目(合计 86 个项目)外,留待第二个五年计划继续建设或需修改协议的共计 169 个项目。

1957 年 5~6 月,国家计委与苏方商谈苏联援助我国建设项目两国协议的修改和 1958 年设备分交问题。苏联对于留待第二个五年计划时期建设的 169 个项目进行了以下处理:按原协议的规模和进度建设不变的计 28 项,这些项目中,凡是设计可以改由中国进行的,将改由中国国内自行设计;凡是设备能由中国自行制造的,大部分分交时皆由国内自行制造;撤销的(即解除苏方承担的设计和设备供应义务的)51 项,缩小规模和推迟建设进度(推迟半年至三年)的共有 90 个项目。

以上变动中,1955 年以前签订协议的项目(即 156 项工程)改变较少,共撤销了 17 项;1955 年以后签订协议的项目(即 1956 年 4 月签订的 55 项和 1956 年 9 月签订的 12 项)改变较多,共撤销 32 项。

经过改变,"一五"计划期间中苏协议由苏联援助中国的 255 个项目中,除了撤回自行建设的 10 个项目、根本取消不建设的 41 个项目和重复计算及经双方同意撤销的 23 个项目外，尚保留 181 项①，即"一五"内建成的 63 项，"二五"期间建设的 118 项，其中规模和进度都未改变的只有 28 项。

这些项目的建设高潮在第一个五年计划期间。至 1957 年底，156 项工程中有一半以上的项目已按期全部建成或部分建成投产，这些项目成为"一五"计划的基本任务之一。

4.2.5 引进项目的后续情况

1959 年初，国家计委同前来我国的 1960 年设备分交苏联专家工作组，就苏联援助我国建设的项目进行了核对，核对结果如下：

从 1950 年到 1959 年 2 月 7 日止，苏联援助我国建设的项目共为 287 项，其中在 1958 年以前签订协定的项目为 180 项，1958 年 8 月 3 日签订的 1 项，1958 年 8 月 8 日和 1959 年 2 月 7 日签订的为 106 项（已扣除在历次协定中重复计算的 19 项）（见表 4-1）。另外尚有苏联援助的个别设备和其他项目共 59 个。

表 4-1　　　　　苏联援助中国建设项目个数统计表

	合计	按协议时间划分			扣除重复项目数
		1950~1957 年协定项目数	1958 年 8 月 8 日协定项目数	1959 年 2 月 7 日协定项目数	
总计	287	180	48*	78	19
钢铁	18	8	3	9	2
有色	25	12	3	11	1
机械	49	28	10	13	2
电力	43	26	12	13	8
煤炭	30	20	9	2	1
石油	9	3	2	5	1

---

① 中国社会科学院、中央档案馆编：《1953—1957 中华人民共和国经济档案资料选编·固定资产投资和建筑业卷》，中国物价出版社 1998 年版，第 370~372 页。另外，周恩来在 1959 年 10 月 6 日《人民日报》发表的文章《伟大的十年》指出，苏联在第一个五年计划期间援我国建设了 166 项项目，1958 年和 1959 年又新订援助我国建设 125 个项目的协议。

第4章 以156项工程为核心的技术及资金引进

续表

	合计	按协议时间划分			扣除重复项目数
		1950~1957年协定项目数	1958年8月8日协定项目数	1959年2月7日协定项目数	
化工	15	11	4	4	4
建材	4		2	2	
森工	2		2		
纺织	1	1			
轻工	1	1			
商业	2	2			
广播	2	2			
军工	85	66		19	
其他	1				

注：*包括1958年8月3日协议军委项目1个。
资料来源：中国社会科学院、中央档案馆编：《1958—1965中华人民共和国经济档案资料选编·固定资产投资和建筑业卷》，中国财政经济出版社2011年版，第338页。

到1958年底止，在287个项目中，全部和部分投入生产的共为113项，其中全部投入生产的73项，部分投入生产的40项[①]。

截至1960年底，156项工程已建成133项，还有17项正在建设中。到1969年，156项工程实际实施的150项全部建成，历时19年。

156项工程项目的建设，是在苏联专家指导下建设的。而在1960年7月16日后，苏联政府突然照会中国政府，决定自1960年7月28日到9月1日撤走全部在华苏联专家，单方面撕毁了对华援助合同，这使得156项工程进入自主建设阶段。

苏联援助中国项目，在我国第一个五年计划期间和第二个五年计划初期建成或者基本建成的有140多个项目。这些项目具有的生产能力为："炼钢647万吨，发电设备制造能力60万千瓦，重型设备和重型机床制造能力12万吨，发电能力398万千瓦，原煤开采能力1840万吨，合成氨生产能力25

[①] 中国社会科学院、中央档案馆编：《1958—1965中华人民共和国经济档案资料选编·固定资产投资和建筑业卷》，中国财政经济出版社2011年版，第337页。

工业化进程中的技术引进（1949－1965）

万吨，天然油加工能力 100 万吨，飞机制造能力 1500 架，坦克制造能力 1800 辆，各种炮制造能力 9300 门等。"①

这些项目主要是基础工业和国防军事工业项目，体现了中国优先发展重工业的战略。所有这些，对于建立我国工业化的初步基础起了一定的作用。

4.2.6 引进东欧人民民主国家项目

"一五"计划期间，除了苏联为中国的经济建设提供了巨大帮助外，在互惠互利的基础上，东欧人民民主国家也对中国经济和技术提供了帮助。例如，1956年中国分别与民主德国、匈牙利、波兰、捷克斯洛伐克签订了关于加强科技合作和互相提供援助的协定。"整个20世纪50年代，我国与东欧人民民主国家先后签订协定引进成套设备建设项目116项，完成和基本完成108项，解除义务8项；单项设备88项，完成和基本完成81项，解除义务7项。"②（见表4－2）

表4－2　　　　我国从东欧人民民主国家技术引进实施情况

	成套设备项目（项）			单项设备（项）		
	协议引进	完成和基本完成	撤销	协议引进	完成和基本完成	撤销
民主德国	39	37	2	15	14	1
捷克	32	29	3	32	26	6
波兰	24	22	2	7	7	
罗马尼亚	9	9		12	12	
匈牙利	10	9	1	16	16	
保加利亚	2	2		6	6	
总计	116	108	8	88	81	7

资料来源：彭敏主编：《当代中国的基本建设》上卷，中国社会科学出版社1989年版，第53页。

20世纪60年代初，苏联援助停止后，东欧人民民主国家对中国的援助

---

① 中国社会科学院、中央档案馆编：《1958—1965中华人民共和国经济档案资料选编·对外贸易卷》，中国财政经济出版社2011年版，第332页。

② 彭敏主编：《当代中国的基本建设》上卷，中国社会科学出版社1989年版，第53页。

也基本停止，随之中国的技术引进也基本终止。

尽管技术引进终止，但是，苏联和东欧人民民主国家援助中国的这些项目（重工业项目分别占97%和80%，主要是基础工业和国防军事工业项目）形成了20世纪50年代中国工业建设的核心。①

4.2.7 对技术引进项目的评价

引进苏联东欧技术促进了中国工业化进程，特别是对于20世纪50年代引进苏联的技术，中国予以高度评价。

在20世纪50年代初期，特别是在中国决定抗美援朝后，斯大林对中国的疑虑暂时消除了，因此给予中国以大规模的经济技术援助。以156项工程为核心的大量成套设备和大量军事装备，就是在这一背景下确定提供的。苏联提供大规模经济技术援助，给中国带来了深刻的影响，当时中国领导人以及主要媒体对苏联援助给予了较高的评价。

1953年5月15日，中苏两国政府正式签订了苏联帮助中国建设141项工程的协定。对此，新中国领导人立即给予很高的评价。1953年9月15日，中央人民政府委员会第26次会议批准了李富春所做的《关于与苏联政府商谈苏联对我国经济建设援助问题的报告》，报告中说："苏联对我国经济建设所给予的援助及将给予的援助，表现了社会主义国家伟大的国际主义精神。凡是必要的，有条件的，并且单靠我们办不到的，苏联政府都充分地满足了我们的要求。不仅如此，应该办而我们没有考虑到的，苏联方面还为我们增加了设计项目。……非常明显，我国第一个五年建设如果没有苏联的上述帮助，就不可能有现在的规模和速度，而且要遇到很大的困难。"②

在听了李富春所做的报告后，毛泽东十分感谢苏联援助，致电马林科夫主席说："中央人民政府委员会一致认为，由于伟大的苏联政府同意在建设和改建中国的九十一个新的企业以及正在建设和改建的五十个企业中给以系统的经济的和技术的援助，中国人民将能够在学习苏联的先进经验和最新技术成就的努力之下，逐步地建立起自己强大的重工业，这对于中国工业化、使中国逐步地过渡到社会主义和壮大以苏联为首的和平民主阵营的力量，都

---

① 彭敏主编：《当代中国的基本建设》上卷，中国社会科学出版社1989年版，第53~55页。
② 《中央人民政府委员会第26次会议批准李富春副主任关于与苏联政府商议苏联对我国经济建设援助问题的报告》，载《新华月报》，人民出版社1953年第10号，第6页。

工业化进程中的技术引进（1949-1965）

具有极其重大的作用。""两个国家在一次商谈中解决了九十一个企业的建设问题，解决了长期的援助问题，这在历史上是创举。"

毛泽东还说："在商谈中，苏联政府根据它三十多年来的伟大社会主义建设的丰富经验，对于我国五年计划任务提出了各项原则的和具体的建议。这些建议将帮助我们在中国经济建设过程中尽可能地避免许多错误和少走许多弯路。"①

苏联的援助使中国避免了许多错误和少走了许多弯路，这已经为实践证明，毛泽东的上述评价是客观的，也是真诚的。

"一五"计划期间苏联对华援助的核心内容是156项工程，这些工程构成了中国"一五"建设的主要组成部分，吸收了"一五"计划期间全部工业投资的一半，对"一五"计划的成败具有十分关键的作用。苏联援建的156项工程，90%以上都是重工业的骨干项目，如包头钢铁厂、鞍山炼钢厂、长春第一汽车制造厂、洛阳和哈尔滨的拖拉机厂和轴承厂、兰州炼油厂等，填补了中国在重工业方面的许多空白。以156项工程为核心点的工业建设，"使新中国形成了比较完整的工业体系雏形，使中国以能源、机械、原材料为主要内容的重工业在现代化道路上迈进了一大步，为新中国经济建设奠定了坚实的基础，在社会主义建设中发挥了重要作用"。②

苏联从选择厂址、搜集设计基础资料、进行设计、提供技术资料，直到指导建筑安装和开工运行，都给予了中国全面的援助。在苏联援助下，新中国开始实施"一五"计划，到1957年底就顺利地完成了，并取得了伟大成就。这首先是中国人民英勇奋斗的结果，但苏联的全面援助也有相当大的功劳，正如周恩来1957年在全国人民代表大会的政府工作报告中所说："应该指出，我国在第一个五年计划建设中所已经取得和将要取得的伟大成就，是同苏联人民和苏联政府的援助分不开的。在第一个五年计划期间，苏联帮助设计和供应设备的共有一百五十六个建设项目，苏联给我国提供了大量的长期的优惠贷款，并且派遣了大批的技术专家帮助我们进行各项建设工作。这种真诚的援助，值得我们再一次向苏联政府和苏联人民表示衷心的

---

① 《毛主席感谢苏联援助我国经济建设致马林科夫主席电》（1953年9月15日），载《新华月报》1953年第10号，第7页。
② 刘振华：《建国初"156项"工程项目的确立》，载《中国档案》2009年第3期，第83页。

感谢。"①

李富春在评价苏联援助中国进行经济建设的意义时曾说:"我们的评价,而且是坚定不移的评价是:我们在苏联的帮助下设计和建成的企业,确实是苏联现在拥有的一切现代化东西和一切最好东西的体现。这些企业是我国工业的骨干,说它是骨干不仅仅根据它的规模,而且根据它的现代化的先进技术水平……事实证明,所有的苏联专家和设计单位确实曾努力使这些企业体现出苏联的经验,成为世界上最好的企业。他们胜利地达到了这一点。"②

1959年2月14日,《人民日报》发表《中苏团结永远是牢不可破的》社论,对苏联的援助以及苏联援建企业对中国的作用做出了应有的评价③。

苏联的援助不是无偿的,对此,1954年赫鲁晓夫访华时曾坦率直言。当毛泽东向苏联党和政府的"无私援助"表示衷心感谢时,赫鲁晓夫却说:"不!不能说是无私的,而应当说是有私的。援助中国实际上也是帮助我们自己。中国强大起来就是对我们的最大的支持。"④

虽然苏联援助不是无偿的,却是真诚的。陈云说:苏联"对我们的援助是真心诚意的。比方说,苏联造了两台机器,他们一台,我们一台"。⑤

当时苏联第五个五年计划大纲已经苏共十九大通过,为了援建中国企业,据袁宝华回忆,苏联要根据项目的进度供给我们设备,有些还要供给材料,派遣专家。例如,苏联接受我们这些项目,仅设计单位就增加了3万人。⑥

总之,20世纪50年代,特别是在中国"一五"计划期间,苏联技术援助奠定了中国工业化的基础。对此,1989年5月16日,邓小平在会见苏联最高苏维埃主席团主席、苏共中央总书记戈尔巴乔夫时指出:"我们从来没有忘记在中国第一个五年计划时期苏联帮我们搞了一个工业基础。"⑦

20世纪50年代,出于意识形态与国家利益等多因素考虑,中苏结盟。

---

① 《建国以来重要文献选编》第10册,中央文献出版社1994年版,第311页。
② 转引[苏]奥·鲍·鲍里索夫、鲍·特·科洛斯科夫著,肖东川、谭实译:《苏中关系(1945—1980)》,生活·读书·新知三联书店1982年版,第149页。
③ 《人民日报》,1959年2月14日,第1版。
④ 外交部外交史编辑室编:《新中国外交风云》第2辑,世界知识出版社1991年版,第10页。
⑤ 薄一波:《若干重大决策与事件的回顾(修订本)》上卷,人民出版社1997年版,第300页。
⑥ 袁宝华:《赴苏联谈判的日日夜夜》,载《当代中国史研究》1996年第1期,第25页。
⑦ 《邓小平文选》第3卷,人民出版社1993年版,第295页。

通过引进以苏联为主的技术，中国获得了先进的技术设备、管理方式等，初步建立了中国工业化的基础。对此，中国予以高度评价。尽管20世纪50年代苏联技术援助不是十全十美的，也产生过消极的影响，但是它的积极作用是主流，苏联对华技术援助对中国建设的重要贡献是不会被抹杀的。

4.3 援建项目中的技术引进

中国"一五"时期的156项工程项目和"二五"时期新增加的项目是新中国首次利用国外技术和成套设备开展的大规模的经济建设。

引进苏联技术以购进成套生产线为主，苏联提供整个项目的设备设计、制造、工建、安装、调试、试生产等，成为"交钥匙"工程，这样可以节省费用，能很快形成生产能力，对新中国经济发展和技术进步具有重要意义。

4.3.1 援建项目中引进成套设备

中国技术引进以苏联提供成套设备为主，成套设备引进的内容有苏联交付设计、交付设备、交付技术资料、派遣专家（帮助勘察厂址、指导设备安装、指导产品工艺设计和生产试制等）、接受实习生五个方面。

成套设备引进主要分布在重工业领域。截至1954年底，在成套设备进口累计总值中，钢铁联合企业所占比重为29.0%，有色冶金企业为7.1%，机器及仪器制造工厂为10.5%，汽车及拖拉机制造工厂为10.6%，水力及火力发电站为24.9%，煤炭矿井及选煤工厂为4.4%，化学工厂为3.2%，轻工业工厂为3.7%，国防工业成套设备为4.8%。[①]

赫鲁晓夫执政后，苏联加大了对中国的援助。例如，在1954年9月29日至10月16日赫鲁晓夫访华期间，苏联政府代表团决定，将当时正在北京苏联展览馆（后改称北京展览馆）内展览的83件机床和农业机器等赠送给中国政府。

1954年10月12日，苏联政府向中国赠送为组织拥有两万公顷播种面

---

① 中国社会科学院、中央档案馆编，《1953—1957中华人民共和国经济档案资料选编·固定资产投资和建筑业卷》，中国物价出版社1998年版，第395页。

积的国营谷物农场所必需的全套机器装备。苏联政府代表团还指出:"在组织国营谷物农场时期和熟悉农场生产的第一年,我们为了在建设和管理国营谷物农场方面给以组织上和技术上的帮助,准备派遣一批苏联专家(国营农场经理一人,国营谷物农场的农艺总技师一人,机械总工程师一人,修理厂主任一人,各部门的农艺师和机械师若干人,总会计师一人)到中华人民共和国充任顾问,使领导这个国营谷物农场的中国工作人员和苏联专家一起在最短期间内掌握技术和大型谷物农场的管理方法。"同时,上述专家的生活费由苏联负担。①

从表4-3可以看出,从苏联引进的技术和设备主要集中在冶金工业部、化学工业部、第一机械工业部、国防部、煤炭部、水利电力部以及石油工业部,这都是156项工程集中的部门,充分体现了我国移植苏联技术优先发展重工业的经济发展战略。

表4-3　　　　　　　成套设备进口需汇总表　　　　单位:万卢布

国别或部别		需汇总计	1957年前用汇实绩	1958~1959年用汇实绩
合计		2027353	460327	293447
苏联	设计和技术援助	124284	76684	20022
	设备	1549060	295936	181032
冶金工业部		608382	91080	49729
化学工业部		97194	23950	14132
第一机械工业部		355525	92548	50507
民用项目		140499	45969	20168
国防项目		215026	46579	30339
煤炭工业		62118	9447	12896
水利电力部		316129	64297	36147
石油工业		89134	4704	9527
其他各部		20587	9928	8094

资料来源:国家计委、外贸部编:1950—1959年期间订购成套设备项目表,1960年8月。中国社会科学院、中央档案馆编:《1953—1957中华人民共和国经济档案资料选编·固定资产投资和建筑业卷》,中国物价出版社1998年版,第406~407页。

---

① 《苏联政府代表团就苏联人民赠送机器和装备给中国人民以组织大型国营谷物农场事给毛泽东主席的信》(1954年10月5日),载《新华月报》1954年第11号,第35页。

工业化进程中的技术引进（1949—1965）

156项工程所用的成套设备绝大多数来自苏联，同时国内按计划也提供了一部分。详情见成套设备进口需汇总表（见表4-3）。

1950～1957年，苏联基本上是按照原定的范围承担义务的。从1958年起，苏联在下列三个主要方面逐步单方面变更了自己的援助义务：（1）限制我国国防尖端工业的发展，拒绝履行国际义务；（2）成套项目不按成套项目交货；（3）关键设备长期不交货。[①]

自1950年起到1959年底，中国向苏联、东欧人民民主国家和少数资本主义国家（瑞士、瑞典、比利时、丹麦、英国）定购的成套设备共415项、158个个别项目和设备，约值人民币191.97亿元。1957年以前已经支付43.7亿元，第二个五年计划期间将支付100.88亿元，第三个五年计划期间将支付47.34亿元。其中，向苏联定购成套设备304项、65个个别项目和设备，价值158.97亿元，1957年以前已经支付34.40亿元，第二个五年计划期间将支付77.62亿元，第三个五年计划期间共支付45.95亿元。[②]

据统计，在苏联帮助我国建设的304个成套项目中，苏共二十大以前签订的项目为143个，包括1953年以前订的项目45个、1953年5月15日协定内项目78个和该协定的补充议定书内项目20个；苏共二十大以后签订的项目为161个，包括1956年4月7日协定内项目29个、1958年8月8日协定内项目46个、1959年2月7日协定内项目78个和8个在1957年12月已撤销、在1958年至1959年初又由我们先后向苏方提出恢复的项目。后8个项目因为苏方要把中国供应橡胶和锡作为交换条件，因此双方一直没有正式换文。

在304个成套项目中，"有冶金工业46项，电站52项，石油工业11项，化学工业19项，民用机械工业47项，国防工业87项，煤炭工业30项；其余12项为建工、林业、轻工、纺织、商业、广播等项目"。另外，我国还向苏联订了64个个别车间、研究所和装置，其中包括列车电站33个、锅驼机电站4个、柴油机电站2个、天然气加气站1个、炮弹装配站1个、无线电研究所4个、15千瓦短波无线电发射台4个、船用电机车间1

[①] 中国社会科学院、中央档案馆编：《1958—1965 中华人民共和国经济档案资料选编·对外贸易卷》，中国财政经济出版社2011年版，第336页。

[②] 中国社会科学院、中央档案馆编：《1953—1957 中华人民共和国经济档案资料选编·固定资产投资和建筑业卷》，中国物价出版社1998年版，第402页。

第4章 以156项工程为核心的技术及资金引进

个等。①

到1960年，我国与苏联签订引进成套设备合同304项，全部建成的只有120项，基本建成的29项；与东欧人民民主国家签订引进成套设备合同116项，建成或基本建成108项（见表4-4）。

表4-4　　　　20世纪50年代从苏联、东欧引进设备概况

国家或地区	设备类型	数量（项）	建成或基本建成（项）	废止合同（项）	继续建设（项）
苏联	成套设备	304	149	89	66
苏联	单独车间或装置	64	29	35	
东欧	成套设备	116	108	8	
东欧	单项设备	88	81	7	

资料来源：彭敏主编：《当代中国的基本建设》上卷，中国社会科学出版社1989年版，第53页。

按照两国政府协议检查，截至1960年底，苏方应当交完设备的项目有162个，实际上到1961年初交完的还只有120个，加上基本交完设备的29个项目，也只有149个项目。

1961年，苏联政府在1960年单方面撤回专家，对我国工业生产和建设造成了严重后果；经两国政府协商同意，"双方派遣政府代表团就过去所签订的有关成套项目的协定、议定书及有关文件重新商谈，签订了1961年6月19日协定和议定书，对过去签的304个项目进行了清理。确定在304个项目中，除了交完设计设备的120个项目和基本交完的29个项目之外，撤销了89个项目，保留66个项目，其中，有两个项目，即空气动力研究院和试飞研究院，划到了新技术方面；另外新增半导体材料厂和天然气管道铺设两个项目。因此，保留项目总数仍为66个。"64个个别车间和装置，除已交完设备的29个以外，其余35个全部撤销。②

根据《当代中国的基本建设》提供的统计数字，1950～1959年，在中国与苏联签订的引进304个项目的成套设备（包括"一五"时期的156个

---

①② 中国社会科学院、中央档案馆编：《1958—1965中华人民共和国经济档案资料选编·对外贸易卷》，中国财政经济出版社2011年版，第332页。

工业化进程中的技术引进（1949—1965）

重点项目）和 64 个单项车间设备装置的合同中，中国引进苏联技术设备投资 76.9 亿旧卢布（折合人民币 73 亿元）①。按照俄罗斯的资料，苏联援华企事业建设项目的出口总值为 9409 亿卢布，这大约占苏联当时年国民收入的 7.7%②。

截至 1961 年签订"六·一九"协定，"对于已交付设计设备的成套项目和个别车间，我国已支付苏联 71 亿旧卢布，其中，设备费 62 亿旧卢布，设计和技术资料费 9.4 亿旧卢布"。③

上述已经完成和基本完成的 149 个项目，大多数是钢铁、有色金属、电力、机械、军工、煤炭、石油、化工、建材等重工业项目，少数是纺织、轻工、食品工业和广播电信工程项目。这批项目的建成，为新中国建立比较完整的工业体系奠定了初步基础④，使中国以能源、机械、原材料为主要内容的重工业在现代化道路上迈进了一大步。

1961 年 9 月，我国政府考虑到三年困难时期的影响，决定把 66 个项目的设备推迟交付两年到 1964 年再议，已经苏联方面同意，并于 1962 年 5 月 13 日签订了议定书。

对于 3800 万新卢布的配套设备和苏联已经投料生产的专用设备，也重新签订了合同，规定 1963 年和 1964 年两年交完。

苏联政府下令撤回全部在华专家，对我国成套项目的建设和生产造成了很大的损害。"苏联政府撤退专家的当时，在我国工作的共有成套项目专家 307 人，分别在 58 个厂矿工作（这些专家中，有 22 名承担基本建设设计，16 名承担产品工艺设计，99 名帮助施工和设备安装，170 名正在帮助指导生产）。"⑤

尽管如此，苏联援助的成套设备还是装备了我国的重工业，提升了中国采煤、采矿、冶金、金属加工、炼油等方面的技术水平和管理能力，使中国

---

① 彭敏主编：《当代中国的基本建设》上卷，中国社会科学出版社 1989 年版，第 54~55 页。
② 张柏春等：《苏联技术向中国的转移（1949—1966）》，山东教育出版社 2004 年版，第 90 页。
③ 中国社会科学院、中央档案馆编：《1958—1965 中华人民共和国经济档案资料选编·对外贸易卷》，中国财政经济出版社 2011 年版，第 332 页。
④ 武力主编：《中华人民共和国经济史（1949—1999）》上册，中国经济出版社 1999 年版，第 246~247 页。
⑤ 中国社会科学院、中央档案馆编：《1958—1965 中华人民共和国经济档案资料选编·对外贸易卷》，中国财政经济出版社 2011 年版，第 332~333 页。

工业品的生产能力有较大的提高。

4.3.2 援建项目中引进设计技术

在建设与改建以156项工程为核心的项目过程中，中国不仅引进了成套设备，而且引进了设计技术。

根据1959年7月29日的《驻苏联大使馆商务参赞处十年工作总结》的记载，引进苏联设计技术主要有以下几种方式：

第一，全部厂房设计，均由苏联负责编制，这种方式主要是在我国恢复时期，由于当时不懂，缺乏设计力量，故不论主要、次要、复杂的、简单的一律都请苏联编制，因而每一企业设计费用是相当大的。第二，主要车间设计由苏联负责编制，辅助车间和厂外工程由我国负责编制设计，第一个五年计划期间，主要是采取了这种方式。第三，个别尖端项目的设计或大型厂房的工艺设计由苏联负责编制，多数一般厂房的设计和施工图由我国负责编制，但由苏联派整套专家组来我国进行指导，携带有关资料并负责供给我国一部分技术资料。这是目前采用较多的主要方式。第四，有些项目的设计，我国基本上已经掌握，但保留向苏联提出咨询和质疑由苏联负责解答，必要时聘请少数专家去我国指导设计，或提供少数技术资料，这是当时开始采用的方式。[①]

据统计，苏联帮助我国建设与改建的141个企业中，从选择厂址，搜集设计基础资料，确定企业的设计任务书，到进行设计，苏方担负工作总量的70%~80%，我方担负20%~30%[②]，解密的苏联档案也说明了这一点。

1955年9月25日，苏联国家计划委员会的报告《关于对华经济援助》指出：根据1953年5月15日达成的协议，苏联向中国供应设备，并提供技术援助，建设和扩建134个企业以及24个单独车间、组合机件和机器。根据条件，苏联将完成70%~80%的设计工作，向中国提供的设备占预定的技术方案中设备总价值的50%~70%，向中国上述所有企业提供的设备的

---

① 中国社会科学院、中央档案馆编：《1958—1965中华人民共和国经济档案资料选编·对外贸易卷》，中国财政经济出版社2011年版，第346~347页。
② 中国社会科学院、中央档案馆编：《1953—1957中华人民共和国经济档案资料选编·固定资产投资和建筑业卷》，中国物价出版社1998年版，第362页。

工业化进程中的技术引进（1949－1965）

总价值大约为 50 亿卢布，提供的技术援助价值 7 亿卢布。①

在许多领域，苏联提供设计技术。例如，对中国煤炭矿井的设计，1953年11月5日，列宁格勒国家矿场设计院院长 A. M. 什维尔尼克致函苏联煤炭工业部对外联络局局长 M. M. 楚库洛夫提出：根据1953年9月8日对地质材料进行的技术鉴定结果和对列宁格勒国家矿场设计院另外提供的矿山开采材料进行检查（这些材料已经得到当时煤炭资源管理总局小矿井的检验）的结果，当时的地质资料质量不高，这些资料对于设计中国第11号新的深度（500米）地道矿井是不够的。

开展的钻探工作不是完全有价值的——完全缺乏关于钻探过的煤田的出口信息，在钻探出的一些样煤含灰量达到40%～60%的情况下，对煤田的钻探程度是不够的。看起来，对一些钻孔钻出的煤进行的取样分析是不够的，其中包括缺少关于含灰量的数据。

对采矿开发工作进行的取样分析的结果也不是完全有价值的，因为取样地点同采矿点没有关系。

根据上述情况，列宁格勒国家矿场设计院认为，为了保证在第11号深层地道矿井的设计工作中获得所需的完全有价值的地质资料，就必须另外再进行钻探，必须钻过煤田60%以上的地段，此外还必须从各相关的矿井中进行取样分析，把所有的数据都混合起来纳入矿山测量专家的计划中，并编制地质报告，根据全苏矿藏委员会的请求对煤田的储量进行计算。

在得到列宁格勒国家矿场设计院另外提供的上述材料之前，要着手进行第11号地道矿井的设计工作，就不能不请求苏联煤炭工业部对外联络局局长 M. M. 楚库洛夫向订货单位下达相关的关于进行必要的补充工作的指示。

报告强调："考虑到矿产地机械条件复杂，煤炭的质量较低，要把其建设成为一个生产能力较强的矿井需要进行大量的投资，最好向订货单位建议不要加快第11号地道矿井的基建工作，而把其建设延迟到第二期进行。"②

在设计工作中，苏联方面也能够尊重中国的意见。例如，长江大桥采用无沉箱方法建造桥梁方案就采纳了中国方面的意见，其最终论证经历了一个

---

① 沈志华主编：《俄罗斯解密档案选编：中苏关系（1－12卷）》第5卷（1954.2—1955.7），东方出版中心2015年版，第157～158页。
② 沈志华主编：《俄罗斯解密档案选编：中苏关系（1－12卷）》第4卷（1951.9—1954.1），东方出版中心2015年版，第419页。

过程。

长江在汉口地区平均水深达 30 米，在每年中的个别时期还会达到 40 米。此外，这里的水流速度很快。这些状况以及其他的状况（水底气体的溢出）都排除了用沉箱的方法建设桥墩的可能（一般认为，在这么深的水中使用沉箱的方法，工人每天在水底工作不会多于 45 分钟）。

而当时苏联设计技术一般采取水中使用沉箱的方法。

1954 年 8 月 19 日，中国铁道部部长滕代远在致苏联交通建设部部长科热夫尼科夫的信中指出，在长江上不可能通过沉箱的方法进行建设工作，中国铁道部决定通过非沉箱的方法建设大桥。

苏联交通建设部部长对中国铁道部部长的这封信没有任何答复。

1954 年 11 月 10 日，中国铁道部部长滕代远又给科热夫尼科夫写了一封信，再次提出了关于按照无沉箱的方法建设大桥的问题。

1955 年 1 月 10 日，科热夫尼科夫部长给中国铁道部部长滕代远写了回信。在回信中科热夫尼科夫不建议通过非沉箱的方法建设大桥。他写道："你们关于通过非沉箱的方法，在岩石的基础上建设桥墩基座和钢筋混凝桥墩的方案，在我们的实践中还没有进行过检验，现在不建议在复杂的条件下使用这种方法建设长江大桥的桥墩。"

在科热夫尼科夫拒绝采用非沉箱的方法建设桥墩之后，中国方面自己通过了关于采用非沉箱的方法建设桥墩的决定，这种方法是以西林工程师（20 名苏联专家参加了桥的建设）为首的苏联专家制定并向中国铁道部提供的，这种方法在苏联经受过实践的检验。

负责大桥建设的彭敏于 1955 年 12 月 3 日在《友好报》指出，"这种建设大桥的新方法在建设汉水大桥的时候就已经检验过"。彭敏指出，"关于建设大桥基础工作的新方法的建议特别重要。按照这个方法在钻了大孔之后使用大型特制钢管作为基础；多年以来关于做这些工作必须用沉箱方法的说法被打破了"。

对此，1955 年 12 月 10 日，苏联驻中国大使 П. ф. 尤金致莫斯科电《武汉长江大桥建设新方法》高度评价了长江大桥建设："西林说，长江大桥的建设具有重大的科技意义。"尤金进一步指出：

从上可以看出，苏联交通建设部部长的立场是畏缩的、双保险的：一方面，它阻碍了苏联建桥科学的发展，另一方面，使苏联在长江大桥的建设问题上处于不利的地位。

西林认为，必须委托科热夫尼科夫部长给中国铁道部部长滕代远写一封信，信中应高度评价中苏桥梁专家共同工作取得的成果，他们推行新的建设方法在长江大桥的宏大工程中取得了成果。并提出，希望总结这一经验并共同作出科学的和实践的结论。①

经过研究，最后苏联方面统一了看法。1955年12月14日，苏联交通建设部部长 E. 科热夫尼科夫致苏共中央主席团报告《建造武汉长江大桥问题》指出：

在1954年为了提供技术帮助建设长江大桥而派往中国的苏联专家，按照中国铁道部的指示仔细研究了桥墩的无沉箱方式构造方案。

该方案规定桥墩建造在直径为1.5米，深度达3~5米的岩石基础上的钢筋水泥柱上。建造这样的柱子要求采用的方法是将大口径中空的钢筋水泥管沉降至河床的岩石层，通过钢筋水泥管在岩石基础上扩孔至3~5米深度，并用钢筋混凝土充填岩石井和钢筋水泥管。

中国铁道部部长滕代远在1954年年底请求苏联交通建设部就该方式进行工程作出结论，表示由于中国建设者缺乏建造沉箱基础的经验，缺乏高水平的沉箱工人和技术干部以及相应的设备，所以采用沉箱基础涉及许多困难。……

1955年一季度在苏联专家的直接参与下，在建造长江大桥临时安装的桥墩时运用了无沉箱建造桥墩的方式，这样就有可能在进行工程的条件下完成结构和工程进行的工艺规程并解决许多首次在造桥实践中出现的复杂的技术问题。中国铁道部考虑到建造临时桥墩的经验，决定建造无沉箱基础的长江大桥。②

根据1955年12月15日苏共中央主席团会议记录《武汉长江大桥的建造方法》，苏联交通建设部关于利用无沉箱方法在中国建造桥梁问题的建议被采纳了。

---

① 沈志华主编：《俄罗斯解密档案选编：中苏关系（1-12卷）》第6卷（1955.8—1956.9），东方出版中心2015年版，第126~128页。
② 沈志华主编：《俄罗斯解密档案选编：中苏关系（1-12卷）》第6卷（1955.8—1956.9），东方出版中心2015年版，第126~127页。

4.3.3 援建项目中引进设计资料

苏联在援助中国的156项工程中,不仅提供了设计技术,而且提供了其他几百个大企业的设计和工艺资料。

1949~1953年,涉及援建工程或中国特别要求的具体项目和设备的技术资料,是双方外贸进出口公司通过项目或设备进口合同提供给中国的。1952年12月29日的《中财委关于向苏新国家申请技术资料和图纸的审查和处理工作的几项规定》指出:暂时指定对外贸易部中国技术进口公司为统一审查、处理与登记一切向国外请求供给技术资料和制造图纸的机关。各部请求国外供给资料和图纸的申请书应直接送对外贸易部中国技术进口公司,由其审查后报中财委批准,然后经对外贸易部转送驻各国商务参赞处提出之。①

1952年9月6日,周恩来致信莫洛托夫,请苏联提供经济建设的技术资料。9月8日,莫洛托夫同意苏联政府继续向中国提供上述技术资料。②据此,苏方机构和人员不仅帮助中方建设各个项目,而且提供了设计技术资料。

苏联协助中国建立了工业企业设计部门,并协助这些部门完成其所承担的上述企业的技术设计与施工图的20%~30%的设计工作。苏联提供上述企业所需的按价值计50%~70%的设备,其余设备由中国制造,为此苏联派专家到中国提交技术资料,并对组织生产提出建议。以上内容中,产品制造特许权为苏联无偿提供,其余部分总值约为30亿~35亿旧卢布。③

据统计,截止到1963年5月,设计资料和产品技术资料的费用,13年来共已支付6.7亿旧卢布。这些资料的价格,比设备价格更复杂。中苏的设计收费标准不一样,我国国内工程在第一个五年计划期间是各种不同工程有不同的收费标准,大体是按工程造价的1%计算;第二个五年不收费了。苏联的设计收费标准据了解是按工程造价的3%~5%,特别是由于在中苏两国协定中,对设计费的收费标准没有明文规定,对产品技术资料也仅规定了

---

① 中国社会科学院、中央档案馆编:《1949—1952中华人民共和国经济档案资料选编·基本建设投资和建筑业卷》,中国城市经济社会出版社1989年版,第375~376页。
② 《周恩来年谱1949—1976》上卷,中央文献出版社1997年版,第258页。
③ 中国社会科学院、中央档案馆编:《1953—1957中华人民共和国经济档案资料选编·固定资产投资和建筑业卷》,中国物价出版社1998年版,第335页。

只收实际工本费的原则。① 相对来说，这部分费用还是比较低的。

4.4　引进苏联贷款

20 世纪 50 年代，中国从苏联引进了低息贷款。

4.4.1　苏联贷款的规模

1949 年初，米高扬访问西柏坡。毛泽东在 2 月 6~7 日同米高扬的最后会谈中，明确请求苏联提供 3 亿美元的贷款。1949 年 6 月 27 日，在刘少奇访问苏联期间，在中苏两党领导人第一次会谈中，斯大林就告诉刘少奇，苏共中央决定向中共提供 3 亿美元贷款，年利息 1%，以设备、机器和各种类型的材料、商品形式提供给中国，平均每年 6000 万美元，为期 5 年。中国将在贷款完全生效后的 10 年之内清偿贷款。② 1949 年 7 月 30 日，刘少奇与马林科夫分别代表中国和苏联签订了贷款协议。但由于中方的原因，贷款的事情没有再进行。

新中国成立后不久，毛泽东访问苏联。1949 年 12 月 16 日，毛泽东抵达莫斯科，会见斯大林率领的苏共中央政治局全体成员。毛泽东此行目的主要是商讨中苏友好同盟问题、苏联对华贷款以及两国贸易问题等。1950 年 2 月 14 日，中苏两国正式签订了《中苏友好同盟互助条约》以及《中华人民共和国中央人民政府　苏维埃社会主义共和国联盟政府关于贷款给中华人民共和国的协定》等。其中规定苏联以年利 1% 的优惠条件贷款给中国 3 亿美元，用以偿付为恢复和发展中华人民共和国经济而由苏联交付的机器设备与器材，中华人民共和国政府以原料、茶、现金、美元等分 10 年付还贷款及利息。③

1949 年 7 月 30 日、1950 年 2 月 14 日前后两个协议的基本内容是一样

---

① 中国社会科学院、中央档案馆编：《1958—1965 中华人民共和国经济档案资料选编·对外贸易卷》，中国财政经济出版社 2011 年版，第 341 页。
② 《斯大林与中共代表团会谈纪要》，转引王奇：《中苏同盟启示录》，清华大学出版社 2008 年版，第 88~89 页。
③ 中国社会科学院、中央档案馆编：《1949—1952 中华人民共和国经济档案资料选编·基本建设投资和建筑业卷》，中国城市经济社会出版社 1989 年版，第 87~88 页。

第4章 以156项工程为核心的技术及资金引进

的，实际上是同一个协议。这是中国与苏联签订的第一个贷款协议。从1950年2月14日起，苏联提供了大量贷款。

首笔苏联的3亿美元贷款按35美元等于1盎司纯黄金计算，贷款年利息为1%，贷款分5年付款，每年6000万美元。贷款用于偿付苏联提供的机器设备。机器设备等的价格按世界市场的价格计算。中国政府将以原料、茶、美元等支付上述贷款和利息。贷款将在1954年2月28日～1963年12月31日10年内归还，每年还贷款总额的1/10。贷款利息按贷款使用实数并自使用之日起计算，每半年交付一次。3亿美元的贷款，按1950年汇率折算人民币约合9亿元，相当于恢复时期中央基本建设投资总额62.99亿元的14.3%。①

此后，苏联增加了给中国的贷款。关于苏联贷款的数量，中苏双方政府从未公布过详细情况，中国方面和苏联方面的统计也不相同。

王泰平主编的《中华人民共和国外交史（1957—1969）》（第二卷）提供了有关苏联对华贷款较全面的材料，该书指出，经济贷款4笔12.5亿旧卢布，抗美援朝贷款5笔34.25亿旧卢布，苏军转售旅大军事基地苏军物资7.23亿旧卢布，移交中苏合营公司苏联股份2.78亿旧卢布，合计56.76亿旧卢布（折合12.75亿新卢布），其中抗美援朝贷款占60%以上。应付利息1.32亿新卢布，本利合计14.07亿新卢布，1963年、1964年两年中国方面较原定时间提前一年还请了50年代苏联全部贷款和利息，只剩下1961年代蔗糖贷款尚待偿还。②

根据沈志华的研究，20世纪50年代苏联给中国的贷款应为13笔，而不是《中华人民共和国外交史（1957—1969）》所述11笔56.763亿旧卢布，中方少算了斯大林与毛泽东在电报中商定的1951年4月10日和9月12日两笔追加的军事贷款3.4亿、6亿旧卢布，这两笔贷款因为没有签订贷款协议，而只是斯大林与毛泽东在电报中商定的，所以没有算入③。因此13笔贷款实际总金额在11笔56.76亿旧卢布的基础上要加上这两笔贷款额9.4

---

① 中国社会科学院、中央档案馆编：《1949—1952中华人民共和国经济档案资料选编·基本建设投资和建筑业卷》，中国城市经济社会出版社1989年版，第107页。
② 王泰平主编：《中华人民共和国外交史（1957—1969）》第二卷，世界知识出版社1998年版，第257～258页。
③ 沈志华：《关于20世纪50年代苏联援华贷款的历史考察》，载《中国经济史研究》2001年第3期。

亿旧卢布，总计 66.16 亿旧卢布（折合 14.87 亿新卢布），这个数字与苏联方面的统计比较接近①，考虑到新旧卢布换算时出现的微小差额，以及没有统计 1951 年斯大林与毛泽东在电报中商定追加的军事贷款数额，两者是相同的。

另外，为了帮助中国解决饥荒问题，1961 年 3 月，中国增加了蔗糖贷款，为此还要加上 1961 年的苏联转口古巴蔗糖贷款 3.296 亿新卢布②，合 14.6 亿旧卢布。

据此，14 笔贷款总额为合计 80.76 亿旧卢布（折合 18.149 亿新卢布）。

可见，在 20 世纪 50 年代苏联给中国贷款比较少。以苏联援助的第一笔贷款为例，1950 年双方第一次以政府名义签订了 3 亿美元贷款协定，3 亿美元数额并不大，比苏联最初对东欧国家的援助要少。以波兰为例，1948 年初，苏联与波兰签订了苏联供给波兰工业装备协定，规定苏联自 1948 年到 1956 年止，向波兰经常供给工业设备，为此特贷予波兰 4.5 亿美元信用贷款③。

中国贷款较少的主要原因不是苏联不愿提供贷款，而是毛泽东不愿意多贷④。至于贷款期限，毛泽东希望缩短至 3~4 年，而斯大林说，偿还期 3 年太短，可延长为 10 年，因此没有答应毛泽东的请求。中国贷款较少，体现了新中国领导人坚持独立自主的思想。

尽管苏联给中国的贷款较少，但是苏联贷款在资金短缺的新中国进行国防、经济建设等方面发挥了重要作用。

4.4.2 经济贷款少于军事贷款

上述 14 笔贷款大部分是军事贷款，而真正用于国民经济建设的贷款则较少。

根据裴坚章主编的《中华人民共和国外交史（1949—1956）》，苏联对

---

① 苏联科学院通讯院士（1972）、著名经济学家 М. И. 斯拉德科夫斯基在《苏中经济贸易关系史（1917—1974）》中，公布了按照 1961 年 1 月 1 日苏联新卢布汇率计算的贷款额（1 个新卢布折合 4.45 个旧卢布）。
② 《杨尚昆日记》上卷，中央文献出版社 2001 年版，第 651、657 页；《周恩来年谱（1949—1976）》中卷，中央文献出版社 1997 年版，第 397 页。
③ 《对目前国际政治形势得到一致认识 苏波签订五年换货协定》，载《人民日报》1948 年 2 月 2 日，第 2 版。
④ 《建国以来毛泽东文稿》第 1 册，中央文献出版社 1987 年版，第 213 页。

新中国提供军事技术装备，是中苏经贸合作的重要组成部分。从新中国成立之初开始，应中方的要求，苏方就帮助中国建立空军和海军。在抗美援朝战争时期，苏联对中国提供了大量的武器装备，并协助中国建立了飞机、坦克、军舰和雷达等军事工厂。苏联向中国提供的军援贷款占苏联对华贷款总额的61.5%，使中国国防力量得到迅速加强。①

根据沈志华的分析，苏联向中国提供的军事贷款总计62.88亿旧卢布，占20世纪50年代全部贷款的95%，其中抗美援朝贷款总计大约是32亿旧卢布。② 因此抗美援朝贷款在贷款总数中所占比例大约是48%。这个数字与国家统计局1953年3月11日报告的1950~1953年由苏联进口的特殊订货共计319480万卢布（结汇数字）基本一致。③

关于经济贷款，如不算1961年的3.296亿新卢布蔗糖贷款（合14.6亿旧卢布），应在3.3亿旧卢布之内。④

在苏联向中国的贷款中，经济贷款数额较少。苏联给中国的贷款主要是军事贷款，用于朝鲜战争，集中使用在能源、原材料、机械工业和国防工业等重点项目的建设上，主要用于购买苏联成套设备和有关资料，而没有在中国进行直接建厂投资，这种引进苏联贷款的模式有别于技术引进中外商直接投资（FDI）形式或资本模式。

4.4.3 中国偿还贷款情况

1950年第一笔3亿美元贷款，年利息1%，当时苏联给东欧国家的贷款利率为2%，而中国规定银行给予工业的低息贷款为月息2.7厘⑤，合年息3.24%。

苏联方面并没有谈到贷款的附加条件，后来经过一轮谈判后，提出了一系列补充协定，苏联要求将中国不再使用的全部剩余的钨、锑、锡提供给苏

---

① 裴坚章主编：《中华人民共和国外交史（1949—1956）》，世界知识出版社1994年版，第41页。
② 沈志华：《关于20世纪50年代苏联援华贷款的历史考察》，载《中国经济史研究》2001年第3期，第89页。
③ 中国社会科学院、中央档案馆编：《1953—1957中华人民共和国经济档案资料选编·固定资产投资和建筑业卷》，中国物价出版社1998年版，第386页。
④ 沈志华：《关于20世纪50年代苏联援华贷款的历史考察》，载《中国经济史研究》2001年第3期，第83~93页。
⑤ 中国社会科学院、中央档案馆编：《1949—1952中华人民共和国经济档案资料选编·基本建设投资和建筑业卷》，中国城市经济社会出版社1989年版，第99页。

工业化进程中的技术引进（1949-1965）

联政府，其数量使中国难以接受。这个补充协定的提出，以及苏方坚持要在协定中解释年利息1%是对中国的特别优惠条件，已经使中国领导人不满。针对这种情况，中方在签订的关于贷款的《议定书》中重申：鉴于苏联因为战略原料（钨、锑、锡）之不足而处在一种被限制的地位，中华人民共和国中央人民政府为照顾苏联政府的愿望，同意根据每年商品交换的协定及世界价格，自一九五〇年起出售给苏联政府。①

在1952年，经过谈判，双方同意用中苏特别协定的贷款支付60个师所需供货装备②。

另一项经济技术贷款是关于橡胶的贷款。1952年9月15日，中苏双方签订了《关于在中国种植橡胶的技术合作协定》，但是此贷款协定有损中国利益。斯大林去世和朝鲜战争结束后不久，中国就提出中止这一协定。作为对苏联援建项目的补偿，1953年5月15日，中苏两国签订了新协定，规定在1954年至1959年间，中方向苏方提供钨砂、铜、锑、橡胶等战略物资。③

在结算方式上，对苏联提供的援助包括通过贷款形式提供的所有设备和物资，连同利息在内，中国都是用物资、可以自由兑换的外汇和黄金偿付。在偿付的物资中，有苏联急需的钨、锡、锑以及其他稀有的矿产品，其中不少是发展尖端科学、制造火箭和核武器必不可少的战略原料，同时中国还向苏联输出橡胶、农畜产品和日用消费品。④

新中国成立初期从苏联引进技术设备的大量贷款，大部分是通过货物偿付的方式结算的。1950年2月14日，中苏两国签署的《中华人民共和国中央人民政府 苏维埃社会主义共和国联盟政府关于贷款给中华人民共和国的协定》规定，苏联以年利率1%的优惠条件贷款给中国3亿美元，用以偿付为恢复和发展中华人民共和国经济而由苏联交付的机器设备与器材，中华人民共和国政府以原料、茶、现金、美元等分10年付还贷款及利息。1953年

---

① 《中国与苏联关系文献汇编（1949年10月—1951年12月）》，世界知识出版社2009年版，第148页。
② 沈志华：《关于20世纪50年代苏联援华贷款的历史考察》，载《中国经济史研究》2001年第3期。
③ 薄一波：《若干重大决策与事件的回顾（修订本）》上卷，人民出版社1997年版，第309页。
④ 裴坚章主编：《中华人民共和国外交史（1949—1956）》，世界知识出版社1994年版，第41页。

5月15日，中苏签订了《苏联政府援助中国政府发展中国国民经济的协定》，该协定及有关附件规定，中国政府为偿付本协定及以前已签订的各项有关通过货物周转供应成套企业设备和技术援助，将在1954—1959年以内按数量对苏联供给以下货物：钨精矿16万吨、锡11万吨、锑3万吨、钼精矿3.5万吨、橡胶9万吨以及羊毛、黄麻、大米、猪肉、茶叶等。经双方协议后，对设备和技术援助的偿付部分地可用自由兑换的外汇实施之。1954年10月12日，中苏签订的《对于一九五三年五月十五日关于苏联政府援助中国政府发展中国国民经济的协定议定书》规定，对苏联所供应的设备和所给予的技术援助的偿付，按当时执行的中苏贸易协定进行①。

1956年7月25日，中苏在北京签订了关于1956年补充提供货物的议定书，规定中国以硫磺、水银、茶叶等偿还苏联向中国提供的机床、起重机等。

1958年8月8日中苏签订的《关于苏维埃社会主义共和国联盟在技术上援助中华人民共和国建设和扩建47个工业企业的协定》和1959年2月7日中苏签订的《苏维埃社会主义共和国联盟在技术上援助中华人民共和国建设和扩建78个工业企业的协定》都规定：苏联机构所完成的勘测、研究和设计工作，苏联供应中国的设备和有关派遣专家去中国的费用，以及苏方按本协定所提供的其他服务工作，中方应按现行中苏贸易协定以货物偿付。另外，在还款中，中国从1953年至1957年的5年内共向苏联提供1.56亿美元的自由外汇，以帮助苏联的社会主义建设。中国对苏联援助的贷款都是通过两国每年签订贸易协定的渠道来偿付的。因此中苏贸易额呈现逐年增长的势头，苏联成为中国最大的贸易伙伴。"中苏贸易额占当年中国对外贸易总额的比重分别为：1950年为30%，1953年上升到56.3%，1955年为61.9%。1956年的中苏贸易额比1950年增长6.5倍。"②

关于偿还苏联贷款的时间，《中华人民共和国外交史（1957—1969）》指出，应付利息1.32亿新卢布，本利合计14.07亿新卢布，1963年、1964年两年中国方面较原定时间提前一年还请了20世纪50年代苏联全部贷款和利

---

① 中国社会科学院、中央档案馆编：《1953—1957中华人民共和国经济档案资料选编·固定资产投资和建筑业卷》，中国物价出版社1998年版，第365页。
② 裴坚章主编：《中华人民共和国外交史（1949—1956）》，世界知识出版社1994年版，第41页。

工业化进程中的技术引进（1949－1965）

息，只剩下60年代蔗糖贷款尚待偿还。①《中华人民共和国外交史（1957—1969）》没有把1951年追加的两笔贷款列入，但是其还款时间还是准确的。1965年10月以前，中国还清了1961年向苏联借用的50吨古巴蔗糖贷款和贸易欠款，至此，中国还清了欠苏联的全部债务。② 而麦克法夸尔、费正清主编的《剑桥中华人民共和国史（1949—1965）》也指出，所有贷款无论如何已在1965年偿清。③

总之，到1965年，中国提前还清了欠苏联的全部债务，成为一个没有任何外债的国家。实际上，中国不仅提前还清了贷款，而且在整个20世纪50年代，中国贷款较少，在贷款和还款问题上体现了新中国领导人坚持独立自主，不愿接受苏联贷款的附加条件而受制于人，另外也从一个方面反映出新中国领导人对贷款的重要作用还没有完全认识清楚。

4.5　引进苏联核工业技术

在苏联的帮助下，中国引进苏联核技术，从1955年初开始创建核工业。苏联的援助对于中国核工业基础的奠定和基本框架的形成，以及原子弹和导弹的研制，发挥了不可替代的作用。1960年苏联撕毁合同、撤回专家，给中国的核工业发展和尖端武器研制造成了极大困难。

4.5.1　赫鲁晓夫开启中国和平利用原子能通道

1949年8月29日，苏联第一颗原子弹爆炸成功。在苏联第一次核试验之前，中共就知道莫斯科已经掌握了核技术。核武器的巨大威力，引起了中共的关注。1949年8月，刘少奇秘密访苏期间就曾提出参观苏联核设施。当1950年初毛泽东访问莫斯科时，斯大林请毛泽东观看了苏联进行原子弹试验的纪录影片，并表示苏联有能力为中国及其他社会主义阵营的国家提供

---

① 王泰平主编：《中华人民共和国外交史（1957—1969）》第2卷，世界知识出版社1998年版，第258页。
② 王泰平主编：《中华人民共和国外交史（1957—1969）》第2卷，世界知识出版社1998年版，第279页。
③ 麦克法夸尔、费正清，谢亮生等译：《剑桥中华人民共和国史（1949—1965）》，中国社会科学出版社1990年版，第299页。

第4章 以156项工程为核心的技术及资金引进

核保护。

斯大林"向社会主义阵营的国家提供核保护,并不意味着苏联想让中国人掌握核技术。当时,抗美援朝战争结束不久,中国开始进行大规模的、有计划的经济建设,国家的经济力量还很薄弱,科学技术和工业基础还很落后。由于没有技术来源,再加上战争环境,以及国家财力有限等原因,中国政府决定在第一个五年计划中不列入研制核武器的准备措施"。①

但是,新中国没有放弃发展核工业的基础工作。特别是在抗美援朝战争中,美国想使用核武器,引起了中国的警觉。1984年和1985年初《参考消息》的两则新闻显示,一批绝密文件表明"1953年美国曾想用核武器攻击中国的援朝部队","1954年,美、英等国曾考虑用核武器进攻中国"。②

美、英等国的威胁,更加坚定了新中国发展核工业的信心。1950年5月19日,以原北平研究院原子学研究所和中央研究院物理所一部分为基础,成立中国科学院近代物理研究所,从事核科学研究工作。该物理所成立的最初两年,主要是进行核科研准备工作,在核科学技术方面打下基础,为进一步开展核物理实验和建造反应堆创造条件。③

从1950年到1955年,全国核科研工作取得较大的成果,不仅使我国有了一定的核科学技术储备,更重要的是开展了一些科学实验和理论研究工作,通过科研实际工作、系统讲课和开展技术讨论,培养和汇集了一些优秀的高级专业人才,为我国核事业的发展积蓄了力量,打下了初步的基础。另外,在地质普查中,我国发现了一些有工业价值的铀矿资源④,铀资源的发现和初探表明中国拥有发展核工业的巨大潜力。

经过几年的经济恢复,中国的工业建设和科学研究都有了新的发展,这在客观上也为建立核工业创造了基本条件。恰在此时,苏联政府表示愿意在核能和平利用的研究方面给予技术援助。⑤

---

① 沈志华主编:《中苏关系史纲(1917—1991年)》(第3版)上册,社会科学文献出版社2016年版,第230~231页。
② 总装备部政治部编:《两弹一星:共和国丰碑》,九州出版社2001年版,第526页。
③ 《当代中国》丛书编辑部:《当代中国的核工业》,中国社会科学出版社1987年版,第6~9页。
④ 刘振华:《苏联援助之下中国核工业的横空出世》,载《中国档案》2009年第11期,第80页。
⑤ 《当代中国》丛书编辑部:《当代中国的核工业》,中国社会科学出版社1987年版,第13页。

工业化进程中的技术引进（1949－1965）

斯大林去世以后，赫鲁晓夫积极调整对华政策。1954年10月，赫鲁晓夫访华时，毛泽东提出，中国对发展原子能、核武器感兴趣，并希望苏联给予帮助。赫鲁晓夫答应由苏联帮助中国建立一个小型实验性核反应堆，以进行原子物理的科学研究和培训技术力量。① 这是中国走向核武器研制的第一步。

这些情况表明，创建与发展我国核工业的时机已经成熟，主客观条件基本具备。在这种情况下，中共中央就把这项工作提到了重要议事日程，再次考虑研制核武器的问题，并毅然做出了发展核事业的战略决策。

1955年1月15日，毛泽东主持召开了中共中央书记处扩大会议，听取了李四光、刘杰、钱三强的汇报，研究了我国发展原子能事业问题。毛泽东听完汇报后，高兴地向到会的人说："我们国家，现在已经知道有铀矿，进一步勘探一定会找出更多的铀矿来。解放以来，我们也训练了一些人，科学研究也有了一定的基础，创造了一定的条件。过去几年其他事情很多，还来不及抓这件事。这件事总是要抓的。现在到时候了，该抓了。只要排上日程，认真抓一下，一定可以搞起来。"毛泽东还强调说："现在苏联对我们援助，我们一定要搞好！我们自己干，也一定能干好！我们只要有人，又有资源，什么奇迹都可以创造出来！"会后，毛泽东和到会的人一起吃饭。他举杯向大家祝酒说："为我国原子能事业的发展干杯！"②

这次会议通过了代号为02的核武器研制计划③，做出了中国要发展核工业的战略决策，标志着中国核工业建设的开始。1955年3月，毛泽东在中国共产党全国代表会议上指出，中国进入了"开始要钻原子能这样的历史的新时期"。④

此后，中苏两国政府便开始了关于在核能事业方面合作的具体谈判。1955年1月17日苏联政府发表声明说，为在促进和平利用原子能方面给予其他国家以科学技术和工业上的帮助，苏联将向中国和几个东欧国家提供广

---

① 沈志华主编：《中苏关系史纲（1917—1991年）》（第3版）上册，社会科学文献出版社2016年版，第231~232页。
② 《当代中国》丛书编辑部：《当代中国的核工业》，中国社会科学出版社1987年版，第13~14页。
③ 沈志华主编：《中苏关系史纲（1917—1991年）》（第3版）上册，社会科学文献出版社2016年版，第234页。
④ 《当代中国》丛书编辑部：《当代中国的核工业》，中国社会科学出版社1987年版，第14页。

泛的帮助,其中包括进行实验性反应堆和加速器的设计,供给相关设备及必要数量的可分裂物质。作为合作条件,1月20日,中苏签署了《关于在中华人民共和国进行放射性元素的寻找、鉴定和地质勘察工作的议定书》。根据这个协定,中苏两国将在中国境内合作经营,进行铀矿的普查勘探。

为执行这一协定,成立了中苏委员会,中苏双方各派两位代表参加。为了搞好苏联援助的研究性反应堆和回旋加速器的建设工作,1955年7月1日,国务院决定设立国家建设委员会建筑技术局,负责建设包括上述"一堆一器"在内的新的核科研基地。为了加强对原子能事业的领导,中共中央指定陈云、聂荣臻、薄一波组成三人小组,负责指导原子能事业发展工作。1955年7月4日,中共中央批文指出,今后凡有关原子能事业,除中央指定的三人小组向中央负责对原子能工作进行指导外,其具体业务由国务院第三办公室管理。

1956年,中国共产党第八次全国代表大会通过的关于发展国民经济第二个五年计划的建议,把发展原子能事业作为经济建设的一项重要任务。1956年11月16日,第一届全国人民代表大会常务委员会第五十一次会议通过决议,设立中华人民共和国第三机械工业部(1958年2月11日,第一届全国人民代表大会第五次会议决定将第三机械工业部改为第二机械工业部。1982年5月,国务院机构改革时,又改名为核工业部),具体组织领导我国核工业的建设和发展工作。①

在苏联的帮助下,中国的核工业终于1955年初创建,此后逐步发展起来。

4.5.2 中苏双方签订的6个核协定

1955~1958年,在核科学技术和核工业领域,中苏两国政府前后共签订了6个协定,中国引进苏联核技术的范围和内容逐步扩大。

第一,在铀矿普查勘探、核物理研究和核工业方面,中苏双方签订了3个协定。

20世纪50年代中期,苏联核工业已有了相当的发展,为了获得更多的铀矿石,苏联想同中国合作,在中国取得部分铀矿石。这时,我国已在广西

---

① 《当代中国》丛书编辑部:《当代中国的核工业》,中国社会科学出版社1987年版,第15~16页。

工业化进程中的技术引进（1949－1965）

等地相继发现铀矿，也想从苏联引进先进技术和仪器设备，以便进一步全面开展铀矿普查勘探工作①。于是经过多次谈判，1955年1月20日，中苏签署了上文所述《关于在中华人民共和国进行放射性元素的寻找、鉴定和地质勘察工作的议定书》。根据这个协定，中苏两国将在中国境内合作经营，进行铀矿的普查勘探，对有工业价值的铀矿床，由中国方面组织开采，铀矿石除满足中国自己的发展需要外，其余均由苏联收购。此后，大批苏联地质专家来到中国，帮助进行铀矿的普查和勘探。②

到1956年，经过两国政府商定，将双方在铀矿普查勘探方面的合作方式，由原来的两国合营改为苏联提供技术援助，中国自主经营，并于当年12月19日重新签订了苏联在铀矿普查勘探方面给予中国技术援助的协定。

在核物理科学研究方面，1955年4月27日，以刘杰、钱三强为首的中国政府代表团在莫斯科与苏联政府签订了《关于为国民经济发展需要利用原子能的协定》，协定规定由苏联帮助中国建造一座功率为7000千瓦的研究性重水反应堆和一台2兆电子伏特的回旋加速器。苏联援助的反应堆和加速器的建成，使我国核科学研究的技术装备有了显著改善，促进了我国第一个综合性的科研基地的早日建成。③

同时，苏联还无偿提供有关原子反应堆和加速器的科学技术资料，提供能够维持原子反应堆运转的数量充足的核燃料和放射性同位素，为中国培训了一批核物理专家和技术人员。

1955年8月22日，苏共中央主席团又批准了苏联高教部关于帮助中国进行和平利用原子能工作的提案："满足中国政府的请求，帮助在北京和兰州组织教学，培养原子能专家。1955年10月，经中共中央批准，选定在北京西南远郊地区兴建一座原子能科学研究基地，并将苏联援建的一堆一器安置在这个基地。"④

1955年12月26日，周恩来与苏联代表团举行会谈，双方讨论了《中

---

① 刘振华：《苏联援助之下中国核工业的横空出世》，载《中国档案》2009年第11期，第81页。
② 沈志华主编：《中苏关系史纲（1917—1991年）》（第3版）上册，社会科学文献出版社2016年版，第236页。
③ 《当代中国》丛书编辑部：《当代中国的核工业》，中国社会科学出版社1987年版，第20页。
④ 沈志华主编：《中苏关系史纲（1917—1991年）》（第3版）上册，社会科学文献出版社2016年版，第235～236页。

第 4 章 以 156 项工程为核心的技术及资金引进

华人民共和国一九五六年至一九六七年原子能事业规划大纲（草案）》。苏联科学家主动表示，苏联准备给中国核工业建设以全面援助。①

在工业建设方面，两国政府签订了苏联援助中国建设原子能工业的协定。

我国对于建设自己的核工业是早有考虑的。1955 年 12 月，《关于一九五六年至一九六七年发展原子能事业计划大纲（草案）》出台。该大纲提出的方针是："在苏联大力援助下，积极地建设我们自己的原子能工业，使我国以最近代的科学技术，发展国民经济，巩固国防。"大纲以建设一批生产和动力两用反应堆为中心，提出了创建我国核工业的设想。

1956 年 1 月和 2 月，中共中央和苏共中央以书信方式就苏联援助中国建设核工业问题交换了意见。1956 年 3 月，两国政府代表团就援建问题开始进行谈判。②

1956 年 8 月 17 日，中苏两国政府又签订了关于苏联援助中国建设原子能工业的协定。协定规定，苏联援助中国建设一批原子能工业项目和一批进行核科学技术研究用的实验室。③

1956 年 11 月 16 日，第一届全国人大常委会第五十一次会议通过决定，设立第三机械工业部（以下简称"三机部"，1958 年 2 月 11 日改名为第二机械工业部），主管中国核工业的建设和发展工作。1957 年 3 月，三机部制定了第二个五年计划，要求在 1962 年以前在中国建成一套完整的、小而全的核工业体系。

为帮助中国的核科学研究，苏联派遣了称职的专家。1957 年 5 月，沃尔比约夫率领十几位专家来到物理研究所（此时已由科学院和三机部双重领导）工作。在苏联专家的帮助下，实验性反应堆和回旋加速器相继建成，并从重水反应堆中获得了少量的钚。此外，通过教学和实验，还培养了一批中国科学技术人员。苏联派出如此优秀的科学家，给中国核技术研究提供了

---

① 《周恩来年谱 1949—1976》上卷，中央文献出版社 1997 年版，第 529～530 页。
② 《当代中国》丛书编辑部：《当代中国的核工业》，中国社会科学出版社 1987 年版，第 20～21 页。
③ 《当代中国》丛书编辑部：《当代中国的核工业》，中国社会科学出版社 1987 年版，第 21 页。

工业化进程中的技术引进（1949—1965）

不少帮助。①

第二，在核武器研制方面，中苏双方签订了3个关于国防新技术的协定。

中国发展核工业，当时的方针是首先用于军事目的。因此，当签订了苏联帮助中国建设原子能工业的协定之后，中国很自然地提出了下一步需要在核武器研制方面争取苏联援助的问题。在核武器尚处于基础理论研究阶段时，中国领导人已经开始考虑其运载工具导弹的研制问题了。

1956年3月14日，周恩来主持会议，听取了钱学森关于在中国发展导弹技术的设想。会议决定，成立导弹航空科学研究方面的领导机构——国防部航空工业委员会，由聂荣臻任主任。5月10日，聂荣臻提出了《关于建立中国导弹研究工作的初步意见》。1956年7月，经中央军委批准，以钟夫翔为局长的导弹管理局（国防部五局）正式成立。10月8日以钱学森为院长的导弹研究院成立，下面设立了10个研究室。至此，中国的导弹研究事业开始起步。②

1956年8月17日，国家计委主任李富春应聂荣臻的请求，写信给苏联部长会议主席布尔加宁，要求苏联政府在建立和发展导弹事业方面给中国提供全面的技术援助。③但是，苏联方面答复说，对中国的援助只能限于培养干部，并提供教学用的导弹模型。

经过多次沟通，1957年3月30日，中苏代表在莫斯科签订了《关于在特种技术方面给予中华人民共和国援助的议定书》。议定书规定，苏联将派遣专家到中国，讲授有关（火箭）喷气技术的课程，提供喷气技术课程教育计划和大纲，接收50名中国大学生，提交火箭样品及火箭的技术说明书等。④

基于国内外形势考虑，赫鲁晓夫放宽了在核援助方面对中国的限制，在援助中国发展核武器和导弹方面表现出积极性。⑤

1957年9月，以聂荣臻为团长的中国政府代表团到莫斯科，同以苏联

---

① 沈志华主编：《中苏关系史纲（1917—1991年）》（第3版）上册，社会科学文献出版社2016年版，第238页。
② 《当代中国》丛书编辑部：《聂荣臻传》，当代中国出版社1994年版，第548页。
③ 《当代中国》丛书编辑部：《聂荣臻传》，当代中国出版社1994年版，第569页。
④ 周均伦主编：《聂荣臻年谱》上卷，人民出版社1999年版，第605页。
⑤ 沈志华主编：《中苏关系史纲（1917—1991年）》（第3版）上册，社会科学文献出版社2016年版，第235页。

部长会议副主席别尔乌辛为首的苏联政府代表团进行谈判。1957年10月15日，中苏正式签署了《关于生产新式武器和军事技术装备以及在中国建立综合性原子能工业的协定》（简称《国防新技术协定》，又称《十月十五日协定》）。1958年9月29日，中苏又签订了《关于苏联为中国原子能工业方面提供技术援助的补充协定》（简称《核协定》），补充协定对每个项目的规模都有明确具体的规定。[①]《国防新技术协定》和《核协定》是中苏在核武器研制方面合作的一个里程碑，从此，中国的原子能工业"进入了核工业建设和研制核武器的新阶段"[②]。

4.5.3　中国引进苏联核武器研制技术

中苏之间签订的6个协定，使我国核工业建设有了有利的外部条件。在苏联援助下，中国的核武器也发展起来。

核科学技术研究是核工业发展的基础。1956年5月，苏联援助的研究性重水反应堆和回旋加速器的建造工程动工。在工程土建、安装、施工和设备调试启动过程中，苏方都派出了专家进行指导。1958年春，反应堆和加速器先后建成。

核燃料工业也开始兴建。在铀矿地质勘探取得成果的基础上，从1956年8月至1957年初，先后确定了第一批建设的三矿（湖南郴县铀矿、湖南衡山大浦铀矿和江西上饶铀矿）、一厂（湖南衡阳铀水冶厂）的项目和厂址。根据中苏协议，苏方负责三矿一厂和铀矿冶科学研究试验室（即后来的北京铀矿冶研究所）的初步设计，中方负责施工设计。从1958年5月起，这批铀矿冶工程项目陆续开工建设。到1960年8月，我国第一批铀矿山建设就已临近完成，第一座铀水冶厂也开始了设备安装。

1957年下半年，开始选择核燃料厂厂址。为了搞好工厂设计，我国成立了北京第三工业建筑设计院（1958年10月改为第二机械工业部设计院），1958年4月，设计院从学习、消化苏联提供的初步设计入手，在苏联专家的指导下，开始紧张的施工设计工作。由于中苏两国设计人员密切合作，

---

① 《当代中国》丛书编辑部：《当代中国的核工业》，中国社会科学出版社1987年版，第22页。
② 沈志华主编：《中苏关系史纲（1917—1991年）》（第3版）上册，社会科学文献出版社2016年版，第247页。

工业化进程中的技术引进（1949－1965）

1959年4月就基本上完成了铀浓缩厂厂区全部工号的施工图设计。核燃料元件工厂一期工程21个子项的全部施工图设计只用48天就完成了。各个辅助工程项目的设计也都相继提前完成。①

同时，在建造过程中培养的人才，以及在使用过程中提取的数据，不仅为中国和平利用原子能事业的进一步发展提供了前提，也间接地为中国的核武器研制和发展奠定了基础。

在1957年底和1958年全年，苏联对中国原子弹和导弹研制方面的援助还是顺利的。苏联根据协定向中国提供了几种导弹、飞机和其他军事装备的实物样品，交付了导弹、原子能等绝密技术资料，派遣了有关的技术专家来华。这些都有力地促进了中国有关方面熟悉和掌握尖端武器的研制情况及技术。

在原子弹研制方面，苏联不仅提供设备、图纸和技术资料，而且派遣大批专家来到中国。从工厂的选址、设计，到设备安装、调试，特别是在帮助中国技术专家理解文献和资料、培训中国技术工人掌握操作技能等方面，苏联专家都发挥了重大作用。原子弹的制造程序共涉及6类厂（场），在苏联专家的帮助下，这些企业或基地于1957年底以后陆续进入设计（苏联专家负责初步设计和主工艺设计，中方负责施工和辅助设计）和施工阶段，标志着中国核武器研制工作全面铺开。1957年9月，苏联援建的7000千瓦重水反应堆和直径1.2米的回旋加速器移交中国，标志着中国正在"向原子能时代跃进"②。

总的说来，1957年、1958年，协议执行得比较好，苏联向中国提供了几种导弹、飞机和其他军事装备的实物样品，交付了相应的技术资料，并派来有关的计划专家。③ 随后的1959年，中国核武器取得了大的发展，核燃料生产与核爆炸研制两个系统齐头并进，形势喜人。

在导弹研制方面，1957年11月26日，苏联代理军事总顾问沙甫琴科少将转达了苏联国防部的通知，将于12月下旬以两列火车60个车皮载运P－2型地对地导弹及地面设备到中国满洲里口岸站；为教会中方使用和维护，苏方将派103人随同前来，教学期为3个月。12月30日，以列米·盖杜柯夫

---

① 《当代中国》丛书编辑部：《当代中国的核工业》，中国社会科学出版社1987年版，第27页。

② 沈志华主编：《中苏关系史纲（1917—1991年）》（第3版）上册，社会科学文献出版社2016年版，第249页。

③ 《当代中国》丛书编辑部：《聂荣臻传》，当代中国出版社1994年版，第579页。

少将为首的苏联专家组抵达北京,开始帮助中国进行导弹试验靶场的勘察设计工作。①

聂荣臻承认,苏联的帮助,对中国核武器研制的起步发挥了很大作用,特别是在导弹研制和试验基地建设等方面,加快了中国的前进步伐。② 在此基础上,中国开始了"消化资料、研究设计和试制工作"。③

4.5.4 赫鲁晓夫撕毁合同终止中国的核技术引进

在中苏同盟的制约下,鉴于形势发展,赫鲁晓夫加大了对中国的援助,苏联技术援助中国的范围扩大到导弹和原子弹的研制方面。苏联的技术援助,对中国核工业建设的起步起了重要作用。但是,苏联的核援助并非是无保留的,从一开始就是有限度的,最主要的是尽量不提供军事应用方面的援助。随着中苏两党出现政治分歧,中苏关系出现裂痕,苏联首先关闭了核工业技术援助的大门,并进而导致国家关系的恶化,这种局部限制就演变为全面停止援助。④

早在1957年10月进行国防新技术的协定谈判时,苏联就拒绝向中国提供研制核潜艇的任何资料。在核武器方面,虽然协定规定苏联应向中国提供原子弹的教学模型和图纸资料,但事后苏方以种种借口拖延不给。先是要求有专门的储存仓库,等到我国将专门仓库盖好后,又提出保密条件不够,而在我国采取相应的保密措施,苏联保密专家也表示满意后,苏联虽于1958年10月函复"模型及技术资料将于十一月发至中华人民共和国",但是到了限期,他们还是拖着不给。⑤

1958年上半年,中苏在核政策方面采取了互相配合的方针,中国的核武器研制工作全面发展,但此后双方的政策性分歧日益扩大,导致莫斯科延缓以致最后停止了对中国核武器研制工作的援助。分歧主要体现在对台海危机的政策方面,主要表现为两点:第一,在确定基本方针时,苏联主张缓

---

① 周均伦主编:《聂荣臻年谱》上卷,人民出版社1999年版,第627、632页。
② 《当代中国》丛书编辑部:《聂荣臻传》,当代中国出版社1994年版,第579页。
③ 周均伦主编:《聂荣臻年谱》下卷,人民出版社1999年版,第671页。
④ 刘振华:《苏联援助之下中国核工业的横空出世》,载《中国档案》2009年第11期,第82页。
⑤ 《当代中国》丛书编辑部:《当代中国的核工业》,中国社会科学出版社1987年版,第32页。

工业化进程中的技术引进（1949—1965）

和，而中国强调紧张；第二，在协调双方的具体措施时，苏联主张一致行动，而中国强调"自行其是"，由此给中苏同盟关系笼罩了一层阴影。

1959 年 6 月，苏联首先在原子能研究方面撕毁两国协议，撤走了原子能领域专家，并扬言说：离开我们的帮助，你们十五年也休想搞出原子弹。

1960 年 7 月 16 日，苏联政府照会中国政府，决定自 1960 年 7 月 28 日到 9 月 1 日，撤走全部在华苏联专家。而事实上，在中国国防尖端技术部门工作的苏联专家，在上述照会之前就已经开始撤离了①。1960 年 7 月 6 日，在北京核工程设计院工作的 8 名专家（其中 6 人是主任工程师）奉命提前回国；7 月 8 日，正在兰州铀浓缩厂现场负责安装工作的 5 名专家也突然撤离。到 8 月 23 日，在中国核工业系统工作的 233 名苏联专家全部撤走回国，并带走了重要的图纸资料，随后又停止供应一切技术设备和资料。

由于苏联单方面撕毁协定和合同，突然撤走全部专家，并停止供应设备材料，给中国留下了一批半截子工程。这不仅在工程设计、专用设备制造、新型材料供应以及生产准备等各方面给中国核工业和尖端武器研制带来了很大困难，严重地影响了整个建设的进行，而且也使我国在经济上受到很大的损失。②

但是，苏联的援助对于中国核工业基础的奠定和基本框架的形成，以及原子弹和导弹的研制，还是发挥了不容忽视的作用。苏联在 1960 年停止提供技术、设备和撤退专家的举动，尽管延缓了核工业的发展步伐，但已经无法阻止中国的核试验成功了。

苏联停止援助中国核技术后，中国的核工业开始进入全面自力更生建设的新阶段。从 1960 年 9 月到 1964 年 10 月 16 日，仅仅用了 4 年多一点的时间，中国就建成了铀-235 生产线，成功地爆炸了第一颗原子弹，实现了从无到有的历史性突破，使中国成为一个有核国家。③ 1967 年 6 月 17 日，中国爆炸了第一颗氢弹，距第一颗原子弹爆炸仅隔两年零八个月，快于苏联、英国和法国。原子弹和氢弹是在苏联援助增强了中国自力更生能力的基础上，依靠中国自己的力量搞出来的。

---

① 刘振华：《苏联援助之下中国核工业的横空出世》，载《中国档案》2009 年第 11 期，第 82 页。
② 《当代中国》丛书编辑部：《当代中国的核工业》，中国社会科学出版社 1987 年版，第 34 页。
③ 《当代中国》丛书编辑部：《当代中国的核工业》，中国社会科学出版社 1987 年版，第 35 页。

第5章

苏联人力资源与企业管理技术等的引进

中国除了引进成套设备外,还引进了苏联人力资源、国营企业管理一长制、国营企业管理方法以及技术资料等。

5.1 引进苏联人力资源

20世纪50年代,苏联技术援助中国的重要内容之一,是在技术人才和管理人才等方面对中国的援助。一方面,由于新中国建设各方面的需要,中国曾大规模、全方位地聘请苏联顾问和专家来华,苏联向中国派出的顾问和专家培养锻炼了中国技术与管理人员;另一方面,中国派遣了大量留学生和技术干部到苏联学习、实习。

苏联专家是一个历史名词,在20世纪50年代包括在政府机关、文化教育、科研单位、厂矿企业、国防建设等部门帮助中国建立各种管理体制和制定规划的顾问,以及从事具体业务工作的研究人员、技术专家、技术工人等。其中有一些专家既懂技术,又有一定的管理经验,甚至有一些人具有专家和顾问双重身份。这里所称谓的专家,是对来华各类援助人员包括顾问、专家等的统称。

5.1.1 20世纪50年代来华苏联专家的规模

出于中国经济建设和国防建设的需要,苏联专家来到中国。最早来华的苏联专家,主要在中国东北协助修复铁路,恢复经济,为建设东北做出了

工业化进程中的技术引进（1949-1965）

贡献。

1950年3月27日，中苏两国在莫斯科秘密签订了《中苏关于苏联专家在中国工作的条件之协定》。以此协定为基础，苏联应中方的请求，按照具体的合作协定和意向，逐年选派了不同领域、不同层次的顾问和专家。

20世纪50年代苏联专家来华大体有三次高潮，第一次和第二次分别是在1951年和1953年之后，即在国民经济恢复时期，两次确定援建重点项目之后，大量苏联专家来华，第三次是1956年底、"一五"计划末期，在华工作的苏联专家人数达到最高峰，1957年以后聘请苏联专家进入低潮。

1956年苏共二十大以后，毛泽东对苏联优先发展重工业模式产生了怀疑，并开始考虑苏联顾问制问题。1956年7月，赫鲁晓夫首先在聘请苏联专家方面提出取消顾问制，并为此给中共中央写了信。毛泽东主张把所有的顾问都换成专家。[1]

1956年10月，由于波苏冲突，苏联被迫答应撤出在波兰的军事专家，并在10月30日发表了《苏联政府关于发展和进一步加强苏联同其他社会主义国家的友谊和合作的基础的宣言》，表示愿意考虑撤出在其他国家工作的苏联专家。[2] 此事对在中国工作的苏联专家也产生了一定影响。随后，中国政府逐渐确定了聘请苏联专家必须严格贯彻少而精的新方针，并加强了审查制度，管理更加严格。

苏联方面也加强了对聘请专家手续的管理。由于执行新政策，苏联向中国派遣专家的数量逐年减少，到1959年10月赫鲁晓夫访华以后，聘请专家的工作几乎停滞，对此双方都有了一定的准备。随后，苏联准备全面撤回专家，而中方已经做好了准备。

截至1960年7月1日，在中国的44座城市和34个部委系统中有1292名苏联专家在工作。在从事经济建设的1150名苏联专家中，80%以上的人在国防企业与国防工业相关的部委。[3]

---

[1] 中国外交部、中共中央文献研究室编：《毛泽东外交文选》，中央文献出版社、世界知识出版社1994年版，第322~333页；李越然：《中苏外交亲历记》，世界知识出版社2001年版，第52页。

[2] 《苏联政府关于发展和进一步加强苏联同其他社会主义国家的友谊和合作的基础的宣言》，引自沈志华执行总主编，杨存堂本卷主编：《苏联历史档案》27卷，社会科学文献出版社2002年版，第318~321页。

[3] 沈志华：《苏联专家在中国（1948—1960）》（第3版），社会科学文献出版社2015年版，第332页。

第5章 苏联人力资源与企业管理技术等的引进

1960年7月16日，苏联驻华大使馆向中国外交部递交了关于撤走苏联专家的照会；1960年7月25日，苏联又宣布自7月28日起，撤离苏联全部专家，至此苏联专家完成了在中国的历史使命。

1949~1960年，苏联专家到达中国的时间各不相同，在华工作时间有长有短，在中国工作过的苏联专家，不同时期、不同方面的统计数字有些差异。

根据沈志华考证苏联档案，赫鲁晓夫时期苏联来华专家主要集中在1954~1958年，人数最多，达11000余人，1949~1953年次之，有5000人，1959~1960年最少，只有不到2000人[①]。这些数字与中苏在专家问题上的政策变化是吻合的，同时也反映出中苏两党、两国关系的变化。

如表5-1、表5-2所示，1952~1960年来华苏联顾问人数和1952~1959年在华苏联顾问人数分别是9313人和1445人，二者合计为10758人。[②]

表5-1　　　苏联技术专家来华人数（截至各年1月1日）

	1952年	1953年	1954年	1955年	1956年	1957年	1958年	1959年	1960年
人数（人）	294	428	541	790	1422	2298	1231	1153	1156

资料来源：沈志华：《苏联专家在中国（1948—1960）》（第3版），社会科学文献出版社2015年版，第158页。

表5-2　　　在华苏联顾问人数（截至各年1月1日）

	1952年	1953年	1954年	1955年	1956年	1957年	1958年	1959年
人数（人）	116	191	187	455	316	121	54	5

资料来源：沈志华：《苏联专家在中国（1948—1960）》（第3版），社会科学文献出版社2015年版，第248页。

根据《苏联技术向中国的转移（1949—1966）》中西方文献按照部门对20世纪60年代在华苏联专家人数的统计，总数是11000名（见表5-3）。

---

① 沈志华：《苏联专家在中国（1948—1960）》（第3版），社会科学文献出版社2015年版，第340页。
② 沈志华：《苏联专家在中国（1948—1960）》（第3版），社会科学文献出版社2015年版，第158、248页。

工业化进程中的技术引进（1949—1965）

表5-3　　　　　　　　　在各部门工作的苏联专家

部门	人数（人）	占总数的比例（%）	部门	人数（人）	占总数的比例（%）
工业企业	5400	49	卫生	300	3
通信、交通	2000	18	科学研究	850	8
农林、水利	1000	9	其他	750	7
教育	700	6	合计	11000	100

资料来源：Cheng Chu-yuan, Scientific and Engineering Manpower in Communist China 1949—1963，引自张柏春等：《苏联技术向中国的转移（1949—1966）》，山东教育出版社2004年版，第320页。

1959年10月6日，周恩来在《人民日报》发表《伟大的十年》指出，在10年里苏联先后派遣经济、文教专家10800多名来华工作。[①]

在苏联专家中，根据经济、科技等方面的协定来华的技术专家占了很大比例。《当代中国的基本建设》指出，20世纪50年代苏联和东欧来华工作的技术专家有8000多人[②]，显然这个数字比较保守。

根据苏方的估算，1950～1960年，大约有9700多名苏联经济技术专家（不包括军事专家）被派到中国工作，在科学、教育、文化、卫生方面有2000多名苏联专家来华工作，还有短期工作的苏联专家420名。苏方还统计了1949年以后每年在华工作的人数[③]（见表5-4）。

表5-4　　　　1949～1960年在中国工作的苏联文职专家人数

年度	经济援助	科学、文化和卫生	科学和科技合作	专家总数
1949年4季度	174	60		234
1950年1季度	183	65		248
1951年1季度	168	71		239
1952年1季度	410	89		499
1953年1季度	609	144		753

---

① 周恩来：《伟大的十年》，载《人民日报》1959年10月6日，第2、3版。
② 彭敏主编：《当代中国的基本建设》上卷，中国社会科学出版社1989年版，第54页。
③ ［苏］奥·鲍·鲍里索夫、鲍·特·科洛斯科夫著，肖东川、谭实译：《苏中关系（1945—1980）》，生活·读书·新知三联书店1982年版，第151、209～210页。

续表

年度	经济援助	科学、文化和卫生	科学和科技合作	专家总数
1954年1季度	728	156		884
1955年1季度	1245	278		1523
1956年1季度	1738	377		2115
1957年1季度	2236	403	38*	2677
1958年1季度	1170	230	152*	1552
1959年1季度	1116	142	230*	1488
1960年8月				1600
合计	9777	2015	420	13812

注：*指按科学和科学技术合作系统来中国短期工作的苏联专家人数。
资料来源：[苏]奥·鲍·鲍里索夫、鲍·特·科洛斯科夫著，肖东川、谭实译：《苏中关系（1945—1980）》，生活·读书·新知三联书店1982年版，第151、209~210页。

总之，苏联专家数量在1952~1954年稳步递增，1955~1959年数量比较大，其中1956年和1957年人数最多。但是，1957年"反右"和1958年"大跃进"运动对在华专家的工作造成了不良影响①。

根据以上各方面统计，20世纪50年代苏联专家（不包括军事专家）的人数在1万名以上，主要从事技术工作。

5.1.2 培养中国技术人员与管理人才

新中国成立之初，为了克服缺乏技术人员和管理人才的问题，新中国派遣了大量的留学生和技术干部到苏联学习、实习；另外，来华苏联专家也对中国的技术人员提供指导，大力培养中国人才。

1951年12月6日，中苏签订了关于中国公民在苏联进行生产技术实践的条件的协定，1952年9月1日，签订了关于中国公民在苏联高等学校学习的协定。在这两个协定中，苏联都给予了中国留学生比较优惠的条件。②

根据1953年5月15日中苏签订的《关于苏维埃社会主义共和国联盟政

---

① 张柏春等：《苏联技术向中国的转移（1949—1966）》，山东教育出版社2004年版，第320页。
② 沈志华：《新中国建立初期苏联对华经济援助的基本情况（下）——来自中国和俄罗斯的档案材料》，载《俄罗斯研究》2001年第2期，第55页。

工业化进程中的技术引进（1949－1965）

府援助中华人民共和国中央人民政府发展中国国民经济的协定》，苏联方面将按双方协议的人数和期限接受中国工人和技术人员在苏联有关企业中按各项专业进行生产技术实习。①

通过上述有关协议，苏联政府加大了培养中国干部的力度。据中国有关档案材料计算，从1952年开始，中国每年派遣留苏学生1000名左右是需要的，中国留学生和实习生主要集中在重工业和燃料工业系统。②

1959年6月，《国家科委党组、教育部党组、外交部党组关于留学生工作会议的报告》指出：1950～1958年，我国共派遣留学生16152名，其中派往苏联的14798名，占总数的91.6%，派往其他10个社会主义国家的1290名，占总数的8%。在关于派遣留学生的方针中，强调既要保证重点需要（经济建设、国防建设、文化科学建设），也要照顾一般需要（包括自然科学与社会科学）。总的说来，应当是根据国内的需要和国外的可能，派人出国学习"高（级）、精（密）、尖（端）、缺（门）"的学科和专业。派遣地区以苏联为主，其他兄弟国家也要适当派遣，以学习他们的特长③。

同时，苏联专家在中国的经济、科学技术、军事、政治、文化、教育等各个领域的工作中，也注意培养中国技术人员和管理人才。

中国邀请许多苏联的代表团到中国进行交流或传授先进经验。例如，1956年7月29日中共中央批准的1956年7月18日中华全国总工会党组关于苏联先进生产者代表团到各地传授先进经验的情况报告中指出：应我国10个产业工会的邀请，前来我国传授先进经验的各代表团的63位苏联先进生产者自4月3日起陆续到达北京，参加了各产业的先进生产者代表会议。"五一"以前，他们分15路在全国17个城市作报告、举行座谈和表演。"五一"期间，他们参加了"五一"观礼和全国先进生产者代表会议。5月中旬以后，他们又分25路去全国25个城市继续进行传授先进经验的活动。④

---

① 中国社会科学院、中央档案馆编：《1953—1957中华人民共和国经济档案资料选编·固定资产投资和建筑业卷》，中国物价出版社1998年版，第336页。
② 中国社会科学院、中央档案馆编：《1949—1952中华人民共和国经济档案资料选编·工业卷》，中国物资出版社1996年版，第787～791页。
③ 《国家科委党组、教育部党组、外交部党组关于留学生工作会议的报告》，1959年6月10日，引自《建国以来重要文献选编》第12册，中央文献出版社1996年版，第449～461页。
④ 中国社会科学院、中央档案馆编：《1953—1957中华人民共和国经济档案资料选编·综合卷》，中国物价出版社2000年版，第920页。

第5章 苏联人力资源与企业管理技术等的引进

这次邀请苏联先进生产者来中国传授经验，得到全苏工会中央理事会的重视和真诚帮助。苏联先进生产者在谈话中认为，这是中苏两国工人友好合作的新形式——直接交流经验，互相学习。中方尽最大努力克服困难，满足苏方的要求。派来的代表团的成员都是苏联各产业第一流人物和各工种的能手。

各代表团在中国传授经验期间热情谦虚，同时也认真学习我国的经验。"他们传授的先进经验，对于提高我国生产技术、改进企业管理和群众政治工作等都有很大的帮助，解决了有些企业长期未解决的关键问题。在直接操作表演方面，效果更是明显。如炼铜方面，根据总工长安库基诺夫的建议和经验，各地改进了操作方法，每炉炼铜时间上海缩短了4小时17分，重庆缩短了10小时42分，沈阳缩短了14小时13分。煤矿方面，根据井筒掘进工沙罗瓦托夫的建议，在井壁上做了3道防水圈，使水减少了90%以上，解决了井筒的淋头水问题。锻造方面，根据柯瓦连科的建议，把原来要由4个人抬的大铁钳改为1个人即能操作的包钳，不但大大减轻了体力劳动，提高了工作效率，而且更为安全。"[①] 有些工厂的工人对于买来已有4年的机床不会使用，这次才学会。这次传授经验最大的收获，是大多数产业都组织了专人学习，留下了种子，成为今后推广苏联先进经验的骨干。实践证明，这一活动方式对于加强中苏两国工人阶级的友好合作，对我国工人进行国际主义教育，特别是直接学习苏联先进经验改进我们的生产，都是正确而有效的方式。

另外，在俄罗斯解密档案中有许多关于中国代表团请求到苏联对口部门或单位参观、学习的报告和批示。

5.1.3 苏联专家发挥的作用

苏联专家是知识和技术的主要载体，引进专家援助中国，就是将苏联的制度、经验、方法、技术等传授给中国技术人员。苏联专家在新中国建设的各个领域给予了积极指导和帮助，特别是在政权、工业、科学技术、国防、文化等领域发挥了巨大的作用，弥补了中国在人力资源上的空缺和不足，提

---

① 中国社会科学院、中央档案馆编：《1953—1957中华人民共和国经济档案资料选编·综合卷》，中国物价出版社2000年版，第920~921页。

工业化进程中的技术引进（1949—1965）

高了中国工业建设和技术发展的起点，为当时中国经济体制和工业基础的建立以及国民经济的迅速恢复和发展做出了贡献。

为了更好地发挥专家的作用，1952年12月，中财委转发东北财经部门三年来使用苏联专家情况检查报告指出，聘请专家要严格根据工作需要，专家的工作要尽可能地与培养人才相结合；把苏联专家真正当作专家，不要把他们当作"万金油"[1]。中财委转发的这个报告，对于发挥专家作用具有重要指导意义。

在实际工作中，一些具有深厚专业背景、组织管理能力和经验的顾问或专家，帮助中国制定经济发展计划，中国的"一五"计划就是长时间、广泛征求苏联专家意见后制定的，实践证明"一五"计划符合中国实际。同时，苏联专家帮助建立经济管理体制，规划工业建设，另外还帮助制定技术发展计划，建立技术体制，规划技术发展事业，帮助解决重大的技术和管理问题等。由于苏联具有较高水平，并对中国情况进行了调研，他们提出的许多建议和意见都为中方采纳。

为了发挥集体作用，苏联派出专家组到中国。1953年9月3日，李富春在关于苏联政府商谈苏联对我国经济建设援助问题的报告中指出：苏联将派遣五个专家组来中国，即黄河、汉水的综合规划组，电气化组，黑色冶金与有色冶金组，机器制造工业组，造船工业组。[2] 这些专家组在大型工程与项目规划、建设中，发挥了重要作用。

在具体工作中，苏联专家提出了许多好的建议和意见。例如，根据苏联专家传授的先进的油田勘探方法，解决了低压油田的产油问题。[3] 在煤炭工业方面，苏联专家结合我国煤矿具体情况，运用苏联先进经验，帮助我国进行生产改革，推广实行苏联先进新式采煤法，使厚煤层的回采率达到了75%~80%[4]。电力工业、钢铁工业、水利建设、铁路运输、农林业、企业经营管理等方面，都因苏联专家的帮助而大为改观，并收到良好效果。

---

[1] 中国社会科学院、中央档案馆编：《1949—1952中华人民共和国经济档案资料选编·基本建设投资和建筑业卷》，中国城市经济社会出版社1989年版，第376页。
[2] 中国社会科学院、中央档案馆编：《1953—1957中华人民共和国经济档案资料选编·固定资产投资和建筑业卷》，中国物价出版社1998年版，第362页。
[3] 《人民日报》，1953年4月10日，第2版。
[4] 中国社会科学院、中央档案馆编：《1949—1952中华人民共和国经济档案资料选编·工业卷》，中国物资出版社1996年版，第755~757页。

第5章 苏联人力资源与企业管理技术等的引进

苏联技术专家为援建工程的建设提供了人力保证,为工业项目建设的勘察、设计、施工以及机器设备的安装调试、试生产和投产的各个环节提供了指导。

另外,苏联专家帮助中国建立了一批科研、设计、高等教育等组织机构,帮助中国开办了培训班和学校,指导研究生,开设课程和讲座,结合现场示范,向中方技术与管理人员讲授和传播技术理论、实用技术、管理方法和经验等。苏联专家还通过讲课、著述、开训练班、带徒弟等办法为我们培养了大批熟悉业务的研究人员、教学人员、技术管理人员,使他们能较快地胜任各种岗位的工作。例如,1952年东北区计划统计干部达3万多人,其中领导骨干大部分都是苏联专家亲自培养的[1]。在企业管理中,苏联专家还传授了先进的工艺和作业方法以及企业管理制度,详情见本章后续部分。

在1958年下半年"大跃进"高潮到来之前,苏联专家在中国的工矿企业,特别是在技术领域的作用未减。"大跃进"高潮中,苏联专家的工作受到了影响。

绝大多数苏联专家是称职的,其意见是有益的。苏联专家发挥了应有的水平,其意见和建议得到中国高度重视。苏联专家在中国工业化和科学技术现代化建设中所做的工作和发挥的作用,受到了中国人民和中国领导人的称赞[2]。

1949年1月8日,毛泽东给斯大林写信,对科瓦廖夫帮助恢复东北铁路和其他经济工作表示非常感谢。[3] 1952年中方以毛泽东的名义感谢苏方设计院为鞍钢的恢复和改建进行设计,由政务院送给设计院院长赫列波尼可夫感谢状。[4] 1958年7月22日,毛泽东在与苏联驻华大使尤金谈话时,称赞帮助建造武汉长江大桥的苏联桥梁专家西宁是个好同志。[5]

又如,1959年1月27日,苏联驻中国临时代办 C. 安东诺夫的报告

---

[1] 《人民日报》,1952年1月20日,引自中国社会科学院、中央档案馆编:《1949—1952中华人民共和国经济档案资料选编·工业卷》,中国物资出版社1996年版,第754~755页。
[2] 李越然:《外交舞台上的新中国领袖》,解放军出版社1989年版,第9~10页。
[3] 俄罗斯联邦总统档案馆:全宗39,目录1,案卷37,第1张,引自薛衔天:《中苏关系史1945—1949》,四川人民出版社2003年版,第344页。
[4] 毛泽东:《关于感谢苏联专家对鞍钢建设的援助给高岗的复电》,1952年3月4日,引自张柏春等:《苏联技术向中国的转移(1949—1966)》,山东教育出版社2004年版,第338页。
[5] 《同苏联驻华大使尤金的谈话》,引自《毛泽东外交文选》,中央文献出版社、世界知识出版社1994年版,第333页。

《关于苏中1958年科技合作状况》中指出:"中国学者注意学习苏联的科技成果,努力尽快掌握成功的经验,特别是能够产生巨大经济效益的经验。如:在苏联科学院自动化和遥控力学研究所加夫里洛夫教授作过答疑和学术报告之后,目前最先进的无接触遥控复合系统的研究工作在中国得到普及。雷宾德尔院士关于更经济地利用水泥的建议开始被采纳使用。苏联科技工作者艰巨而富有成效的工作得到了中国方面的高度评价。"[①] 中国科学院院长郭沫若把苏联学者的这种帮助看成是"共产主义无私援助精神的体现"。

5.1.4 正确对待苏联专家的意见

各地各部门大部分能够从实际出发,采纳苏联专家的意见,但是也出现了一些不正常现象,主要表现为零星片断、盲从和拒绝三种,特别是盲从现象比较严重。

第一,关于零星片断现象。

这种现象是指在向专家学习苏联经验的过程中,零星片断,不系统,不全面。其表现有两种:一种是无计划、无系统,遇到困难,临时交谈,零星琐碎,前后重复,又不积累材料,随学随忘,把专家当成"问事处",使专家穷于应付。例如,关于苏联财政部会计制度司的职掌问题,曾先后向专家重复请教了五次以上,致被专家批评学习态度不认真。又如,关于预算会计、企业会计中的一些问题,也经常重复地向专家请教,致使专家怀疑我们在谈话后究竟懂不懂。另一种是向专家学得了一个大轮廓,不求甚解,也不结合中国现实情况进行研究,或是稍有头绪,即以为差不多了,急于在工作中搬用。例如,对苏联现行的国家银行执行预算出纳业务制度,我们尚缺乏系统的了解,对中国现实条件亦未深入研究,就准备提早在我国推行,并在1953年上半年抽调各地干部进行技术训练,及至对苏联制度有较明确的了解后,才发现在当时我国预算计划性以及银行和单位会计的机构不健全和干部很弱的情况下,是无法推行的,于是又不得不打消原定计划,浪费了不少人力物力。

此外,还有其他一些现象。以上这些缺点的产生,主要是我们工作中官

[①] 沈志华主编:《俄罗斯解密档案选编:中苏关系(1-12卷)》第8卷(1958.4—1959.10),东方出版中心2015年版,第330页。

第5章 苏联人力资源与企业管理技术等的引进

僚主义和事务主义在专家工作上的反映。我们某些同志尚有不同程度的经验主义，自以为是，妨碍了向苏联的专家学习。另外某些同志缺乏老老实实的学习态度，在工作上钻研不够，对苏联经验没有学通，对本国情况也了解不够，亦是重要原因。①

第二，关于盲从现象。

面对苏联专家的意见，一些中国科学技术人员和管理人员产生了依赖心理，只想利用已有的方法、设备和专家的直接帮助，来完成面临的科学技术任务。中国专家即使提出正确的意见，有时也不一定被采纳和接受。有些技术人员因为与苏联专家或顾问争论业务问题而受到中方领导的排挤或打击。在全面学习苏联、苏联被尊为"老大哥"氛围里，一般技术人员和管理人员不敢提出与苏联专家意见不同的观点和方法。在很多情况下，中方技术人员和管理人员在苏联专家面前小心谨慎、唯唯诺诺，对苏联专家的意见在多数情况下是照办，而不经过认真讨论。这种倾向越是在技术水平比较低的基层单位越是突出。在1953年学习苏联的热潮中，甚至出现了"技术一边倒"的口号，过分迷信苏联技术。这对尽快形成中国自己的技术能力、发挥自己的潜力和创造力是有害的，给工作带来了较大的损失。

例如，1954年中方请苏联专家来华帮助制定治理黄河规划就是明显的例子。黄河有大量泥沙，由于苏联没有像黄河泥沙这么多的河流，于是苏联专家按照苏联自己的经验，认为利用水土保持加拦泥库的办法可以使黄河变清，进行"梯级开发"。苏联专家还肯定在三门峡可以修坝。根据苏联专家意见，1955年全国人民代表大会通过了黄河治理规划。此后，有人对规划提出不同意见，全国专家进行过鸣放讨论。但由于决策者急于想给三门峡定案，听不进不同意见，鸣放成了走过场，只修改了一些工程设计。三门峡于1957年开工，1960年9月大坝开始蓄水。到1962年2月，水库就淤积15亿吨，刚安装的第一台发电机组因淤积严重而不能发电。虽然在当年3月就决定三门峡只拦洪而不蓄水，但淤积继续发展，到1964年11月已经淤积到50亿吨，造成严重后果。②

为了及时纠正"技术一边倒"的错误倾向，1953年4月26日，中共中

---

① 中国社会科学院、中央档案馆编：《1953—1957 中华人民共和国经济档案资料选编·综合卷》，中国物价出版社2000年版，第884~885页。

② 《建国以来重要文献选编》第20册，中央文献出版社1998年版，第34~40页。

央发出指示，指出："技术一边倒"的口号流传颇广，但是这个提法是不恰当的，应以"学习苏联先进的科学和技术"来代替。①

第三，关于拒绝苏联技术的现象。

在技术引进中，1958年以前存在盲目照抄苏联经验的现象，但是1958年以后出现了拒绝苏联专家意见的倾向，认为苏联专家意见是错误的，同样对技术引进产生了消极的影响。

在"大跃进"运动中，人们狂热到片面地强调破除迷信、过分相信群众运动、否定规章制度的地步，忽视甚至轻率地抛弃了正常的技术规范，破坏了企业的秩序。有的企业把技术专家搁置在一边，有的企业把计划、设计、技术检验、技术安全、设备动力、工艺等重要科、室撤了，管理人员下放当工人，有关管理权限下放给车间、工段或班组，使生产、技术、财务、安全等处于无人负责状态②。这种拒绝技术的做法同样也是有害的。

针对学习苏联经验方面存在的各种错误倾向，周恩来在国务院司局长以上干部会议上强调："首先还是要向苏联学习，凡是我们不懂不会的，都要去学。但要有一条：要独立思考，避免盲从，不要迷信。"③ 在国务院会议上周恩来强调说："对于苏联的经验，不能完全照搬，要结合中国实际来运用。凡属方针政策性问题，必须自己拿主意，要自己思考判断做出决策，不能依赖苏联专家。在专业技术性问题上可以多听专家意见。对所有专家都要热情对待，不能让他们坐冷板凳。"④

1958年6月29日，毛泽东在中央军委扩大会议小组长座谈会上强调："关于学习苏联，对内讲批判地学习，为了不引起误会，对外还是讲有分析地有选择地学习苏联的先进经验。但是，最重要的是学习苏联先进经验一定要和自己的独创相结合，马列主义的普遍原理与中国革命的实践相结合。不能吃现成饭，吃现成饭是要打败仗的。这一点要同苏联同志讲清楚。学习苏联，过去学，今天学，将来也学习，但学习要和我们具体情况相结合。要同

---

① 《建国以来重要文献选编》第4册，中央文献出版社1993年版，第178页。
② 薄一波：《若干重大决策与事件的回顾（修订本）》下卷，人民出版社1997年版，第74页。
③ 中国社会科学院、中央档案馆编：《1953—1957中华人民共和国经济档案资料选编·综合卷》，中国物价出版社2000年版，第884页。
④ 李越然：《中苏外交亲历记》，世界知识出版社2001年版，第51页。

他们讲，我们学你们的，你们又是学哪里的呢？为什么我们不能独创？"①

各地贯彻中央领导的讲话精神后，问题逐步得到解决。

5.2 引进苏联国营企业管理一长制

新中国成立后，国营企业管理制度逐步从接管时旧式的体制向苏联一长制模式过渡，到"一五"计划时期初期，已在绝大多数企业建立了苏联一长制，但是1956年又突破了苏联一长制模式，实行党委领导制。

5.2.1 苏联国营企业管理一长制的确立与演变

十月革命胜利后，在企业实行工人监督和工人管理的过程中，列宁主张苏联在企业中实行一长制领导制度。苏联企业一长制是与苏维埃政权初期的企业领导集体管理制相比较而言的，一长制也叫厂长（或经理）负责制，即厂长由国家委派，向国家负责，是该企业经营管理的最高领导人，在企业内实行层层负责制。

对于苏联国营企业的管理，列宁最初设想为集体管理制。十月革命胜利后，经过几个月短暂的对企业管理实行工人监督的时期，布尔什维克党开始实施工人直接管理生产，直接组织形式就是会议制或称集体管理制，即由企业全体工人选出的并吸收了工厂职员、技术人员代表的几名成员组成的工厂委员会或工长会议负责管理。

十月革命初期，苏维埃政权基本上采用集体管理制管理国营工厂。到1918年底，苏俄的工业基本上实现了国有化，在国有化实践中，集体管理制已不合时宜。在这种情况下，必然取消集体管理制，一长制就是在这种情况下产生的。

列宁认为，在社会主义生产资料公有制形式已经确立、已经比较稳定的情况下，要组织社会化的大生产，必须从《四月提纲》等文中按照马克思主义原理所设想的工人直接参加管理的方式后退一步：放弃集体管理制，改行一长制。1918年4月，列宁在《苏维埃政权的当前任务》一文中正式提

---

① 毛泽东：《要以我为主学习别人的先进经验》，载《党的文献》2010年第2期，第4页。

出在国有化企业中采用一长制。列宁公开承认，不得不采用资产阶级的方式，付给资产阶级专家高额报酬，"显然，这种办法是一种妥协，是对巴黎公社和任何无产阶级政权的原则的背离，这些原则要求把薪金降到中等工人工资的水平，要求在事实上而不是口头上同名利思想作斗争"。①

1918年5月、6月，在苏联举行的最高国民经济委员会第一次代表大会上通过了《国营企业管理条例》，对每一个企业的负责人指派进行了规定②。

然而在1918年至1920年初从集体管理制向一长制的过渡过程中，由于党内没有形成共识，一长制推行进展缓慢，最终在1920年3月召开的俄共（布）第九次代表大会关于一长制的大争论中，列宁说服了全党，九大决议最终确定了在苏维埃企业管理方面实行一长制。"为了更简便而准确地组织生产管理工作，同时也为了节省组织力量，代表大会认为必须在工业管理方面逐渐采用一长制，即在各工场和车间建立完全的、绝对的一长制，在各工厂管理处推行一长制，在生产行政机构的中上层环节设立简化的集体领导机构。"③ 到1920年底，苏联大部分企业已实行了一长制。

苏联国营企业管理实行一长制是历史的必然，但是在当时条件下一长制具有不完备之处，经历了一个不断完善与演变的过程。苏联一长制的确立是在1918~1920年的战时共产主义时期。战时共产主义制虽然对保证苏联取得战争胜利发挥了重大作用，但它作为经济管理制度和企业管理模式则是不成功的。其原因如下：首先，战时共产主义制试图用军事指挥的方法即用行政命令方法来解决经济问题，违背了经济规律。而一长制则是这种管理体制的基础，也没有存在的必要。其次，一长制的存在助长了干部的官僚主义。列宁最初提出一长制的原则意在把一长制与民主管理结合起来，但战时共产主义的实践证明，一长制与民主管理并没有有效地结合起来。企业自主地位在一长制下受到压抑。

在上述背景下，1921年苏维埃政府最终放弃了战时共产主义制，开始向新经济政策过渡，因此企业管理体制也做出了调整，列宁对一长制注入了一些新内容和思想。例如，列宁开始考虑部分扩大企业权利，重视使工人亲

---

① 《列宁选集》第3卷，人民出版社2012年版，第483页。
② 吴恩远：《苏联企业一长制发展的历史教训》，载《世界历史》1988年第5期，第3页。
③ 中共中央马恩列斯著作编译局译：《苏联共产党决议汇编》第2分册，人民出版社1964年版，第9页。

自参加管理。可惜，列宁逝世过早，这些新内容和思想并没有实施，没有根本解决如何冲破高度集中的计划管理体制的束缚，体现企业的自主性，发挥工人群众积极性、主动性等问题。

列宁逝世后，斯大林继续推行企业的一长制。在斯大林的领导下，大约在20世纪30年代中期确立起企业的一长制。苏联在工业中加紧推行一长制的同时，还进行了工业管理改组，取消了国民经济委员会，按部门原则建立了各种工业部。1934年，工业改组基本完成，工业部、管理总局、企业一律实行一长制。至此，一长制的推行过程最终完成。[①]

但是，从斯大林逝世到1965年苏联推行新经济体制，一长制的基本原则和方法大致没有变化。在20世纪50年代中期以后，由于高度集中的经济管理体制的弊病日益暴露，苏联开始对经济体制进行改革。在20世纪60年代后半期、70年代末期，苏联政府几次试图改革这个体制，但是收效甚微。一长制过去存在的几个问题，例如干部的任命方式、民主管理、企业自主权，并没有得到根本解决，改革以失败告终。

苏联国营企业一长制的形成，既在一定程度上符合了社会化生产和现代企业管理的客观要求，也带有当时因国际形势紧张而强行推进苏联工业化的痕迹。但是其主要问题是苏联长期以来没有解决好职工民主管理问题，长期没有找到职工参加企业管理的适当形式，没有保障职工相应的权利。[②] 苏联的改革没有真正解决这个问题。

5.2.2 新中国成立初期一长制和党委领导制并存

苏联国营企业管理一长制对新中国企业管理有着重要影响。新中国成立以前，中国共产党参照一长制经营管理根据地公营企业。新中国成立以后，在改革、整顿国营企业之初，1950年2月6日，中共中央在著名的人民日报社论《学会管理企业》中即提出国营企业应普遍建立工厂管理委员会制度，随后政务院财经委员会发出了《关于国营、公营工厂建立工厂管理委员会的指示》，要求国营企业普遍建立这种领导体制，并附发了1949年8月华北人民政府颁布的《关于在国营工厂企业中建立工厂管理委员会与职工

[①] 王金存：《苏联企业一长制的由来和发展》，载《外国经济与管理》1985年第5期，第2页。

[②] 刘东文：《苏联企业一长制初探》，载《管理世界》1986年第1期，第91页。

代表会议的实施条例（草案）》，以供各地参照执行。上述这种带有一长制性质的工厂管理委员会领导体制，受到了来自企业党组织的挑战。因此，新中国成立初期，在国营企业中，工厂管理委员会领导体制并没有普遍建立起来，不仅大部分地区（关内）因民主改革尚未完成而实行党委领导制，而且不少人甚至认为党委领导制比较符合当时我国的国情和国营企业的管理水平①。

随着全国的解放与国民经济恢复，党加强了对企业的领导，在许多国营企业中，党组织实际上处于领导地位。处理企业内部的党政关系，成为党和政府迫切需要解决的问题。

一长制最早在东北实施。1951年7月，中共中央东北局拟定了一个关于党对企业领导的决议。这个决议实质上是实行一长制。这个决议草案报到中央后，受到中共中央有关领导人的高度重视。此时，1951年6月，华北地区的城市工作会议经过热烈讨论，形成决议并经中央批准提出，在目前缺乏政治素质和业务水平兼备的干部情况下，在国营工矿企业中实行党委领导下的厂长负责制。②

于是，华北、华东都决定实行党委领导制，厂长要对同级党委负责，党委实际上成为企业的最高决策和领导机构。中央的看法与华北、华东的观点基本一致。此时，中南、西南的国营企业正处于全面民主改革阶段，主张实行党委领导制。西北地区则反映，由于企业中党的工作薄弱，暂时谈不上党的统一领导。

5.2.3 1953年后国营企业推行一长制

1953年，经过国民经济恢复，我国转入大规模经济建设，开始执行第一个五年计划。党和政府逐步加强了经济部门的垂直管理，开始在全国范围内推行企业管理一长制。

---

① 武力主编：《中华人民共和国经济史（1949—1999）》上册，中国经济出版社1999年版，第315页。
② 《华北局关于在国营工矿企业中实行厂长负责制的决定》指出：厂长负责制即以党委为核心实行统一领导，党、政、工、团各上级所指示的方针与任务，及其在工矿企业中的具体实施方案和计划，一律经过企业中的党委讨论通过，作出决定，分工进行。属于生产管理方面和行政业务方面，可由厂长在执行中负完全责任，遇紧急事件发生时，厂长可先行处理，然后报告党委会；一切重要事项，最后决定于党委。厂长对同级党委负责。引自国家经贸委编：《新中国工业五十年》（1953—1957）第2部上卷，中国经济出版社2000年版，第712~713页。

第 5 章　苏联人力资源与企业管理技术等的引进

一长制最初在东北地区和其他少数地区的工业部门推行，后来推广到燃料工业部、纺织工业部以及全国工业企业。1952 年底，在试点的基础上，经过中共中央批准，以全国总工会的名义，在全国范围内推广东北"五三"厂贯彻一长制、正确处理党政关系的经验。1954 年 4 月，华北局发出《关于在国营厂矿企业中实行厂长负责制的决定》，决定取消党委领导下的厂长负责制，实行厂长负责制。1954 年 5 月 28 日，中共中央批转华北局《关于在国营厂矿企业中实行厂长负责制的决定》的通知，通知指出："中央认为在全国胜利之后，党在国营厂矿中进行了一系列的工作，使生产的管理日益进步，并开始走上正轨。目前国家有计划的建设已进入第二个年度，中央各工业部和各地区对国营厂矿的领导亦日益加强，因此，中央认为有必要也有可能在全国各国营厂、矿（包括地方国营厂矿）中实行厂长负责制，以便进一步地提高工业企业的领导水平，更好地完成国家计划。"①

但是，在对国营企业一长制的认识上，党内存在着不同的看法。为了总结一年来推行厂长负责制的经验，完善企业领导制度，1955 年 4 月，中共中央第三办公室分别与出席全国党代表会议的部分代表座谈，1955 年 6 月 4 日、6 日、13 日又邀请了 50 个厂的党委书记和厂长举行了三次座谈会。

尽管当时推行一长制，强调它本身比党委领导制更能体现责任到人，但是，它存在的问题为党委领导制取代一长制提供了理由。

5.2.4　1956 年党的八大后党委领导制取代一长制

1956 年初，中共中央开始破除苏联迷信、突破苏联模式，寻找适合中国自己的建设道路，在企业管理方面，突破了苏联的一长制，实行党委领导制。

1956 年初，毛泽东开始听取国务院有关部委的汇报，认真调查总结前几年工作中的教训，形成了以《论十大关系》为代表的中国共产党关于中国社会主义建设道路的探索成果。在这次集中调查研究中，毛泽东发现了苏联经济体制和模式的弊病，认识到苏联的一长制弊病较多。1956 年 2 月 16 日下午，在听取第一、二、三机械工业部汇报时，毛泽东再一次批评一长

---

① 《华北局关于在国营工矿企业中实行厂长负责制的决定》，引自国家经贸委编：《新中国工业五十年》（1953—1957）第 2 部上卷，中国经济出版社 2000 年版，第 712~713 页。

制,他说:"家庭也不能搞一长制,没有商量是不行的,工厂总比家庭复杂些。工厂要有一定的纪律,按时、按量、按质完成任务。为达此目的,没有集体领导、个人负责是不行的。单有一个集体领导不行,还要有个人负责,又对立又统一才行,两者缺一不可。只有统一没有个人负责不行,是集体领导基础上的个人负责制。一长制有很大的官僚主义。当然一长制与分散主义不同。单讲集体领导不讲个人负责,或者单讲个人负责不讲集体领导,都很危险。总之,一个原则,不妨碍厂长的指挥,工厂生产一定要有纪律,保证质量、数量、时间,为了这个,有集体领导比没有好。当然,一长制不是绝对的,苏联就是一长制打了胜仗。我们党委制比较好些。"①

毛泽东强调一长制不适合中国的国情,不如党委领导下的厂长负责制好。一长制的问题已经引起党的高度重视。对此,1956年9月10日,毛泽东在党的八大预备会议第二次全体会议上说:"例如一长制,中央曾经批转过某些地区的经验,认为可以试行。那个时候对这个问题还没有经验,就不能下一个断语,说一长制不好。一直到不久以前,我们才断定一长制不好,集体领导和个人负责相结合的制度好。"②

1956年9月,刘少奇在党的八大所做的政治报告中正式提出在国营企业中实行党委领导下的厂长负责制:"在企业中,应当建立以党为核心的集体领导和个人负责相结合的领导制度。凡是重大的问题都应当经过集体讨论和共同决定,凡是日常的工作都应当由专人分工负责。"③

1956年,中共中央放弃一长制,改行党委领导制。1957年"反右"斗争以后,许多地方开展了对一长制的批判。毛泽东在1959年读苏联的《政治经济学教科书》笔记中写道:一切资本主义国家的企业,都是实行"一长制"的。"社会主义企业管理的原则,应当同资本主义企业有根本的区别。我们实行党委领导下的厂长负责制,就使我们同资本主义企业的管理制度严格地区别开来了。"④

从1956年中共八大确定企业实行党委领导制后,过去实行党委领导制

---

① 《毛泽东年谱(1949—1976)》第2卷,中央文献出版社2013年版,第513页。
② 《毛泽东文集》第7卷,人民出版社1999年版,第102页。
③ 中共中央办公厅编:《中国共产党第八次全国代表大会文献》,人民出版社1957年版,第36页。
④ 中华人民共和国国史学会编:《毛泽东读社会主义政治经济学批注和谈话》(简本),第247页。

下的弊病，诸如无人负责、管理粗放、纪律松弛等再次暴露出来。1957年，中央又决定在企业中恢复党委领导下的职工代表大会制。职工代表大会虽然加强了企业的民主监督和民主管理，但是在党委领导制下如何加强企业对国家的责任，则比一长制退步了。①

尽管党委领导制曾经发挥过积极作用，但是实践证明，在总体上它不是成功的企业管理制度，而一长制包含着现代企业管理的理念，具有合理成分。

5.3 引进苏联企业管理方法

中华人民共和国成立初期，在国营企业管理中，所引进推行的先进管理方法都来自苏联，即向苏联学习得来的。各企业学习苏联的技术和经验，完善生产组织。在工矿企业的经营管理方面，苏联专家对于制定生产计划、确定生产责任制度、简化统计报表、建立经济核算制等各项工作，以及企业管理方法和工艺，都提供了许多宝贵意见，并收到良好效果。本节主要介绍学习苏联企业的先进工作法和工艺技术等。

5.3.1 学习苏联企业的先进工作法

苏联企业的一些工作法是比较先进的，在中国企业中广泛采用。

第一，推行流水作业法。流水作业法亦称"连续生产作业制"，这是一种进步的作业制度，从原料到成品的制造过程中，一直采取连续不断的顺序加工。流水作业法的优点如下：提高劳动生产率；增加单位台时及单位工地面积的产量；缩短整个生产周期；改善质量；为编制生产计划确立基础；流水作业也使产品数量、加工量、设备能力的利润、劳动力的组织和使用等，都能正确预计和统计，更使原材料的供应易于计划和核算。②

第二，采用生产指示图制度。在工业企业中，按生产指示图表组织有节奏的生产的作业方法，这也是苏联企业管理的重要先进经验之一。生产指示

---

① 武力主编：《中华人民共和国经济史（1949—1999）》上册，中国经济出版社1999年版，第327~328页。
② 祝慈寿：《中国工业劳动史》，上海财经大学出版社1999年版，第422~423页。

图制度的特点如下：它是适应各该企业生产体系的自为规律，以易于了解、简单、明确的图表形式，把有关提高生产能力、完成生产计划、降低生产成本的各个方面，组成一个有机的整体，然后依此对生产进行有系统、有组织、有计划的管理。

生产指示图制度是依据各种生产图表而进行生产的作业方法。根据东北石砚造纸厂的经验，计有下列5种主要的图表：全厂生产指示总图、机械修整指示图、车间每日生产指示图、车间汇报生产指示图、总结图。根据上述各种图表的内容和作用，生产指示图一经制订，它就必然代表着严密的组织性与严肃的纪律性，从头到尾贯彻着专责制。它的执行好坏，也就必然决定着整个工厂生产的好坏。因此，它也就必然成为全厂职工必须严格遵守执行的最高工作指标与最重要的工作纪律。①

第三，学习科瓦列夫工作方法。科瓦列夫（郭瓦略夫）是苏联的一位工程师，是莫斯科无产阶级胜利呢绒工厂的厂长。科瓦列夫厂长和该呢绒工厂的全体工人及技术人员一起，经过两年多时间的研究和试验，总结出了一种最科学的推广先进生产经验的方法，即以他的名字命名的科瓦列夫工作方法。在1949~1951年及其后一段时间，苏联和中国东北地区的许多工业企业，都曾广泛开展推广科瓦列夫式先进生产经验的运动，以改进生产方法，提高劳动效率。

这种先进方法善于综合各种先进经验，将各个先进生产者的特长（不是一个人的特长）加以比较、分析、总结，并加以系统化，把许多先进生产者的经验集中起来，制定成技术操作规程，形成完善的生产作业方法，然后在全体工人中推行，使每一个工人在全部的生产过程中以及单独的生产动作上，都能够掌握先进的劳动方法。推广科瓦列夫工作方法的途径有下列几种：一是研究并总结先进工作者的先进经验。二是在研究各种生产动作的时候，不能单看动作的速度，必须注意到是否违反技术操作规程，是否破坏安全生产原则，是否是极大的劳动强度，是否浪费了原材料，以及是否降低了成品质量。三是推广之前要做准备工作，如调整装备、改进原料供应、训练干部等。四是要有步骤地推广先进的生产方法：先把工人分成小组，由受过训练的同志向他们讲授，详细说明各种动作的方法，并实地示范给大家看；

---

① 祝慈寿：《中国工业劳动史》，上海财经大学出版社1999年版，第423页。

等到大多数工人学会一个动作以后,再进行另外一个动作的学习。对于少数进度较慢的工人,则须另外成立一个小组,由受过训练的技术指导员继续指导他们。①

新中国成立初期,东北人民政府工业部十分重视在国营工业企业中推广科瓦列夫工作方法,并强调了推广这种先进工作方法的重要价值,认为这种领导方法,就是党的群众路线在企业部门的具体运用,有助于发挥广大工人的劳动积极性。

5.3.2 采用苏联先进工艺技术

本小节主要介绍采用苏联新式采煤法和应用苏联高速切削技术。

第一,采用苏联新式采煤法。采用苏联新式采煤法主要是正规化作业加上采煤过程的机械化。1949年下半年,新式采煤法在东北开始试验和推广,到1952年,全国有条件的国营煤矿都推行了此法。该方法的主要特点是回收率高、安全,特别是采煤操作规范化。而在未实行新法采煤之前的旧式采煤法,主要是厚煤层矿中的"打高落""大冒顶",薄层矿中的"残柱式""灯笼式"等破坏性采煤方法,薄煤层的回采率一般为70%~80%,厚煤层的回采率一般为35%~55%(见表5-5)。

表5-5　　　　　　　　　新旧法回采率比较

	平均(%)	新法回采率(%)	旧法回采率(%)	备注
合计	73	78	62	
鹤岗	57	65	45	厚煤层和薄煤层
鸡西	84	84	80	薄煤层
蛟河	87	88	87	
西安	77	79	56	中厚煤层和厚煤层
阜新	68	74	50	中厚煤层

---

① 祝慈寿:《中国工业劳动史》,上海财经大学出版社1999年版,第424页。

工业化进程中的技术引进(1949-1965)

续表

	平均(%)	新法回采率(%)	旧法回采率(%)	备注
通化	67	76	65	急倾煤层
北票	81	83	78	中厚煤层
双鸭	90	90	90	薄煤层

资料来源:高德贵:《推行新式采煤法的成就和问题》,载《东北工业》1952年第83期,第32~33页。

新法推行之后,1951年1~9月份东北8个煤炭局所辖煤矿的旧法回采率为62%,新法回采率达78%,超过旧法回采16个百分点。同时,煤矿事故降低,井下作业安全性增加,因为新法作业的场子面比较集中,减少了不必要的巷道通风系统,而且缩短了风道距离,增加了场子内的风量,防止了瓦斯爆炸事故。1951年1~7月与1950年同期比较,东北地区煤炭事故减少49.07%,死亡减少55.1%,重伤减少73%,轻伤减少43.72%[①]。这对矿工来讲是一次解放,说明推行新法取得了巨大成就。

第二,应用苏联高速切削技术。在机器制造工业中,部分企业开始采用苏联高速切削法,创造和推行了多刀多刃切削法,并开始按指示图表组织有节奏生产。

高速切削法是1950年与苏联车床一同引进的,最初只用在苏式车床上。苏式车床用齿轮传动,转速比国内老式的皮带传动车床要高得多。这种技术后来逐渐在老式车床上推广并创造了多刀多刃切削法,即在金属加工车床上,同时用几把刀或一把刀上有几个刃同时进行切削,切削工作效率提高1倍以上,最多的提高4倍,为此1952年12月25日东北机械工业管理局发出了关于大力推广高速切削法与多刀多刃切削法的决定[②]。

该方法的普遍推行,还推动了工厂一系列的管理改革和技术革新。例如,在该方法实施之后,工厂车间必须先制定详细的施工程序和切削规范,设计与制造每道工序够用的硬质合金刀具或其他刀具、卡具等,做好生产中的准备工作,然后有计划地按月培养与发展车间中按机床种类划分的或按工

---

① 高德贵:《推行新式采煤法的成就和问题》,载《东北工业》1952年第83期,第32~33页。
② 《东北机械工业管理局关于大力推广高速切削法与多刀多刃切削法的决定》,载《东北工业》1952年第81期,第7~9页。

序排列的高速切削小组,实行工作小组包做,进而发展到全车间实行高速切削。同时要注意针对生产任务中最薄弱环节的加工部件,增添机床种类和数量,增加车床工作物或缩减车间。另外配合机械加工任务,加强装配工场、锻工场或铸工场,以及要求供应足够的材料,以达到整个生产的平衡。①

5.3.3 其他方法

1952年,为进一步发挥职工的积极性和创造性,在许多行业的国营企业中,都展开了创造新纪录和找窍门运动,并学习和推广了苏联先进经验、工业生产技术和新操作法。

例如,在钢铁工业中,采用苏联方法,推广了快料顺行法和快速炼钢法,在提高设备利用率方面有显著的成效,高炉有效容积的利用在全国较1951年提高了21.8%。鞍钢平炉每平方公尺炉底面积产钢量较1951年提高了23%,鞍钢中型钢材轧钢能力较1951年提高了50%。在小型轧钢上创造了"反围盘"装置,使小型钢材的生产自动化,改善了安全条件,提高了产量和质量②。太原西北钢铁公司接受苏联专家建议,炼一炉钢的时间由9～10小时减到7小时43分;天津制钢厂在苏联专家帮助下,改进了劳动组织和操作方法,产量大幅提高③。

在电力工业中,推行了快速检修法、定期检修制度,调整了负荷,并推广了燃烧低质煤的经验,因而提高了设备利用率和供电能力,降低了发电成本。④ 例如,苏联专家在阜新发电厂安装发电机工程中推广了16种先进施工方法,结果安装一部锅炉就节省人工25000个,透平发电机的基础工程缩短工时4/5。整个安装工程提前一个月竣工,降低成本60亿元,质量完全合乎苏联先进标准,受到毛泽东的嘉勉⑤。

又如,哈尔滨锅炉厂采用苏联最新技术成就,改变了我国不能制造中型

---

① 甘柏:《进一步推广高速切削法,发挥机床的潜在力量》,载《东北工业》1951年第79期,第12～15页。
② 中国社会科学院、中央档案馆:《1949—1952中华人民共和国经济档案资料选编·综合卷》,中国城市经济社会出版社1990年版,第850页。
③ 中国社会科学院、中央档案馆:《1949—1952中华人民共和国经济档案资料选编·工业卷》,中国物资出版社1996年版,第774页。
④ 中国社会科学院、中央档案馆:《1949—1952中华人民共和国经济档案资料选编·综合卷》,中国城市经济社会出版社1990年版,第850～851页。
⑤ 《三年来在苏联专家的友谊帮助下 东北电力工业得到迅速恢复和发展》,载《人民日报》1952年12月15日,第2版。

大型火力发电站中压锅炉的局面。

这项工程是在1954年10月动工兴建的。1956年12月12日，我国第一座制造电站锅炉的现代化工厂——哈尔滨锅炉厂第一期工程已经基本建成。"这个厂由于采用了苏联锅炉制造技术上的最新成就，技术装备是优良先进的；将来投入生产以后，将广泛采用自动焊接的加工方法，生产出来的锅炉也将采用苏联预先装成组合件的先进经验，这样会大大缩短电站安装锅炉的时间。"①

另外，苏联专家还传授了先进的油田勘探方法，解决了低压油田的产油问题。有的企业推广苏联的锻造快速加热法，有的企业还学习了苏联的席乐夫高速钻孔法、电火花加工法、金属喷镀法等。

学习苏联企业管理方法具有重要意义。1952年6月，东北人民政府强调在基建部门中学习苏联经验的意义：我们的先进工人在其具体工作环境对苏联先进经验的应用，对于提高基本建设的质量与加速进度有极其重大的作用，因此各级领导干部应积极地宣传学习苏联社会主义的先进经验。②

通过应用苏联企业管理方法与工艺，极大地提高了企业生产效率。这些方法，对于工业生产来说，在增加产量、减低成本、节约资财、提高积累等方面，都具有决定性的作用。因此，在中国的东北以及其他地区的一些先进工厂，都在逐步推行这些先进作业法，借以改善作业程序，节约劳动力，提高设备利用率。

5.4 科学技术合作中的技术引进

1949~1953年，中苏两国还没有签订专门的长期科学技术协定，双方的科技合作主要通过短期的外贸合同来进行。合作的主要形式是聘请苏联专家来华指导科学技术的研究和领导工作，中国科技专家赴苏考察、学习和参加学术会议，双方不定期交换科技情报和图书刊物。1953年赫鲁晓夫上台后，中国引进苏联技术需要通过科学技术合作途径来完成的。此后，中国通

---

① 《现代化的哈尔滨锅炉厂》，载《人民日报》1956年12月13日，第2版。
② 中国社会科学院、中央档案馆编：《1949—1952中华人民共和国经济档案资料选编·基本建设投资和建筑业卷》，中国城市经济社会出版社1989年版，第502页。

过苏联提供科技资料、共同进行科学研究,大量引进苏联技术资料、科技书籍和期刊。

5.4.1 引进技术资料、科技书籍和期刊

赫鲁晓夫1954年9月访华后,中苏加强了科学技术合作。1954年10月11日,中苏两国政府在北京签订了为期五年的《中华人民共和国和苏维埃社会主义共和国联盟科学技术合作协定》(简称《中苏科学技术合作协定》)。

1954年12月,中苏科技合作委员会在莫斯科举行首次科学技术合作会议,1955年6月在北京召开第二次会议,商定的技术交流项目超过第一次会议[①]。

1955年6月之前,由于156项工程的成套设备援助和科学技术合作援助往往混淆不清,第二次会议明确,关于156项工程的技术资料问题统一由科学技术合作方式解决。随后,苏联的很多设计图纸和其他技术资料是通过中苏科学技术合作委员会协商和转交的。

根据中苏科技合作委员会历次会议双方承担任务统计情况,20世纪50年代,中苏科技合作委员会共召开了11次会议,中苏双方参与合作的科研机构达800多个,合作内容几乎涉及所有重要的科技领域。20世纪60年代以后,中苏双方科技交流与合作就很少进行了。

据中方1957年的统计,当时中方已经得到了3646种资料[②](见表5-6)。

为了实现中国的远景规划,1958年1月18日,中苏两国政府签订了《中苏两国共同进行和苏联帮助中国进行重大科学技术研究协定》(简称"122项协定"),该协定规定,1958~1962年期间,两国共同进行的项目122个,且以技术科学为主,涵盖16个领域。这些项目都有助于解决至关重要的科学技术问题,对中国国民经济发展具有重要意义。

---

① 张柏春等:《苏联技术向中国的转移(1949—1966)》,山东教育出版社2004年版,第165页。
② 《对外贸易》1957年第11期,第26页,转引自[苏]奥·鲍·鲍里索夫、鲍·特·科洛斯科夫著,肖东川、谭实译:《苏中关系(1945—1980)》,生活·读书·新知三联书店1982年版,第153页。

工业化进程中的技术引进（1949-1965）

表5-6　　　　中苏两国1949~1957年8月交换技术资料统计

交换的技术资料	苏联给中国（套）	中国给苏联（套）
基本建设设计	751	1
机器和设备制造图纸	2207	28
工艺过程说明	688	55
总计	3646	84

资料来源：《对外贸易》1957年第11期，第26页；转引自［苏］奥·鲍·鲍里索夫、鲍·特·科洛斯科夫著，肖东川、谭实译：《苏中关系（1945—1980）》，生活·读书·新知三联书店1982年版，第153页。

1958年1月18日，两国高教部、农科院在莫斯科签订了《中苏两国农业科学院科学技术合作协议书》《中苏两国教育部关于双方高等学校进行科学研究工作协议书》，规定了两国共同合作的项目。

根据上述协议，1958年苏联向中方提供了1052项科技资料，这些项目的制定对发展中国国民经济某些最重要的领域具有重大意义①。

《当代中国的基本建设》一书指出：到1959年，中国从苏联和东欧各国获得了4000多项技术资料。②

据统计，1956~1959年苏联中苏科学技术合作委员会向中国提供的资料每年都在1000项以上，其中1958年达到1782项，1960年以后资料数量大幅减少。到1966年，苏方向中方提供的资料达6536种。③

在中苏科技合作与交流中，苏联处于援助国地位，尽可能地向中国提供了大量的技术资料。苏联援助是真诚的，对中国建设起到了基础作用。

从中苏签订的协定内容上看，中苏双方是对等的，即都负有向对方提供科学技术资料的义务和责任。苏联向中国提供了比较多的先进的科技资料、科技情报，而且，所提供的技术资料又都是免费的，故中国显然可从此项合作中得到更大的好处，这是资本主义国家之间所难以做到的。④

---

① 沈志华主编：《俄罗斯解密档案选编：中苏关系（1-12卷）》第8卷（1958.4—1959.10），东方出版中心2015年版，第329页。
② 彭敏主编：《当代中国的基本建设》上卷，中国社会科学出版社1989年版，第56~57页。
③ 张柏春等：《苏联技术向中国的转移（1949—1966）》，山东教育出版社2004年版，第164页。
④ 孙其明：《中苏关系始末》，上海人民出版社2003年版，第186页。

第 5 章 苏联人力资源与企业管理技术等的引进

在中苏科技合作与交流中，中国也向苏联提供技术资料，但由于中国技术比较落后，除一些传统的技术外，能提供给苏联的科技资料数量很少。

例如，根据1954年12月莫斯科第一次会议的议定书规定，中方提供给苏方21项技术资料；1955年6月在北京召开第二次会议的议定书规定，中方提供给苏方29项技术资料，并接受8位苏联专家来华考察。以后的合作中，中方根据每次会议的议定书，提供给苏联资料。但是，中方执行议定书不是很好。[1]

中方向苏联提供了200多项科技资料，这些项目对苏联的经济，特别对化工、纺织、黑色和有色冶金工业具有意义。

苏联专家十分注意学习中国的成功经验和成果，1958年他们就借鉴中国的成功经验提出了200多条建议。[2] 在合作中，苏联给中国的科学技术资料要比苏联从中国得到的多，这是中苏两国科技合作的特点，由此可以看出，苏联在资料方面给中国以较大援助。

另外，技术标准是技术引进的重要内容。在接受苏联的成套设备和技术资料的过程中，中国也接受了苏联当时的工业产品标准，即国家标准、全苏标准、暂行技术条件及各企业的制造规格。比如，我国工业中众多领域的技术标准大多数是参考20世纪50~60年代苏联标准制定的。随着中苏科技合作不断深入，苏联技术援助进一步开展，中苏科技合作委员会中国组建议国务院成立国家标准委员会，统一管理中国标准。

苏联在援助技术资料的同时，通过图书资料等交换方式，为中国提供了大量科技书籍、图书和期刊。

1949年苏联确定了以交换的方式向中国提供了图书、科技情报和文献资料。在国民经济恢复时期，苏联科学院在莫斯科和列宁格勒的主要图书馆，定期向北京寄送43种期刊和142种丛书及多卷出版物，以及各学科部门的专著。[3] 随着中苏交流和合作的深入，苏联图书、科技情报和文献资料等被大量地翻译成中文在中国出版。从1949年到1958年11月，我国翻译

---

[1] 张柏春等：《苏联技术向中国的转移（1949—1966）》，山东教育出版社2004年版，第167~168页。
[2] 沈志华主编：《俄罗斯解密档案选编：中苏关系（1-12卷）》第8卷（1958.4—1959.10），东方出版中心2015年版，第329页。
[3] ［苏］奥·鲍·鲍里索夫、鲍·特·科洛斯科夫著，肖东川、谭实译：《苏中关系（1945—1980）》，生活·读书·新知三联书店1982年版，第154页。

出版苏联的书籍有2000多种，印刷数量达29500多万册。[①]

同时中国图书期刊也在苏联出版发行，但是苏联给中国的图书期刊资料要比苏联从中国得到的多，这是中苏两国图书期刊合作的特点，由此可以看出苏联给中国以较大的援助。

5.4.2 进行技术交流

在科学技术合作中，中国与苏联进行了广泛的技术交流。在中国引进苏联技术的同时，苏联也吸收中国的某些技术成就，同时中国也与东欧人民民主国家进行了一些技术交流。尽管苏联引进中国技术的规模小、技术层级较低，但同样促进了苏联的发展，推动了中苏双方的进一步技术交流。

1. 苏联吸收中国的某些技术成就

苏联和东欧兄弟国家对派遣专家小组到国外进行专题考察的技术合作方法都非常重视。因为这种方法可以组织优秀技术人员有准备、有目的地就地进行深入系统的参观考察，能够在较短的时期内吸收对方在某一方面的科学技术成就和经验，提高本国的科学技术水平，少走弯路，缩短不必要的摸索过程。

例如，根据初步计划，1954年兄弟国家通过科学技术合作提出要求自费派遣专家来我国进行专业技术考察，并已和我国正式取得协议的共计六十三至七十三名。计苏联二十九至三十名、波兰十二至十七名、捷克十三至十六名、民主德国八名、罗马尼亚一至二名，将分别根据专业由重工、一机、燃料、轻工、纺织、地方工业、铁道、水利、农业、卫生、外贸、文化等部及上海市财委等十二个部门来接待。

兄弟国家派遣考察专家来我国的目的大致为：第一，因我国对某些生产技术有长期实践的经验，愿吸取我国的特长，如人参等药草的栽培和使用方法、陶瓷的配方和烧制方法、烟草的配方及其加工方法、蚕的养育和丝麻的加工方法；第二，因我国在反细菌战、水利、铁路运输等工作上有一定成就，愿来我国了解和学习，如防洪、防汛建筑的技术及铁路运输的情况等；第三，因中国地域广阔，物产种类繁多，愿了解这方面情况，以配合其本国

[①] 钱俊瑞：《比钢铁更坚固的友谊》，载《人民日报》1959年2月14日，第2版。

社会主义的建设，如芳香油植物及亚热带油漆原料的栽培情况等；第四，为研究我国某方面情况，藉以使其本国出口的产品更适合于我国使用，如电机的绝缘（电机绝缘如不适宜于当地气候条件，影响机器寿命很大）、光学排字机的研究等①。

又如，苏联学习中国的竹筋混凝土的生产技术。1959年5月14日，格鲁吉亚加盟共和国部长会议科技委员会主席Г. 米克拉泽在致苏联部长会议科技委员会主席Ю. Е. 马克萨廖夫的函《关于借鉴中国竹筋混凝土的经验》中指出：

> 格鲁吉亚竹筋混凝土的开发同一些研究工作和理论实验性工作的完成紧密相关，这些工作需要花费一些资金和时间，主要是要依靠竹子作为加强料来保障混凝土的黏着力。
>
> 根据文献资料，中华人民共和国掌握了竹筋混凝土的生产，关于寻找绝缘材料的组成问题已经解决。但是在这些文献资料中没有给出关于绝缘材料的组成的数据以及关于生产竹筋混凝土工作的特点。
>
> 考虑到，竹子和竹筋混凝土在民用、工业和农业建设中都有广阔的前景，为了真正在我国使用竹筋混凝土，我们认为需要了解中国生产和使用竹筋混凝土的丰富经验，为此应该派遣三名专家到中华人民共和国（到中华人民共和国建设部和哈尔滨工学院）出差一个半月，他们到中国出差的这些地方在就建设中使用竹子而开展的研究工作已经非常充分了。②

基于上述考虑，格鲁吉亚加盟共和国部长会议科技委员会请求，在就上述问题向中华人民共和国派遣专家一事上提供帮助。

总体来讲，苏联对中国的学习不够。例如，关于苏中科技合作状况，1959年1月27日，苏联驻中国临时代办С. 安东诺夫的报告指出：

> 在1958年，苏联专家十分注意学习中国的成功经验和成果，"借鉴中国的成功经验提出了200多条建议。但是，有一些苏联专家和科技工作者对中国的成功经验缺乏应有的兴趣，把自己封闭在旧知识和陈旧观念的狭小圈

---

① 国家建委、对外贸易部：《呈请批准〈关于接受兄弟国家专业技术考察专家的一些规定（试行）〉的报告》（1955年1月13日），引自中国社会科学院、中央档案馆编：《1953—1957中华人民共和国经济档案资料选编·固定资产投资和建筑业卷》，中国物价出版社1998年版，第433~434页。

② 沈志华主编：《俄罗斯解密档案选编：中苏关系（1-12卷）》第8卷（1958.4-1959.10），中国出版集团2015年版，第356~357页。

子里。国家对外经济联络委员会驻中国代表处对来华苏联专家的这一重要方面的工作，没有给予足够的重视。"①

2. "122项协定"以后，中苏进行广泛的科技合作

1958年1月，中苏签订"122项协定"以后，双方技术交流更加深入全面地进行。"122项协定"规定：中苏两国进行全面科技合作，巩固和发展两国科研部门之间的直接联系，两国科学家的往来不再采取长期大批聘请的方式，而以科学家"短期学术出差"的方式为主；建立专门机构，解决非商品型的科研设备、器械、仪器、样品、材料、试剂以及小剂量零星器材的供应问题。成立监督机构，中方为国家科学规划委员会（后改为国家科学技术委员会），苏方为部长会议国家科学技术委员会（简称"苏联国家科委"）。据此，中苏进行了广泛的科技合作，苏联帮助中国开展了科研活动。

第一，中苏两国科研部门进行广泛的交流。

1958年，苏联专家、学者与中国专家、学者一起进行了许多重要学科问题的研究，两国科学家一起进行科学考察活动，多种形式的科技合作得到充分体现和发展。

例如，1958年，"苏中科学家对阿穆尔河（黑龙江）流域的资源情况进行了联合考察，成果显著，通过大量的科学考察工作，取得了对这一地区的经济发展非常珍贵的资料。苏中天文学家联合观察日食的科研活动是十分有益的，他们在观察过程中做出了许多重要的科学结论和总结"。1958年，访问中国的苏联学者和专家就某些问题提供过咨询，参加过学术会议，做过报告，帮助中国解决了许多极为重要的科学技术问题。据统计，1958年，苏联学者和专家讲课和做报告达500多次。

中国学者注意学习苏联的科技成果，努力尽快掌握其成功的经验，特别是能够产生巨大经济效益的经验。如在苏联科学院自动化和遥控力学研究所加夫里洛夫教授做过答疑和学术报告之后，当时最先进的无接触遥控复合系统的研究工作在中国得到普及。雷宾德尔院士关于更经济地利用水泥的建议

---

① 沈志华主编：《俄罗斯解密档案选编：中苏关系（1-12卷）》第8卷（1958.4-1959.10），东方出版中心2015年版，第329页。

第5章 苏联人力资源与企业管理技术等的引进

开始被采纳使用①。

第二，苏联高教部和中国教育部进行科技合作。

1958年1月18日协议规定应完成90项科技研究课题，但是某些课题的研究工作进展得不平衡。根据中国方面的要求，苏方把更多的注意力放到了新技术、新产品、先进的工艺及水利技术建设方面的课题上。有关理论问题研究的学术课题完成情况不令人满意。其中，在协议规定的69项学术课题中，只有32项在苏、中高校之间做了安排。

1958年的计划规定，"在144所苏联院校和80所中国院校进行科技合作，但实际上只安排了56所苏联院校和45所中国院校。不是所有的中国高等院校都积极按照共同的科研课题与苏联高等院校建立联系。许多中国高等院校并不了解苏联高等院校的具体情况，对苏联高校的状况和科研课题的发展前景都不了解。远非所有参加联合科研工作的苏联高等院校都主动采取必要措施，执行科研工作计划。1958年，两国高等院校没有就具体联合科研工作进行科学工作者交流，给完成工作计划造成了困难"。②

在1958年1月18日所签协定的基础上，苏联高等教育部与中国教育部之间制定了联合科研合作计划，该计划由两国的高校负责完成。

按照1958年的计划，25所中国高校（其中有11所综合大学）与27所苏联高校（其中4所综合大学）就完成85个科研课题展开了合作。

1959年，有29所中国高校（其中12所综合大学）与27所苏联高校（其中5所综合大学）参与合作。1959年，高等教学机构在完成114项课题方面开展了大量的工作。

中国和苏联高等院校共同开展工作，取得了很多成果。在新技术和新工艺领域，莫斯科钢铁学院与上海交通大学理工学院及北京钢铁学院共同进行研究。1959年，中国和苏联高等院校共同开展了"用中国自有元素制成新牌号合金钢的科学研究"项目，研究了在普通加热条件下奥氏体状态对动力学的影响和3种过冷奥氏体钢的等温转变机理，采用感应加热，绘制了钢淬火所允许的最佳状态曲线。

---

① 沈志华主编：《俄罗斯解密档案选编：中苏关系（1-12卷）》第8卷（1958.4—1959.10），东方出版中心2015年版，第329~330页。
② 沈志华主编：《俄罗斯解密档案选编：中苏关系（1-12卷）》第8卷（1958.4—1959.10），东方出版中心2015年版，第330页。

工业化进程中的技术引进（1949－1965）

另外，双方还开展了"炼钢过程机理与动力学研究"项目，共完成了7个课题，"电热处理时相变与工艺研究"项目完成了4个课题，"新型冶金熔炼炉机组"项目完成了2个课题，"金属压力加工理论"项目完成了4个课题，"高温合金研究"项目完成了13个课题。①

第三，苏联在地质等多领域与中国进行科学合作。

本书在此仅以两国在地质领域的合作为例进行说明。

两国政府在1958年1月18日签署的协议规定了双方要共同解决的一些科技问题，以及苏联应协助中国解决的一些问题，其中包括对地质和矿藏的远古厚层进行研究、绘制欧亚大陆的地质地图、考察古生物地层等工作。

1958年8～9月，全苏地质科学研究所专家对中国进行了访问，同北京地质研究所的工作人员一起对上述问题进行了研究，协调了立场，并通过了双方在1959年的工作计划。

与中国地质部地质研究所建立联系后，苏方通过全苏地质科学研究所、全苏地质学图书馆或直接向北京地质研究所的代表转交了在苏联印制的一些地图、专著、教学指南、关于各种地理问题的指示等。苏方对中国各地区岩石的绝对年龄进行了确定，并把相关的结论送交北京地质研究所。苏方从中国方面得到了各种关于地理问题的专著和文章。苏联专家对中国地质部地质研究所的工作进行了了解，并根据全苏地质科学研究所的方针共同制定了直接进行科技合作的选题。期间，中国地质学家代表团对苏联进行了访问，了解了全苏地质科学研究所的工作，研究了需要共同完成的一些课题。

在研究过程中，全苏地质科学研究所的工作人员以及苏联其他地质机构的工作人员使用了来自中国的关于各种地质问题的研究材料，这些材料使得苏联专家可以确定一些新的地质数据和中国的矿藏，解决许多共同的地质问题，其中包括对一些古老的厚层的研究、对生物地层学的研究、大地构造学研究以及对矿藏分部规律的研究。同时，双方共同制定了一些研究的课题：绘制欧亚大陆的地缘地图、研究古老的地层、进行古生物学地层研究。②

---

① 沈志华主编：《俄罗斯解密档案选编：中苏关系（1－12卷）》第8卷（1958.4—1959.10），东方出版中心2015年版，第85～89页。
② 沈志华主编：《俄罗斯解密档案选编：中苏关系（1－12卷）》第8卷（1958.4—1959.10），东方出版中心2015年版，第356页。

5.5 案例研究一：苏联专家在一汽

聘请苏联专家，成为中国学习苏联先进技术和经验的一条捷径，对于国家恢复与发展国民经济起到了重要作用。第一汽车制造厂的勘测、设计、设备和材料供应、施工、生产等都是在苏联政府和苏联专家帮助下进行的。苏联专家认真负责，精心指导，为一汽建设做出了巨大贡献。

5.5.1 专家人数

1949 年 11 月 1 日，奉政务院令，重工业部成立，陈云任部长，何长工、钟林、刘鼎任副部长。1950 年 1 月，刘鼎要求重工业部专家办公室主任郭力和计划司的孟少农着手筹建汽车工业。1950 年 2 月，全国机械工业会议讨论了汽车厂建设问题，决定成立汽车工业筹备组。

1950 年 2 月 14 日，中国与苏联签署《中苏友好同盟互助条约》《中华人民共和国中央人民政府苏维埃社会主义共和国联盟政府关于贷款给中华人民共和国的协定》等。根据两国政府的协定，苏联同意给予中国 3 亿美元贷款，帮助中国新建和改建 50 个工业企业，其中包括建设一座现代化的汽车制造厂，即后来建于长春的第一汽车制造厂。

从 1953 年上半年开始，苏联专家陆续来到一汽。1953 年 6 月 14 日，第一批以苏联首席专家波·伊·希格乔夫、总训练专家巴·依·布列托夫为首的苏联专家团来到长春一汽，成员包括管路专家、机动专家、电气专家、化学专家、焊接专家、仪表专家、热力设计专家、运行专家等。希格乔夫担任专家组组长，协助一汽领导统筹全局，制定各种重大措施，带领全体苏联专家传授技术和管理经验，指导施工、安装、生产准备、组织生产等。

在 1953 年 7 月一汽正式奠基后，开始大量聘请苏联专家。从建厂到投产，苏方先后向一汽派遣了教育、设计、土建、机械、冶金、动力、工艺、工具、技术检验、设备维修、生产组织等方面的专家。据档案记载，1953～1956 年，一汽先后聘请 188 名苏联专家来厂进行技术指导。其中，土建专家11名,热电站专家28名,教育专家5名,生产专家144名。[①] 到1958年,由于客观形势的变化以及一些专家的聘任合同期满回国,在长春一汽工作的苏联专家减少至21人。[②] 而到20世纪60年代初已所剩无几。

5.5.2 筹备建厂

在确定援助中国建设汽车厂项目后,苏联派遣有经验的专家指导建厂。1951年2月10日,重工业部委派孟少农陪同苏联专家、全苏汽车拖拉机设计院主任设计师沃洛涅茨基(又译为"沃龙涅茨基")等去长春考察选址。15日,苏联专家和孟少农一行前往长春,经实地踏勘,他们认为长春市孟家屯车站铁路以西一带具备建厂条件,可选定为厂址。

1951年3月19日,经当时政务院财经委员会审查批准,将我国第一个汽车厂厂址设在长春孟家屯车站西北侧地区,厂名定为长春第一汽车制造厂(简称"一汽")。此后,按照苏联专家的要求,长春建设局在当月就完成了厂区2万平方公里的测量绘图。中国科学院地质勘察队根据苏联专家所定的勘察范围、项目及钻探试验位置,分期展开勘测工作。东北工业部土建设计工程公司地质队完成了厂址的工程地质探测和气象水文资料收集。东北科学研究所配合分析土样。清华大学土木工程系学生测量队于7月中旬完成约1.5平方公里的测量。全部现场勘测资料翻译成俄文后送全苏汽车拖拉机设计院作为工厂设计的依据。[③]

自1953年6月起的半年中,在苏联专家的提议与指导下,一汽先后建立了生产处、设计试制处、工艺处、冶金处、机械处、动力处、技术保安科及机修车间、工具车间等。

截至1954年10月底,在苏联专家真诚的帮助和现场指导下,在保证工程质量的基础上,第一汽车制造厂的建设已经完成了年度建厂任务的95.7%,101、103、108等工区先后超额完成了年度计划。[④]

同时,苏联专家还拟制了机械处、工具处、动力处、技术教育处、工具车间、机修车间、安装车间等单位的组织工作章程,并结合章程的内容进行

---

① 柳晓燕:《苏联专家援建长春一汽纪实》,载《中国档案》2015年第3期,第78页。
② 《苏联专家在长春》,长春文史资料第88辑2012年版,第2页。
③ 张柏春等:《20世纪50年代苏联援建第一汽车制造厂概述》,载《哈尔滨工业大学学报(社会科学版)》2004年第4期。
④ 《苏联专家在长春》,长春文史资料第88辑2012年版,第346页。

第5章 苏联人力资源与企业管理技术等的引进

备课，使各新单位的干部能很快明确自己的职责任务与工作方向。有些干部反映说："专家提供的组织工作章程是指导我们开展业务工作的法宝。"工艺处中央设计室工作方向不明确，把工作重点错误地放在图纸复制上，工作比较混乱。自从设计专家来厂后，才明确了工作方向，把工作重点转到了设计工作上，并逐步建立了工作程序，使工作迅速地推向前进。

针对一汽在安装准备与生产准备工作中所存在的弱点，总专家希格乔夫提出的"设备安装准备进度表""零件生产准备进度表"，对生产准备起到了极大的推动作用。在安装工作方面，专家提出了"桥式天车验收技术条件"及"桥式天车安装保安条例"，这为桥式天车安装的顺利进行创造了有利条件。土建施工专家提出了宿舍区地基处理办法，使施工中预防了可能发生的基础沉陷事故。辅助工场吊车架技术设计是45A的工字梁，施工图改为36A的工字梁，当领用这批工字梁时，建筑公司供应处因为没有36A的工字梁，曾几次要求以45A的工字梁代替，专家坚持不同意。这样既满足了设计的质量要求，同时又节省了十余吨钢材。

苏联专家还经常深入现场具体指导安装工作，及时纠正安装工作中的各种缺点与错误，从而保证了安装质量，完成了一汽建厂开工初期所需要的重要准备。

1953年6月，毛泽东签发了《中共中央关于力争三年建设长春汽车厂的指示》，并为汽车厂奠基题词"第一汽车制造厂奠基纪念"，7月15日，第一汽车制造厂奠基。此后，在全国的支援下，一汽建厂进度大大加快。

5.5.3 设计工作

1950年8月2日，重工业部副部长刘鼎主持召开第一次汽车工业会议，讨论汽车工业建设的方针与步骤，会议建议，优先制造载货汽车，按照苏联汽车工业标准建立汽车工业基地，聘请苏联专家承担汽车的全部设计。

中苏双方协商议定，苏联汽车拖拉机工业部为总设计单位。1950年12月2日，苏联汽车拖拉机工业部派遣工厂设计专家小组总设计师沃洛涅茨基、设计师基涅谢夫到达北京，带来了苏方援助建设汽车厂的协议。两位苏联设计师计划在3个月内了解中国工业情况，准备计划任务书，帮助选定厂

工业化进程中的技术引进（1949－1965）

址，进行厂址的初步测量与工程地质勘探，收集设计所需要的资料。①

1951年4月，来华苏联专家小组编写出长春汽车制造厂设计计划任务书。该任务书规定了工厂的生产纲领、工作制度、工厂构成、协作配套、动力供应和建厂进度。同一个月内，重工业部初步审查了设计计划任务书并报请政务院财经委员会审批。当月，政务院财经委员会就批准了该任务书。初步设计被批准后，苏方的各项设计工作全面展开。1952年，由苏联汽车拖拉机设计院组织数百人进行的工厂初步设计完成，并通过国家审批，这其中不仅包括产品设计、建筑设计、安装设计、工艺设计及组织设计，还包括全套的工艺装备（工具、卡具、冲模、模型）设计、各种非标准设备设计等。

莫斯科斯大林汽车厂（后改名为李哈乔夫汽车厂）负责全面包建一汽，苏联提供全部的技术，比照斯大林汽车厂的规模援建中国的汽车厂，即援建后的汽车厂将拥有与斯大林汽车厂相同的设备与水平。

斯大林汽车厂担任一汽的产品设计、工艺设计及全套工艺装备的设计。苏方以该汽车厂为主，联合26个苏联设计单位，组织600多位设计人员完成了一汽的全部工艺和施工设计，并提供了4吨载货汽车的产品设计图纸和整套技术资料。斯大林汽车厂为此成立了专门机构（A3-1，即一汽），总工艺师茨维特柯夫任总负责人，抽调100多名有经验的专职人员（大多数为各车间的技术科长）担任项目负责人，有效地组织设计工作。从1954年开始，斯大林汽车厂进行了繁重的技术物资准备工作，该厂副总工程师波依柯协调全厂援建中国汽车厂的具体工作。②

斯大林汽车厂除成立了第一汽车制造厂的专门机构之外，还在每一个车间里都指定了专门的技术人员承担各车间的设计任务，并且在所有的职能处中与各个车间里都指定了专门人员为一汽进行组织设计。在斯大林汽车厂里到处都可以看到为第一汽车制造厂而工作的人们。

另外，一汽设计处配合苏方的设计工作，组织翻译一汽的初步设计、技术设计资料。对此，1956年12月25日，一汽设计处在总结关于1955～1956年专家工作时指出：受本厂聘请的汽车总设计师费司塔专家是于1955

---

① 张柏春等：《20世纪50年代苏联援建第一汽车制造厂概述》，载《哈尔滨工业大学学报（社会科学版）》2004年第4期，第228页。
② 张柏春等：《20世纪50年代苏联援建第一汽车制造厂概述》，载《哈尔滨工业大学学报（社会科学版）》2004年第4期，第230页。

年3月6日开始到我处工作的。在将近两年的时间内，专家对设计处的工作起了重大的作用。

第一，在配合生产工作中，帮助我们及时、正确地解决了生产中有关产品设计问题。

第二，在干部工作中，帮助我们培养了设计试验的基本力量。

第三，在设计试验的日常工作中，帮助我们明确了工作方向、工作方法和工作原则。

第四，在自行设计方面，指导我们做出了解放牌汽车的改进、改进型汽车的总布置和技术设计以及二轴挂车的设计。

另外，该总结列举了4个方面专家帮助开展的工作：

（一）专家教学会了处理生产问题。"专家指出设计处应面向生产，从设计的角度来保证生产，提高质量，降低成本，因此设计人员要经常下车间，及时解决生产问题；试验人员也应密切配合，协助解决生产中遇到的疑难。在专家的具体指导下，我们学会了处理生产问题的原则、方法和工作路线。"（二）专家帮助学会了如何对待协作产品。（三）专家帮助我们学会了如何进行设计工作。（四）专家教我们学会了试验和试制工作。①

5.5.4 参与生产与管理

苏联专家的工作渗透到生产和管理的各个环节。

在工程质量上，苏联专家坚持进行具体指导。从一汽的建设工程开始，苏联专家就严格地坚持质量第一原则，对一些可能造成质量事故的工程，提前做好预防工作，对一些不合质量标准的工程坚决要求返工，对出现的一些质量事故及时进行补救。

对于加速工程进度，苏联专家十分重视。苏联专家认为提前完成工程任务，早日投入生产，是对国家资源最大的节约。专家建议热电站工程在冬季施工，并具体指导做好冬季施工的准备工作。当时人们对冬季施工还毫无经验，又缺乏锅炉设备，解决不了供气问题。在困难的情况下，专家建议用一辆旧的火车头来代替锅炉放气，而现场原来就有临时铁道可用，这样既便利、又经济，而且及时保证了热电站投入冬季施工，从而大大缩短了工程

---

① 《苏联专家在长春》，长春文史资料第88辑2012年版，第151页。

期限。

　　1954年苏联提供的《生产组织设计》陆续到厂。在全国学习苏联企业管理方法的形势下,《生产组织设计》成为一汽组织汽车生产和管理企业的重要依据,或者说它使一汽基本上掌握了大工业生产的企业管理方法。1955年9月,一汽干部和职工如饥似渴地反复学习、试用《生产组织设计》,为开工生产创造条件。当时,一汽的机构设置、职责分工、各种管理的规章制度与方法、生产准备、原始记录式样、工时定额等,包括区域管理、一长制领导、经济核算三个原则,基本上都是照搬《生产组织设计》。在一汽投产以后的相当一段时间里,这套组织设计经过某些修改和完善,在企业管理中仍然起着重要作用。[①]

　　苏联专家在工作中特别关心工人和安全操作,尽量设法减轻体力劳动,并经常以斯大林的"人是最宝贵的财产"这一名言来教育干部和工人。土建施工专家在现场经常要检查脚手架的安全程度,建议把脚手架加宽,要绑上栏杆。特别是高空作业时,专家更要仔细地察看是否确实牢固可靠。

　　专家还特别强调"文明生产",建议充分发挥机械设备的效能,要用手推车代替用土筐子运土,以减轻工人的体力劳动。现场各工区在苏联专家的建议下,机械化的施工方法得到推广。在苏联专家的建议下,在进行大量的回填土工程时,以起重机夯实代替人力夯实,其效率提高了约50倍。[②]

5.5.5　培训工作

　　中方聘请布列托夫等6位苏联教育专家来一汽协助工作,组织业务培训。他协助开办了由各级干部和技术工人参加的各种短期技术学习班、进修班,初步建立起职工教育体系。

　　1954年上半年,生产教育、安装方面的苏联专家给全厂领导干部、技术人员及职工先后讲课和做报告75次。例如,总专家希格乔夫讲授的生产管理课,对学习生产管理有极大的帮助。专家提出了一汽全厂培训工作的方案,对教学组织、教学计划、教学设备、教学制度等提出了许多宝贵的意见。在专家指导与督促下,一汽全厂开办了处以上领导干部学习班,科以上

[①] 张柏春等:《20世纪50年代苏联援建第一汽车制造厂概述》,载《哈尔滨工业大学学报(社会科学版)》2004年第4期,第234页。
[②] 《苏联专家在长春》,长春文史资料第88辑2012年版,第143~151页。

干部工业企业组织与计划进修班,汽车制造生产管理进修班,工程师、技术员、机床专业进修班及工具车间、机修车间技工进修班,技术保安训练班,热处理训练班等,由此全厂的培训工作初步开展起来。

一汽积极组织职工向苏联专家对口学习,请专家讲课或做专题报告,进行实际操作表演,现场解答问题,定期安排与专家联合办公。厂长饶斌主持开办全厂处级以上干部管理学习班,自己以普通学员身份听苏联专家讲课。

苏联专家对职工教育的方针以及教学内容、教学组织、教学设备等方面提供了一整套系统而完整的建议,使全厂的职工教育工作有所遵循。其中重大建议如"工厂文化区的建设",从根本上确立了全厂职工文化教育工作的原则与实施步骤。又如专家提供的关于"开工生产前学习技术资料的干部学习规程与工人学习规程"及"关于工人培训"的建议,解决了一汽长期未解决的、极端复杂的技术资料学习及生产工人的培训问题。在专家的帮助与督促下,一汽先后开办了处以上领导干部学习班,科以上干部工业企业组织与计划进修班,汽车制造生产管理进修班,临时工具车间、临时机修车间技工进修班,以及司机学校、技工学校、中技夜校和各级业余文化学校等。这些措施直接有助于解决全厂工业管理与技术干部不足的困难,并为今后职工教育工作创造了有利条件。①

3年建厂期间,苏联专家讲授专业技术知识1800多次,为一汽培养了240多名工程技术人员和管理干部。苏联专家的工作使中方人员的技术与管理能力有了很大提高。②

除了现场向苏联专家请教和学习,建厂期间,一汽还先后派出包括领导干部、管理人员、技术干部、技术工人在内的各类岗位人员,远赴莫斯科斯大林汽车厂进行学习。

根据1953年9月15日中苏在莫斯科签订的112176号合同,一汽在1953~1955年间向苏联派出了实习生250名。1953年11月2日,第一批39名实习生赴莫斯科。1956年,根据苏方指导和中方代表提名,一汽先后选派饶斌、郭力等厂领导,各处、车间、科室主要负责人,各工段段长、工长、调整工领导干部及管理人员、技术干部和技术工人共539名,由实习团

---

① 《苏联专家在长春》,长春文史资料第88辑2012年版,第139页。
② 张柏春等:《20世纪50年代苏联援建第一汽车制造厂概述》,载《哈尔滨工业大学学报(社会科学版)》2004年第4期,第233页。

长郭力带领到斯大林汽车厂实习一年左右。

斯大林汽车厂为一汽的实习生创造了各种方便的条件，并按照每个人的专业指定了专门的导师。每个导师都十分热情、循循善诱地指导中国实习生的实习。

在苏联指导人员的帮助下，实习生基本上掌握了从苏联引进的全套制造技术和管理方法，回国后大多数担任了一汽的车间、处、室等各级领导，以及工程师、工艺师和技师等职务，起到了骨干作用。

5.5.6 专家建议及其贯彻

苏联专家在一汽工作期间，从土建施工、产品、工艺设计，到干部、工人培训都进行了具体指导，积极帮助克服施工中的困难，及时发现问题并提出建议。

例如，在1955年4月6日，长春市人民政府工业局《关于贯彻一汽苏联专家建议情况的报告》的附件《苏联专家建议》"关于建立长期协作的长远考虑问题"中指出：要根据第一汽车制造厂的数量，逐年要求考虑自己工厂的设备和技术计算能力，酌量留一些后备力量。不足部分可请工业局确定投资量，根据汽车厂的计划制订合作产品计划大纲，而且现在就要动手计算生产能力，以便保证将来供应。试制工作也须考虑大量生产的需要，这样来处理有关问题才好。

在"技术管理问题"方面要求：

第一，要制订技术工艺文件，把工艺操作过程用文件固定下来，如：电木制品压型时间虽答复是一分四十秒，但没有记录，这样改进技术就无标准，因此工艺要很好固定下来。现在不能等待苏联工艺资料，应自行编制，且需依据自己的设备能力来做。

第二，要求加强技术检验机构，补充力量，在技术上能掌握这项检验工作，在思想上明确不是为本厂厂长服务的，而是为国家服务，并且要建立质量标准和检验制度。必须增添现代化的检验设备和仪器，才能改进质量，使产品质量提高。

第三，材料来源要固定，能够保证质量和不断地供应，必须把材料固定下来。

这份报告强调：这些建议带有根本改造地方工业，有效提高现有生产技

第5章 苏联人力资源与企业管理技术等的引进

术水平的方针性的问题，同时也协助解决一些具体困难及指出在试制过程中的一些严重缺点。总的专家指出：经过参观两厂，不但可以承制第一汽车制造厂的产品，同时也能达到苏联标准，但必须克服单纯等待技术资料，不能从积极行动中主动收集资料，反复不断试制，才有可能达到标准，以纠正过去材料供应工艺规程不固定的状况。①

在成本管理上苏联专家随时提出合理化建议，为建设工程节省了大量能源和生产费用。例如，103工区1955年8月执行了专家提出的方块地板代替六角地板等五项建议，降低成本超过9.5亿元（旧人民币，新旧人民币的比值为1∶10000）。……热电站苏联专家建议热电站锅炉由重油点火改为添装点火灶点火，专家还亲自与北京有关单位联系索取此项改装的设计图纸，具体指导点火灶的添装工作，仅这项建议，将使一汽每日可节省重油60吨（以一汽正式生产计算），每年可节省430多亿元。

1955年11月，工具设计专家提出了减少图纸复制份数的建议，这项建议不仅可以节约图纸柜的费用十余亿元，而且在节约管理人力上及避免更改出错、造成混乱的价值上更难以计算。其他如节约三四亿元的建议也达10余件。②

苏联专家的建议在实际中得到了较好的执行。1955年4月6日长春市人民政府工业局《关于贯彻一汽苏联专家建议情况的报告》的附件《苏联专家建议》中，还提出了对苏联专家建议的贯彻意见，其中，在工厂发展远景问题方面的贯彻意见是：

第一，制订生产大纲——估计力量和投资，制定工厂发展远景计划问题。五金厂的发展早已确定为第一汽车制造厂的红星工厂，从具体条件来看，该厂厂址面积有空余，生产对象已确定，种类和数量尚可商定。目前的生产能力也能计算，因此制订该厂的总体计划是有条件、有可能的，因此要责成该厂充分估计计算生产能力。工业局与第一汽车制造厂商定，有可能增加的合作部件、种类、数量，于1955年底前订出总体计划，并请第一汽车制造厂的专家、工程师协助确定。

第二，合作部件应集中一个厂制造问题。1955年的试制是所有部件，

---

① 《苏联专家在长春》，长春文史资料第88辑2012年版，第195~196页。
② 《苏联专家在长春》，长春文史资料第88辑2012年版，第137、200页。

工业化进程中的技术引进（1949—1965）

绝对要按照技术要求再行试制，即行投入生产。同时结合五金厂发展远景来看，1955 年在未开始试制以前，应按产品加工性质加以调整，适时也是必要的。因此，除服装、玻璃等三厂仍然继续试制造既定的合作产品外，将度量衡的全部（五种）合作产品，电材厂的五种合作产品立即集中到五金厂。同时也要把这 9 种产品有关图纸、工具以及设备投资（如压铸机）等全部交代与五金厂，并适当地向五金厂调配较好的技工和技术人员。

在技术管理方面的贯彻意见是：制定工艺技术文件，把工艺过程用文件固定下来，加强检查机构，补充力量，健全检验制度，增添检验设备和仪器问题。材料来源要固定，保证供应，对进厂的材料要化验。①

据统计，在 1954 年上半年中，生产教育、安装方面的专家书写各种书面材料 38 份，共提建议 856 件（尚不完全）。其执行情况为：立即全部认真执行者 447 件，占全部建议的 52%；基本上执行者 71 件，占 3.2%；正在执行者 224 件，占 26%；正在执行，但甚迟缓或不认真者 26 件，占 3%；未能执行者 52 件（其中重大建议 9 件），占 6.1%；留待执行者 29 件，占 3.4%；不采纳者 6 件。上述统计数基本上代表了全部建议的执行情况。在检查中尚发现一些过去没有记录口头建议，总专家的谈话一直没有专人记录，因此都没有能统计在内。②

从 1952 年 7 月到 1955 年 9 月底，苏联专家对建厂工作的各个方面所提出的建议共 5778 件（不完全统计）。这些建议都是根据苏联的先进经验与我们的实际问题提出来的，内容十分广泛，但就总的精神说，都严格地贯彻了社会主义的原则，对建厂工作所起的指导作用是难以估计的。③

从 1953 年 7 月至 1956 年 12 月，苏联专家就基建、安装、生产、质量、安全和节约等方面的工作提出书面和口头建议 19903 条。这些建议对于保证建设速度、解决技术难题、提高管理水平、培养干部等都起到很好的作用。④

---

① 《苏联专家在长春》，长春文史资料第 88 辑 2012 年版，第 196~198 页。
② 《苏联专家在长春》，长春文史资料第 88 辑 2012 年版，第 133~135 页。
③ 《苏联专家在长春》，长春文史资料第 88 辑 2012 年版，第 136~142 页。
④ 张柏春等：《20 世纪 50 年代苏联援建第一汽车制造厂概述》，载《哈尔滨工业大学学报（社会科学版）》2004 年第 4 期，第 232 页。

第 5 章 苏联人力资源与企业管理技术等的引进

总的看,在 1953~1960 年期间,苏联专家在一汽共提 20000 条意见①,并且得到了很好的执行,相比当时的国营企业,其执行比例比较高(见表 5-7)。

表 5-7　　　　　　部分企业执行苏联专家建议的情况

单位	时间	提出建议（条）	执行建议（条）	执行比例（%）	未执行的主要原因
阜新矿务局	1949~1954 年 3 月	516	340	66.89	条件不足和设备未到
石景山钢铁厂	1950~1955 年	561	442	78.78	不详
第一汽车制造厂	1953 年 6~9 月	69	54	78.26	条件不具备
第一汽车制造厂	1953~1960 年	20000	19950	99.75	事关重大,以后再议
鞍山钢铁公司	1957 年	176	158	89.77	条件不宜或正在商议
鞍山钢铁公司	1958 年	262	绝大部分		不详

资料来源:根据辽宁省档案馆、吉林省档案馆和鞍山钢铁公司档案馆档案整理,转引自沈志华:《苏联专家在中国(1948—1960)》(第 3 版),社会科学文献出版社 2015 年版,第 249 页。

5.5.7　对专家工作的评价

从 1953 年 7 月建厂工程正式开始,苏联政府陆续为一汽选派了各个方面的专家,具体指导厂房工程的施工和生产准备工作。在建厂过程中,一汽每前进一步都遇到重重困难,摆在建厂者面前的是一系列的重大问题,如施工与生产准备的组织工作、保证工程质量、节约资金、加速工程进度、职工培训等。这些问题对一汽来说都是新的,本身没有经验,必须依靠苏联专家的帮助才能解决,在苏联援建专家们真诚无私的付出与努力下,经过短短 3 年的努力,1956 年 7 月 13 日,第一辆国产解放牌汽车就开出了总装配线。由此,我国第一个汽车工业基地诞生。

对此,1955 年 2 月 9 日,一汽专家工作室《第一汽车厂关于建厂以来专家给我们的巨大帮助情况总结》客观地评价了苏联专家的工作:用我们

---

① 沈志华:《苏联专家在中国(1948—1960)》(第 3 版),社会科学文献出版社 2015 年版,第 249 页。

职工所爱说的话："我们离开了苏联专家真是寸步难行。"①

同时，苏联专家忘我的劳动热情和高度的责任感，对我们干部所起的教育作用甚大，成为推动我们工作前进的有力因素。在现场雨季施工的日子里，专家风雨无阻，深入现场指导工作。往往是哪里的困难多，专家就往哪里去。……总专家希格乔夫同志在建厂的初期一面紧张地协助施工，一面又忙着指导进行生产准备工作，工作是十分繁重的，往往是到了深夜十二点钟以后还伏在桌上，研究白天所遇到的各项重大问题，但是人们在工地里却经常看到他。……专家平时对我们中国同志极为热情、关怀。遇到我们工作有困难的时候，专家总是一次两次地耐性解释，直到懂了为止。②

对于许多专家，中国都给予了充分的肯定。1955年3月6日，汽车总设计师费司塔专家开始到一汽设计处工作。在将近两年的时间内，他对设计处的工作起了重大的作用。"费司塔专家那种老老实实、谦虚谨慎，从实际出发的工作作风，以及处处注意节约，坚持设计原则，为生产服务的方针和工作原则，给我们留下了极为深刻的印象和良好的榜样。"

1954年11月7日第一汽车厂和中建部直属工程公司全体职工为庆祝十月革命胜利37周年给苏联专家的慰问信更是高度评价了苏联专家的工作："你们以忘我的劳动热情，无私地向我们传授了苏联的先进经验和科学技术，使我们各级干部、技术人员和广大职工，提高了业务水平和技术水平。你们的帮助，推动了我国社会主义事业胜利前进。"③

5.6 案例研究二："马钢宪法"的引进和"鞍钢宪法"的产生

"一五"计划期间，在苏联援建中国的156项工程中，有24项安排在辽宁，其目的就是要基本完成以鞍山钢铁联合企业为中心的东北工业基地的新建和改建。从此，鞍钢成为新中国钢都，是引进苏联"马钢宪法"管理

---

① 《苏联专家在长春》，长春文史资料第88辑2012年版，第136页。
② 《苏联专家在长春》，长春文史资料第88辑2012年版，第136~142页。
③ 《苏联专家在长春》，长春文史资料第88辑2012年版，第346页。

第5章 苏联人力资源与企业管理技术等的引进

方法的企业,也是我国工业企业管理大法"鞍钢宪法"的发源地[①]。

5.6.1 新中国建设鞍钢被列为"重中之重"

钢铁工业是国民经济的支柱产业之一。1948年2月19日,人民解放军解放鞍山。1948年3月初,中国共产党接管并逐步恢复了原由日本人经营的鞍山钢铁公司(简称"鞍钢")。经过战乱的严重破坏,该厂已处于停产状态。鞍钢的恢复和发展成为一项重点任务。1949年春,毛泽东发出"鞍山的工人阶级要迅速在鞍钢恢复生产"的电令,鞍钢开始全面恢复生产。1949年7月,苏联专家罗曼诺索夫一行11人被邀请到鞍钢,帮助恢复生产。

鞍钢是156项工程的第一批项目之一。1950年初,毛泽东、周恩来率领的中国党政代表团和苏联政府在莫斯科签订《中苏友好同盟互助条约》及贷款协定,3月27日又签订《关于苏联给予中华人民共和国在恢复和改造鞍山钢铁公司方面以技术援助的协定书》,并在10月25日签订了《补充议定书》。苏联列宁格勒黑色冶金设计院总承包鞍钢的设计,参加设计工作的还有苏联黑色矿山设计院、耐火材料设计院、列宁格勒电力设计院、建筑设计院、钢结构设计院、给排水设计院、哈诺布尔设计院和苏联第五托拉斯。苏联的工程设计分为初步设计、技术设计和施工图三个阶段。1950年7月,苏联政府派遣设计组一行42人来鞍钢收集资料,为进行初步设计做准备。1951年10月12日,苏联编制的《恢复和改造鞍钢总体规划初步设计图》(120卷)交付中国政府。1952年2月26日,中央人民政府批准了总体初步设计[②]。此后,随着工作的展开,中苏双方又陆续签订了关于鞍钢的一系列设计合同、补充协议书或议定书。苏联在鞍钢的设计图纸、生产工艺、成套设备、管理制度、人员培训以及设计技术等方面进行了技术援助。

1952～1962年,鞍钢恢复与改建的主体成套设备大部分由苏联制造。其中无缝钢管厂、大型轧钢厂和七号炼铁炉这"三大工程"设备来自苏联68个城市148个工厂,总计162259吨,占该3项工程设备总重量的85%[③]。同时,鞍钢还委托国内28个城市237个工厂按照苏联图纸或仿造样机,试

---

① 刘振华:《"鞍钢宪法"出台始末》,载《中国档案》2009年第12期,第82页。
② 鞍钢史志编纂委员会编:《鞍钢志(1916—1985)》,人民出版社1991年版,第116页。
③ 鞍钢史志编纂委员会编:《鞍钢志(1916—1985)》,人民出版社1991年版,第163页。

制机械设备 52 种、电器设备 317 种，两项占该三项工程设备总量的 15%。

关于设备管理，苏联专家还向鞍钢提供了 18 种管理表格。这套表格和管理制度几经修改，一直沿用到 1985 年。

根据中苏协议，苏方先后派遣 340 名专家到鞍钢工作，其中，56 名分别担任鞍钢公司总顾问和部门顾问，92 名生产专家工作在厂或车间的开工小组。为在国内培训技术人员和工人，苏联专家在 1949～1960 年间讲授了 2800 余场次技术课程。鞍钢则于 1951～1957 年间陆续派遣了干部、技术人员和工人共 845 名去苏联的钢铁企业、研究院所和大专院校学习、考察、培训，学习苏联冶金生产技术、建设和管理经验，时间长则 2～3 年，短则 3～5 个月。为了加强鞍钢修复和建设的领导，党和国家从东北、华北、华东先后调来 500 多名县地级以上领导干部支援鞍钢，并从中南、华东招聘了具有较高文化和专业知识的工程技术人员及管理人员[1]。

鞍钢非常重视管理与技术革新，经过改造和扩建，炼钢厂推广"快速炼钢法"，提高了生产能力，增添了新的产品品种，于 1952 年 11 月 22 日创造出 6 小时零 9 分钟炼一炉平炉钢的新纪录，轰动全国，毛泽东为此发来贺信："祝贺你们在平炉炼钢生产上的最新成就。你们以高度的劳动热情和创造精神，在苏联专家的帮助之下，创造了超过资本主义各国水平的炼钢时间和炉底面积利用系数的新纪录。这不仅是你们的光荣，而且是我国工业化道路上的一件大事。"[2]

在苏联专家帮助下，鞍钢在 1953 年迅速建成中国第一个完全自动化的无缝钢管厂、大型轧钢厂和 7 号自动化炼铁炉三大工程。1953 年 12 月 26 日，鞍钢举行隆重的"三大工程"开工典礼，毛泽东此前发来贺信："鞍山无缝钢管厂、鞍山大型轧钢厂和鞍山第七号炼铁炉的提前完成建设工程并开始生产，是一九五三年我国重工业发展中的巨大事件。"[3]

5.6.2 苏联"马钢宪法"引进中国

中华人民共和国成立后，在工业生产的组织管理上，基本上是模仿苏联的办法。在国营企业管理中，苏联的集权化科层管理方式一长制被引进中

---

[1] 刘振华：《"鞍钢宪法"出台始末》，载《中国档案》2009 年第 12 期，第 83 页。
[2] 《建国以来毛泽东文稿》第 3 册，中央文献出版社 1989 年版，第 644 页。
[3] 《毛泽东书信选集》，中央文献出版社 2003 年版，第 437 页。

第5章 苏联人力资源与企业管理技术等的引进

国,当时苏联钢铁企业管理采用的是"马钢宪法"。

马钢即苏联的马格尼托哥尔斯克冶金联合工厂,是苏联最大的钢铁联合厂,是苏联冶金部门的示范性企业,曾在苏联冶金历史上最早掌握了巨型平炉生产合金钢的方法、在初轧钢机上轧制装甲板的技术,并在二战中为苏联战胜纳粹德国做出了巨大贡献。二战后该厂的钢和轧材迅速超过战前水平,并在新技术的基础上进行了改造。因为该厂有一套完整的工厂管理办法,是在苏联组织工业生产几十年实践中摸索出来的,在苏联具有一定普遍性,被视为苏联工业企业管理方法的泛称,甚至上升到法律高度,这就是著名的"马钢宪法"。[①] 其要点是:为了在生产过程中实行综合机械化和自动化而制定的一系列大工业本身所需要的经营管理组织形式,以及各个工艺流程和生产过程所必须遵循的规章制度和监控办法,例如实行一长制,不要党的领导;搞物质刺激、经济核算和劳动竞赛等,不要政治挂帅;专家治厂,科层管理,依靠少数专家和一套烦琐的规章制度,冷冷清清地办企业,不实现群众路线,不搞群众性的技术革新和技术革命。其核心是一长制。

实际上,"马钢宪法"在管理制度上沿袭的是以斯密与泰罗分工理论为基础的福特制,具有现代企业管理的因素,是苏联倡导泰罗制和福特制的必然结果。

"马钢宪法"在苏联具有代表性,鞍钢当时引进实行的就是"马钢宪法"这套苏联工业管理模式,所属各个厂矿全面落实一长制经验,并相应建立起总工程师、总工艺师、总化验师、总检验师、总会计师的制度。当时,对苏联的经验没有人敢怀疑。虽然这种做法对快速恢复生产、医治战争创伤起到很大作用,但也有不适合中国国情的方面。

在全国的工业企业中推行"马钢宪法",已经出现了削弱党在企业中领导地位的弊端,如何加强党组织对企业工作的领导,成为当时全国争论的最大焦点。20世纪50年代后期,群众已经开始对社会上盛行的长官意志、不尊重科学、浮夸蛮干等官僚主义行为产生反感,尤其对苏联式的一长制极为不满,这就迫切需要一种人性化、民主化的管理方式取而代之。1960年,

---

[①] 国家经贸委编:《新中国工业五十年》(1958—1960)第3部上卷,中国经济出版社2000年版,第49页。

工业化进程中的技术引进（1949—1965）

中苏两党在意识形态方面的争论与分歧接近公开化，"马钢宪法"也被批评为"地地道道的修正主义办企业路线"。对此，中国共产党积极探索新的国营企业管理方式，针对苏联一长制的弊端，提出在国营企业管理方面，实行党委领导下的厂长（经理）负责制和职工代表大会制。这一方面加强了党对企业工作的领导，另一方面则坚持群众路线，充分发扬民主，并得到中国共产党第八次全国代表大会的肯定。①

国营企业管理方式的转变，反映了中国整个经济发展模式的转变。新中国成立后，我国基本是按照苏联的工业化发展模式来开展经济建设的，在取得巨大成绩的同时，也暴露出很多问题，毛泽东对苏联模式的利弊进行了深刻的反思，辩证分析了独立自主和学习外国经验的关系，提出了要破除对苏联模式的迷信，开始对苏联式的工业发展模式提出反思。"鞍钢宪法"就是在这样的背景下产生的。

5.6.3 毛泽东力推"鞍钢宪法"

20世纪50年代后半期，中国共产党开始探索适合我国实际的工业化道路，"大跃进"开始以后，群众运动成为发展工业的重要方式，各地不断总结出适合"大跃进"要求的管理措施。

毛泽东最早对这一时期出现的企业管理制度做出概括。1959年底到1960年，毛泽东在读苏联《政治经济学教科书》时说："对企业管理，采取集中领导和群众运动相结合，工人群众、领导干部和技术人员三结合，干部参加劳动，工人参加管理，不断改革不合理的规章制度，等等。"毛泽东还说："我们要排除各种各样的迷信，其中包括苏联建设经验的迷信，例如对'马钢宪法'的迷信。"毛泽东的论述，当时没有发表，没有产生影响。对后来产生重大影响的，是1960年3月22日毛泽东对鞍山钢铁公司报告的批语。②

鞍山钢铁公司作为中国最大的工业企业，在技术革新和技术革命中走在了前面。1960年3月，中央有关部门负责人给鞍山市委打电话，要求总结

---

① 刘振华：《"鞍钢宪法"出台始末》，载《中国档案》2009年第12期，第84页。
② 国家经贸委编：《新中国工业五十年（1958—1960）》第3部上卷，中国经济出版社2000年版，第48页。

第 5 章　苏联人力资源与企业管理技术等的引进

鞍钢经验，向中央报告①。

在大量事实的基础上，鞍山市委经过反复讨论，以鞍钢技术革新和技术革命活动为主要内容，起草了《鞍山市委关于工业战线上技术革新和技术革命运动开展情况的报告》。该报告在列举大量事实、讲了取得的成绩和经验之后，指出：继续彻底地批判坚持一长制、实行经济和技术挂帅、依靠少数专家办企业的资产阶级路线，坚决地贯彻执行坚持党的领导、坚持政治挂帅、依靠广大群众办企业的无产阶级路线；继续彻底地批判和克服教条主义和"贾桂思想"，进一步树立敢想敢说敢做的共产主义风格，使运动一浪高一浪地向前发展。这个报告总结了鞍钢的经验，1960 年 3 月 22 日，毛泽东看后给予高度评价，他批示：

鞍山市委这个报告很好，使人越看越高兴，不觉得文字长，再长一点也愿意看，因为这个报告所提出来的问题有事实，有道理，很吸引人。鞍钢是全国第一个最大的企业，职工十多万，过去他们认为这个企业是现代化的了，用不着再有所谓技术革命，更反对大搞群众运动，反对两参一改三结合的方针，反对政治挂帅，只信任少数人冷冷清清的去干，许多人主张一长制，反对党委领导下的厂长分工负责制。他们认为"马钢宪法"（苏联一个大钢厂的一套权威性的办法）是神圣不可侵犯的。这是一九五八年大跃进以前的情形，这是第一阶段。一九五九年为第二阶段，人们开始想问题，开始相信群众运动，开始怀疑一长制，开始怀疑马钢宪法。一九五九年七月庐山会议时期，中央收到他们的一个好报告，主张大跃进，主张反右倾，鼓干劲，并且提出了一个可以实行的高指标。中央看了这个报告极为高兴，曾经将此报告批发各同志看，各同志立即用电话发给各省、市、区，帮助了当时批判右倾机会主义的斗争。现在（一九六〇年三月）的这个报告，更加进步，不是马钢宪法那一套，而是创造了一个鞍钢宪法。鞍钢宪法在远东，在中国出现了。这是第三个阶段。现在把这个报告转发你们，并请你们转发所属大企业和中等企业，转发一切大中城市的市委，当然也可以转发地委和［小］城市，并且当作一个学习文件，让干部学习一遍，启发他们的脑筋，想一想自己的事情，在一九六〇年一个整年内，有领导地，一环接一环、一浪接一浪地实行伟大的马克思列宁主

---

① 罗定枫：《纪念"鞍钢宪法"诞生四十周年》，载《党史纵横》2000 年第 12 期，第 5 页。

义的城乡经济技术革命运动。①

这一批示提出了社会主义企业管理的基本原则：坚持政治挂帅，加强党的领导，大搞群众运动，实行"两参一改三结合"，开展技术革新和技术革命。"两参一改三结合"指的是干部参加劳动、工人参加管理，改革不合理的规章制度，领导干部、技术人员和工人群众三结合。毛泽东的这一批示被概括为"鞍钢宪法"五项原则，在当时被认为是办企业、办工业的重大原则②。冶金部随即于1960年5月23日在鞍钢召开现场会，要求冶金系统全部企业贯彻"鞍钢宪法"精神，随后中央发出指示，要求全国企业学习贯彻"鞍钢宪法"。③

"鞍钢宪法"中"两参一改三结合"的五项主张是一个有机体系，其中党委领导下的厂长负责制是企业领导体制的核心，政治挂帅是在企业中加强党的领导并促进生产经营的根本途径，而群众运动更是党领导企业发展生产的重要形式，企业的基本管理制度和方法是"两参一改三结合"，这是"鞍钢宪法"的精髓，也是"鞍钢宪法"的主要内容。

"鞍钢宪法"充分肯定了当时整个工业企业创造的领导体制和管理体制新经验，对未来影响深远。在此后很长一段时间里，"鞍钢宪法"成为中国共产党领导工业企业的指导方针，其中体现的重视群众作用的人文理念，形成了当时老工业基地的一种企业文化模式。"鞍钢宪法"虽然不是现代企业管理制度，但是日本、欧洲和美国的许多管理学家都渐渐认识到了"鞍钢宪法"的价值。

5.6.4 "鞍钢宪法"的创新

"鞍钢宪法"源于中国社会主义建设初期的企业管理实践，它的诞生从根本上改变了当时中国国营企业生产管理所采取的苏联模式。尽管"鞍钢宪法"不是现代企业管理制度，但它对国营企业管理做出了探索与创新，它所包含的现代企业管理的合理内核影响深远，对于建构新时代中国特色社会主义管理理论有着积极作用。

---

① 《建国以来毛泽东文稿》第9册，中央文献出版社1995年版，第89~92页。
② 刘振华：《"鞍钢宪法"出台始末》，载《中国档案》2009年第12期，第84页。
③ 国家经贸委编：《新中国工业五十年（1958—1960）》第3部上卷，中国经济出版社2000年版，第49页。

第5章 苏联人力资源与企业管理技术等的引进

第一，强调企业民主原则。

"鞍钢宪法"作为当时社会主义企业管理的根本大法，是对当时苏联"马钢宪法"的反思，是对苏联一长制工厂管理模式的否定，它充分发挥了工人的积极性，体现了企业民主管理的原则。

毛泽东赞扬和肯定了依靠广大职工办企业的经验，主张干部参加劳动，职工群众参加管理，这是毛泽东民主思想的体现，是对中国国营企业管理经验的总结。

干部参加劳动，要求干部深入现场一线，既密切了干群关系，又能使干部在劳动的过程中积极依靠广大工人，及时发现和解决生产中存在的问题。

工人参加管理，运用民主集中制原则，采取职工代表制讨论、决定有关企业管理的重大问题。鞍钢的职代会制度是社会主义民主制度在企业领域中的发展，工人通过参与职代会，以及在班组层面工人自己进行日常核算，并在日常的工作中可以就生产工艺、操作技术提出建议，增加了对生产过程的管理，从而提高了工人自主的程度，增强了工人对企业的参与权及主人翁意识。工人参加管理，有助于形成和睦融洽、团结合作的人际关系，形成干部与工人相互制约、相互监督的机制，从而激发和调动各方面的积极性、主动性，全面提高企业管理的水平。"鞍钢宪法"将工人视为管理的主体而非被管制的对象，在某种程度上使工人拥有了生产过程与组织管理的参与权。

实行领导干部、技术人员和工人群众三者结合，在生产中开展技术革新和技术革命，对增强工人的主人翁责任感、改进企业领导作风、调动广大工人的积极性和创造性有重要作用。通过三者结合，克服了管理干部不懂技术、工人不懂管理、技术人员只顾埋头苦干的缺陷，增加了工人的决策权，生产流程及操作标准的确定不仅仅依靠管理人员，而且也赋予技术人员和工人一定的技术决策权。

"鞍钢宪法"提倡的"两参一改三结合"的原则以生产资料公有制为基础。"鞍钢宪法"之所以被毛泽东提升到企业宪法的高度并在全国大中型企业中推广，就在于其体现了社会主义主人翁地位思想，增加了工人的民主权力，这对于现代企业治理提供了很好的经验和参考价值。

"鞍钢宪法"强调管理者参加劳动，缩短了管理者与工人之间的情感距离，打破了技术人员的群体限制以及由此导致的与职工之间的对立状态。用合作代替了对抗,从而减少乃至消除了管理过程中来自工人的抵制与反抗,消解了管理中的控制与反控制的斗争,使领导者、技术人员与工人在结合中成为平等主体,促进了企业管理中的沟通和协作,有助于解决现代企业治理中工人和管理者之间由于分工不同而造成的情绪对立,从而克服了建立在理性人假设之上的西方管理造成的管理者与员工的对立关系,有力地避免了西方企业中作为特权阶层的管理者对于作为弱势群体的员工的压制现象,使企业以一种和谐融洽的方式得以发展。

第二,充分肯定人的价值。

"鞍钢宪法"的理论基础是职工当家做主,是人民当家做主的社会主义原则在国有企业中的体现,充分体现了对人的价值的肯定,涉及人的自由与解放这一社会主义根本问题。

虽然"马钢宪法"具有现代企业管理制度因素,在市场经济条件下有其一定的魅力,但是对当时国营企业的管理产生了一定的负面影响。对此,作为对苏联"马钢宪法"的否定,"鞍钢宪法"强调解决企业生产管理问题主要是领导干部要平等待人,消除官僚主义作风,充分调动和发挥工人群众的力量,由此,才能真正推动企业不断进行技术创新和技术革命,体现社会主义以人为本的价值理念。

"鞍钢宪法"强调把人的因素与技术工作和管理工作结合起来,以技术革新为突破口,其实质是知识分子和工人对企业管理权的要求,是对人的价值的肯定。工人是企业中最广泛、最重要的群体,贯彻以人为本的原则,强调企业管理必须以人为中心,才能调动社会主义劳动者的创造性。

理性人假设将人抽象为一个个均等和分裂的原子,西方主流管理理论建立在专业分工与权威主义基础之上,强调制度体系及操作规程一旦固定下来就不能进行改变,工人必须机械地执行规定和指令。而"鞍钢宪法"将人性建立在马克思主义理论基础之上,打破了亚当·斯密以来企业中日益精细化的分工原则,是对僵化的、以垂直命令为核心的企业内分工理论的挑战。"鞍钢宪法"蕴含人本管理思想,能很好地解决现代企业制度无法解决的问题,而这也"马钢宪法"所不能解决的。

在"鞍钢宪法"的指导下,劳动者不再是一种被现代管理驯化的机器,而是支配生产资料并参与生产与管理,从而成为为自身利益服务的企业主人。"鞍钢宪法"是社会主义政权确立后政治解放任务在经济生活中的进一步展现,它消除了资本对劳动的控制,解放了企业中被压迫的雇佣阶级,确立了劳动者的主人翁地位。

"鞍钢宪法"只是粗线条地总结了社会主义企业的基本原则,在"鞍钢宪法"提出不久,中共中央即颁发了《国营工业企业工作条例(草案)》(即工业七十条),比较系统地总结了社会主义工业企业管理的各项政策,继承和发展了"鞍钢宪法"的基本精神,具体化了"鞍钢宪法"的管理原则,弥补了"鞍钢宪法"缺乏制度保障和科学管理的缺点。

第 6 章

西方技术的引进

20世纪50年代，中国大规模引进苏联技术，其中以成套设备为主，奠定了工业化的初步基础，建立了比较完整的工业体系。中苏关系恶化后，中国引进苏联技术趋于中断。基于国内外形势的变化，中国进行了战略调整。为了解决人民的吃穿用问题，中国开始转向从西方引进技术，仍然以引进成套设备为主要方式，进一步完善了中国工业体系。

6.1 20世纪60年代初中国引进西方技术的历史背景

20世纪50年代，中国大量引进苏联技术，促进了经济与技术的发展。但到20世纪60年代初，苏联停止对中国援助，中国技术引进也随之停止。而这时中国遇到了严重的经济困难，恢复和发展国民经济成为当时中国必须面对的紧迫任务，由此，中国开始调整发展战略。而此时中国与西方国家的关系开始改善，为了尽快解决我国人民吃穿用的问题，中国从日、英、法等西方国家引进以成套设备为主的先进技术，满足国内发展需要，进而完善了工业体系。

6.1.1 苏联停止对中国的技术援助

正当中国加紧工业化建设、努力提高工业技术水平的时候，中苏两党之间的分歧日益严重，苏联改变了援华政策。1960年7月，苏联政府突然照会中国政府，单方面决定撤走在华专家，撕毁合同，废除了科学技术合作项

第6章 西方技术的引进

目,并带走了设计图纸等。苏联政府的单方面行动对中国的技术引进产生了严重影响。

苏联政府还中断了中国工业化建设所必需的机器设备、材料、建筑物资的供给,使许多引进工程被迫停建,使中国一些重大设计项目和科研项目中途停顿。1961年6月19日,经调整、清理,在20世纪50年代中苏签订的304项协议中,除去完成和基本完成的149项,其余的撤销89项、保留66项。1962年5月13日中苏双方将议定保留的66个项目推迟到1964年再议,后来中苏双方又经过多次商谈,最终于1965年撤销了全部项目。①

此后,中国从苏联获得的技术援助日趋减少,1961~1967年,中苏两国科技专家往来的人数只有100名左右,其中苏联来华专家约40名,中国赴苏专家约60名,他们主要是参加学术交流会议的。②

受中苏关系恶化的影响,部分东欧国家也停止了对中国的技术援助,致使十分关键的技术、设备引进无法实现,如钢铁工业中的连续铸造技术、现代轧钢技术,机械工业中的精密仪器仪表、测量设备等。由此,中国一方面强调独立自主发展技术,自行研制和开发新技术,消化、吸收已有的引进技术,另一方面开始从西方国家引进技术。

6.1.2 中国与西方关系改善

新中国成立初期,中国实行"一边倒"的政策,而以美国为首的大部分西方国家则对中国实施封锁、禁运。但是,各个国家出于自身利益考虑,对华政策并非完全一致,尤其是在对外贸易方面非常明显。特别是,当时西方国家经济发展很快,需要开拓海外市场,扩大出口。随着中国国际地位的提升,中国的工业化快速发展,西方国家不得不重视广阔的中国市场。

1957年5月,英国宣布放宽对华贸易限制,随后参加巴黎统筹委员会的大部分西方国家纷纷效仿。20世纪60年代初期,中法关系改善。③ 随后,中国与其他一些西方资本主义国家的关系也有了改善。在此情况下,中国具备了转向西方发达国家引进技术的有利条件。其实,早在1953年,中共中

---

① 宿世芳:《关于50年代我国从苏联进口技术和成套设备的回顾》,载《当代中国史研究》1998年第5期,第51~53页。
② 张柏春:《苏联技术向中国的转移》,山东教育出版社2004年版,第354页。
③ 牛建立:《二十世纪六十年代前期中国从西方国家引进成套技术设备研究》,载《中共党史研究》2016年第7期,第50页。

央就提出从资本主义国家引进先进科学技术,"学习苏联的先进科学和技术,并不排斥可以吸收资本主义国家中技术上某些好的对我们有用的东西",并批评了"技术一边倒"的错误口号。

面对国内外形势的变化,为了尽快恢复和发展国民经济,中国开始从西方发达国家引进先进技术。这是新中国第一次面向西方国家引进技术,为后来进一步引进西方技术积累了经验,这是继20世纪50年代中国引进苏联技术之后又一次引进国外技术,对中国的经济发展和技术进步具有重大意义。

6.1.3 对国民经济进行调整

20世纪50年代末期,中国经济出现了严重困难。"大跃进"运动造成中国经济发展失衡。1959年第一次庐山会议后,"反右倾"斗争扩大化,实际上是"左"倾错误重新泛滥。1960年和1961年间,我国经济工作出现失误,尤其是农业和轻工业的生产大幅度下降,粮食等农产品严重短缺。据统计,1960年粮、棉的产量下降到1951年的水平,油料产量甚至比1949年还低,与人民群众生活息息相关的许多日用品凭票供应,再加上苏联政府停止对中国的技术援助,中国经济更是雪上加霜。

面对严重的经济困难,恢复和发展国民经济成为国家的重要任务。1961年1月14~18日,党的八届九中全会在北京举行。面对"大跃进"造成的国民经济比例严重失调和严重的困难局面,会议正式通过对整个国民经济实行"调整、巩固、充实、提高"的八字方针。会议决定对国民经济进行全面调整,使国民经济尽可能有计划按比例发展,大力加强农业和轻工业,解决人民的吃穿用问题。这次会议表明"大跃进"的方针实际上已经停止,国民经济转入调整的轨道。

1961年8月23日至9月16日,中央工作会议在庐山召开,此即第二次庐山会议,共25天,会议讨论了粮食问题、市场问题、两年计划和工业问题、工业企业管理工作条例、高校工作条例、干部轮训问题等。会议做出了《关于当前工业问题的指示》,指出:"八字方针"虽然已经提出一年多,但是,"由于情况不明,认识不足,经验不够,一直没有能按照实际情况降低指标,以致调整工作不能有效地进行。我们已经丧失一年多的时机。现在再不能犹豫,必须当机立断,该退的就坚决退下来,必须退够"。该指示进一步指出:"所有工业部门,在今后七年内,都必须毫不动摇地切实地贯彻执行调整、巩固、充实、提高的方针。在今后三年内,执行这个方针,必须以调整为中心。"①

中共中央认为:"只有经过一系列的调整,才能建立新的平衡,才能逐步地巩固、充实和提高,为工业和整个国民经济的进一步发展做好准备。"

为此,只有通过引进技术,才能完成经济调整,实现新的经济平衡。基于此,1962年9月,毛泽东在八届十中全会上指出:"日本还卖给我们化肥,卖给我们特殊钢,卖给我们农药,还准备卖给我们生产维尼纶的世界第一流的设备。社会主义国家不卖给我们。……要利用他们的技术。列宁也利用,斯大林也利用,利用德国的技术、美国的技术。我们现在要走这条道路,因为社会主义国家的尖端不给我们嘛。"②

毛泽东的讲话,"肯定从发达的资本主义国家进口先进设备和先进技术的路子,对于恢复和发展国民经济是很重要的"。③ 第三个五年计划(1963~1967年)期间,中国科学技术的主要任务有三个:"第一,解决农业和吃穿用的科学技术问题;第二,解决尖端科学技术过关问题;第三,加强科研储备,发展理论研究。"④ 由此,为尽快从经济困难中走出来,解决人民的吃穿用问题,加强农业和轻工业以及化肥、农机等支农工业和化纤工业发展,需要引进西方技术,进口西方国家的石油化工、化肥等成套设备。

6.2 引进西方技术的确立

引进西方技术是一种斗争,这种斗争是政治、经济、技术的结合。中国充分利用了资本主义国家之间的矛盾,同某些资本主义国家打交道,开始引进西方技术。

20世纪60年代初,由于苏联政府突然中止了同我国的大多数经济技术合作项目,加之西方各国对华禁运,致使我国技术引进工作基本中断,国内

---

① 《毛泽东年谱(1949—1976)》第5卷,中央文献出版社2013年版,第11页。
② 《毛泽东传(1949—1976)》下卷,中央文献出版社2003年版,第1256页。
③ 牛建立:《二十世纪六十年代前期中国从西方国家引进成套技术设备研究》,载《中共党史研究》2016年第7期,第46~56页。
④ 《当代中国》丛书编辑部:《当代中国的科学技术事业》,当代中国出版社1991年版,第35页。

经济建设处于萎缩时期。由此,中国进行战略调整,与西方国家的关系有所缓和,开始引进西方技术。

早在20世纪50年代初,以美国为首的许多资本主义国家就停止了与中国的经济技术往来,中国仅能从丹麦、瑞典、瑞士、芬兰、挪威等少数建交较早的西方国家引进技术,与日本的经济技术也多为民间性质,并时常受到政府当局的阻挠。20世纪60年代,西方各资本主义国家在国内外激烈的经济竞争中日益关注对华贸易问题,希望进入中国市场,对中国的经济技术封锁有所放松。从国内来讲,在国民经济遭受了"大跃进"时期的剧烈振荡后,自1961年开始,随着国民经济调整工作的展开,工业和农业生产开始恢复。

当时,国内提出了向国外购买设备和专利项目,经过与各部门反复讨论,认为有15个项目在技术上都是我们自己还不能解决的,也都是十分迫切需要的。我国的化学肥料工业、炼油工业,包括苏联援助我们建设的工厂在内,在技术上包括原料应用范围、产品的品种质量、设备的结构、工厂的设计、动力和原料消耗定额、自动化程度和劳动生产率等方面大概还处在世界20世纪40年代的水平,有机合成或高分子化学工业基础尤其薄弱。为了实现国民经济以农业为基础和着重解决吃穿用问题的目标,这几个工业部门必须有一个跃进式的发展。为了做到这一点,必须逐步使这几个工业部门过渡到一个先进的技术基础上去。我们建设的方针永远是自力更生,但是自力更生的方针不排斥、相反更加要求我们用一切方法去迅速取得一切国家对我们有用的新技术。据我国和许多资本主义国家接触的情况看,从这些国家买进技术是有可能的。建国十几年来,我们还没有从资本主义国家买进一项专利。据了解,苏、捷、波、罗等国都在拼命向西方国家购买专利。①

基于上述情况,为了适应中国战略调整和经济结构调整的要求,突出解决人民吃穿用问题,一度中断的技术引进工作从1962年重新开始。

6.2.1 明确各部门的职责和分工

从西方国家引进技术,首先是从引进成套设备开始的,这是一项新的、

---

① 中国社会科学院、中央档案馆编:《1958—1965中华人民共和国经济档案资料选编·对外贸易卷》,中国财政经济出版社2011年版,第417页。

极其重要的任务,从确定项目到建设完成,需要由国务院各有关部、委通力合作进行。为此,中共中央和国务院成立了成套设备进口五人小组,"由方毅(外办兼计委)、李强(外贸部)、张有萱(科委)、叶林(经委)、柴树藩(计委)五位同志组成,方毅同志为组长,柴树藩为副组长(总理批准)。小组的任务是在从资本主义国家进口成套设备的谈判和进口过程中,就各部门提出为外贸部和其他部门所不能解决的有关政策和工作问题提出意见,向总理和外贸三人小组作报告,并处理总理交办的其他工作"。[1]

在成立成套设备进口五人小组的同时,根据国家各部门的职责,党和政府明确技术引进分工,总的原则是:

凡属成套设备项目的确定(包括项目是否提出,设备的能力和产品品种、工厂的厂址、建设的进度、进口的进度等)以及外汇的平衡等项工作都由计委负责。

凡是有关化肥工业和化学纤维工业的项目,可以先在化肥小组和化纤小组上酝酿成熟然后提到计委。项目报经中央和国务院批准之后,就由外贸部负责把这些设备按进度、按要求的质量、以合理的价格购买进来。

在谈判和进口成套设备的过程中间,全部工作由外贸部主持,在有关工业部门和其他部、委积极参加下进行。

另外,为了加强外贸部的领导,加强外贸部主管成套设备进口部门和驻英、瑞等国使馆商务部门的力量,从有关部门抽调或借调必要的技术人员给外贸部。

正是在相关部门的组织下,我国从西方引进技术有计划地开展起来。

6.2.2 技术引进项目的内容

20世纪60年代初,在整个经济逐步好转之际,中国确定了赶超世界先进技术国家水平的目标,并指出要引进国外技术,借鉴国外经验。由此,中国希望得到的成套项目迅速增加,引进的重点转向生产中间产品和资本品的重工业行业的新技术。后来,技术引进范围进一步扩大。

1962年,我国从日本引进了第一套维尼纶设备,由此开启了从资本主

---

[1] 中国社会科学院、中央档案馆编:《1958—1965中华人民共和国经济档案资料选编·固定资产投资与建筑卷》,中国财政经济出版社2011年版,第366页。

工业化进程中的技术引进（1949-1965）

义国家引进技术的新时期。根据档案揭示：

1963年9月，国家科委提出了冶金、机械、电子工业进口设备和引进新技术的66个项目，经周恩来批准向国外探索、考察和相机询价。以后周恩来又陆续批准了七个项目。

1964年，"中央各部门前后提出了一百七十多项进口设备的项目，五百多项购买技术资料的项目。1964年4、5月间，国家计委结合工业、交通和对外贸易的长期规划，会同有关部委对上述项目进行了综合研究，9月间又对个别项目作了调整。最后提出：成套设备项目六十三项（如包括1962年已经批准进口的十四项，则共为七十七项），单项设备项目五十项和购买技术资料项目七十项，共一百八十三项，作为1964年至1965年向国外询价和相机签订合同的项目。这些项目共需外汇约三亿三千万美元，采取分年偿付"。①

这批项目涉及的领域，除石油化学工业以外，还包括轻、重工业，交通，农业各个行业，而重点则逐渐转到冶金、精密机械、仪器仪表、电子工业等基础工业方面新技术的进口。这批项目的主要内容是：

在冶金工业方面，进口氧气顶吹转炉、大型炼钢电炉、特殊钢厂的关键设备，如冷轧带钢、冷轧矽钢片、合金钢挤压机、大口径钢管扩管机等，以及硅的冶炼及提纯、稀有金属的冶炼及加工、法国的电解铝、瑞典的铁矿开采和铜矿开采等先进的设备工艺，金额约一亿一千万美元。

在机械、仪器仪表工业方面，进口生产仪器、仪表的材料和元件、液压机械、精密测试仪器、精密轴承、重型汽车、大功率内燃机车和燃汽轮发电机、真空设备、大型空气分离机等的设备和工艺，金额五千一百多万美元。

在电子工业方面，进口制造硅、锗半导体器件，以及为制造远程雷达、导弹、飞机、电子计算机、自动化和控制设备所需的各种新型电子器材和元件的设备和工艺，金额约三千万美元。

在石油工业方面，进口新型深井钻机、新型测井仪和地震仪，一种新型炼油方法（加氢异构裂解）制造一些新型油品的添加剂、溶剂、催化剂的设备和工艺，金额约三千万美元。

---

① 中国社会科学院、中央档案馆编：《1958—1965中华人民共和国经济档案资料选编·固定资产投资和建筑业卷》，中国财政经济出版社2011年版，第369页。

第6章 西方技术的引进

在化学、轻工、纺织和非金属材料工业方面，进口生产尿素、高能燃料、化学纤维浆粕等的设备和工艺，以及一些轻工、纺织工业的样机和小型样板厂，金额约六千万美元。

在国防工业方面，引进直升机金属机翼的设备和制造技术、制造导弹精密部件的防尘厂房、装甲车辆发动机的制造设备和工艺，以及胶质炸药原料的喷射法硝化甘油设备。①

从上述项目到货的情况来看，卖方一般都能按合同规定按时、按质、按量交付设计资料、设备，并派人来我国讲解设计及进行技术指导。但个别的也有推迟交付设计资料和交付不合格设备的情况。对此，一般都按合同规定予以解决。

另外，在中国方面，有关部门也有不按时派人审批设计、检验设备和不按时交付技术资料的情况，给对方不执行合同以借口。

中国引进技术的国家，除日本、荷兰、英国、意大利、法国、联邦德国之外，还增加了瑞典、瑞士、奥地利、比利时、加拿大等十几个资本主义国家。

截至1965年8月9日，我国共向资本主义国家订妥了二十九项新技术（不包括单项的）和成套设备，其中已经到货和正在陆续到货的有十个项目。这些项目是：第一套维尼纶设备、干式乙炔发生器、热镀铝钛带钢、十万吨合成氨、磁性录音带、五万吨合成氨（转口阿尔巴尼亚）、有色金属材料厂钽真空冶炼、铂重整、磁带地震仪、重油气化制合成氨车间等，其中第一套维尼纶设备、干式乙炔发生器、热镀铝钛带钢等三项已经全部到货；热镀铝钛带钢已经投入生产；第一套维尼龙设备正在进行安装，估计9月份可以投入生产。②

后来，由于技术引进项目的调整、变更，从1963年到1966年，我国与日本、英国、法国、意大利、联邦德国等国先后签订了80多项引进合同，用汇2.8亿美元，其中成套设备56项，用汇2.6亿美元，占90%以上。③

---

① 中国社会科学院、中央档案馆编：《1958—1965 中华人民共和国经济档案资料选编·固定资产投资和建筑业卷》，中国财政经济出版社2011年版，第369~370页。
② 中国社会科学院、中央档案馆编：《1958—1965 中华人民共和国经济档案资料选编·对外贸易卷》，中国财政经济出版社2011年版，第462页。
③ 蔡永生：《工业化进程中的技术引进》，载《中国社会科学院研究生院学报》1995年第1期，第50页。

6.3 以进口成套设备为主要引进方式

从西方资本主义国家进口设备和技术,主要采取了进口成套设备、进口单项设备、购买技术资料、进行技术交流等方式。其中,进口成套设备是我国从资本主义国家引进技术的主要方式。

6.3.1 引进成套设备

20世纪50年代,中国以成套设备为主引进苏联技术,是当时在工业基础薄弱的情况下优先发展重工业战略的客观要求。重工业的发展,要求各个高度关联的工业部门都能有个大致平衡的发展,使每一个工业部门能够从其上游部门获得生产所需的备品、配件、原材料、动力等,并为下游部门提供产品和服务,这就需要各个关联部门较快地在同一个时期建立起来,形成生产能力。当时,中国经济技术基础薄弱,以进口成套设备为主的引进方式是合理的选择,特别是有苏联的技术援助,大量随附设备的技术资料只需支付工本费,引进成套设备是相对经济的。

20世纪60年代初,中国在一些领域的技术仍然比较落后,为了尽快解决我国人民吃穿用的问题,中国开始向资本主义国家购买成套设备。首先,在购买成套设备之前,凡有可能,都对拟购买的设备和制造设备的工厂进行实地考察,经过调查研究,了解情况,然后确定适当的购买对象。在一般情况下,会向几个国家询价,进行多方面的接触,从收到的报价资料中加以比较选择。在做出选择时,还要结合政治斗争的形势和需要加以考虑,最后确定是否购买。

购买成套设备要经过询价、参观、技术谈判、贸易谈判等若干阶段,其时间较长,谈妥一个项目一般要一年左右或者更长的时间。

1962年,我国从日本引进了第一套维尼纶设备。当时,日本生产维尼纶的方法比较先进,其原料消耗定额较低,自动化程度高,占地面积小,也能做到5年以上的延期付款,符合我国发展合成纤维的需要和几年之后的外汇支付能力。

第 6 章　西方技术的引进

当时，日本有两家公司送来了维尼纶设备的报价：一是仓敷公司，规模日产 30 吨（相当于年产 1 万吨），需外汇 2920 万美元；二是帝国人造丝公司，规模日产 50 吨（相当于年产 1.5 万吨），需外汇 3500 万美元。

1962 年 6 月 17 日，李先念副总理召集国务院财贸办公室、国家计委、经委、外贸部、纺织部、化工部的有关同志共同进行研究。大家认为，可以购买日产 30 吨、50 吨的各一套，作为样板厂，两套需用外汇 6400 万美元。同时从意大利进口年产 5 万吨的合成氨厂，转口给阿尔巴尼亚。为了给阿尔巴尼亚培训实习生，并尽快地综合利用我国的天然气资源，以发展我国合成氨及人造羊毛的生产，向意大利购买一套年产 10 万吨合成氨的联合工厂（包括年产 1 万吨人造羊毛的车间）也是必要的。

据此，1962 年 6 月 25 日，国务院财贸办、国家计委和化工部联合向李先念副总理、李富春副总理和周恩来总理报告，提出拟向资本主义国家购买生产维尼纶和合成氨先进成套设备，外贸部已与日本中日贸易促进会和意大利埃尼集团进行了接触[①]。

很快，毛泽东、周恩来批准了这个报告。

除与日本保持贸易关系外，1964 年，中国与法国正式建交，与意大利、奥地利签订了互建商务机构的协议。从此，中国开始与这些国家进行技术贸易谈判。

1962 年 10 月，根据我国有关部门组织的出国考察代表团的报告和外贸部门同日、意等国厂商接触的结果，经周恩来批准，从西欧国家进口 16 个项目；1963 年 8 月又批准增加 2 项，连同从日本进口的 2 项，共为 20 个项目；1964 年，又建议推迟和撤销 6 项，最终为 14 个项目，外汇金额约 1.47 亿美元。

确定这 14 个项目的中心目的是引进当时世界上在石油化学工业方面主要的新技术成就，加速我国石油化学工业在自力更生基础上的发展，以利于逐步解决我国人民的吃穿用问题。"这十四项中包括了用石油和天然气制造合成氨；用石油裂解、分离取得乙烯和丙烯（这两种气体是有机合成工业的主要原料）；从石油提取苯、甲苯、二甲苯（这三种液体是许多有机化学

---

① 中国社会科学院、中央档案馆编：《1958—1965 中华人民共和国经济档案资料选编·固定资产投资和建筑业卷》，中国财政经济出版社 2011 年版，第 360 页。

工业化进程中的技术引进（1949—1965）

品和梯恩梯炸药的原料）；制造新品种的化学肥料，如尿素；制造新品种的塑料和合成纤维，如聚乙烯、聚丙烯、聚丙烯腈、维尼纶等的成套设备和专利技术。"① 这14个项目中，也包括一项为援助阿尔巴尼亚建设化肥厂所需的转口的成套设备。

1963年6月，我国同日本签订了第一个成套设备项目——维尼纶设备的合同，9月同荷兰、英国签了进口化肥设备的合同，截至1964年9月，已同日本、荷兰、英国、意大利、法国、联邦德国6个国家签订了11个成套设备项目（其中1项是通过日共外围贸易组织进口的一个小项目，即干式乙炔发生器，不属14项的范围）的合同。这些设备的价格和合同的条件比较合理，已签合同的11项中有8项采取延期付款的支付方式②。

上述引进项目中，引进新的石油化工技术，包括维尼纶、合成氨、聚乙烯、化肥、石油加工等项目，主要是解决中国人民的吃穿用问题所需的，主要为支农工业和轻纺工业提供原材料，其余项目同发展中国机械、石油工业都有着密切的关系，体现出这次引进成套设备的重点。而且，这些设备和技术都是当时世界上比较先进的，购买条件和价格一般也比较合理。

在国家计委1964年9月提出的1964年至1965年引进新技术计划的基础上加以调整之后，1965年确定引进成套设备项目84项。鉴于1963年和1964年进口成套设备的重点是石油化工方面的新技术，1965年进口的项目重点已经转到了冶金、精密机械、仪器仪表、电子工业等方面。③

总的来看，20世纪60年代初，中国外汇有限，但是引进成套设备所占的比重甚至高于50年代，见表6-1。

---

① 中国社会科学院、中央档案馆编：《1958—1965中华人民共和国经济档案资料选编·固定资产投资和建筑业卷》，中国财政经济出版社2011年版，第368页。
② 中国社会科学院、中央档案馆编：《1958—1965中华人民共和国经济档案资料选编·固定资产投资和建筑业卷》，中国财政经济出版社2011年版，第369页。
③ 中国社会科学院、中央档案馆编：《1958—1965中华人民共和国经济档案资料选编·固定资产投资和建筑业卷》，中国财政经济出版社2011年版，第372~373页。

第6章 西方技术的引进

表6-1　　　　　按消耗外汇计算的引进方式结构　　　　　单位：%

引进方式	占比
成套设备（55项）	96.6
单项技术设备	2.6
单项技术	0.8

资料来源：陈慧琴：《技术引进和技术进步研究》，经济管理出版社1997年版，第43页。

成套设备的引进方式相当于把技术转让国的新型工厂整个照搬过来，能够很快形成生产能力。由此，中国技术能力也有了明显的提高，促进了工业化进程。但是成套设备的引进需要巨额外汇和资金，同时由于直接使用这些设备就能生产，引进方进一步消化、吸收并在此基础上进行创新的动力和压力不足，相较于引进单项技术设备、软件技术或专利、合作经营等其他引进方式而言，成套设备的引进不利于引进技术的国产化。

6.3.2　成套设备工厂选址

厂址的选择考虑了中国的经济布局以及其他众多因素。

1963年3月7日，化肥小组、化纤小组考虑从日本仓敷会社购买维尼纶设备。1963年3月8日，仓敷会社确定派出一个技术代表团来我国帮助选择厂址和收集设计资料。此前，经过周恩来批准，建厂地点设在北京，其中生产聚乙烯醇的车间设在北京东郊化工二厂，抽丝纺纱的车间有扩出设在顺义以北或者在东郊化工二厂附近两个方案，等日本的技术代表团到后再商酌确定。[①]继日本维尼纶设备、荷兰的尿素设备签订合同之后，在1963年底以前，英国的合成氨设备，法国的合成丁醇、辛醇设备，意大利的重油制合成氨原料气设备，都陆续签订合同。为此，成套设备工厂选址工作被提上日程。

1963年10月，针对进口成套设备项目厂址问题，国家计委向薄一波并周恩来报告提出：

---

①　中国社会科学院、中央档案馆编：《1958—1965中华人民共和国经济档案资料选编·对外贸易卷》，中国财政经济出版社2011年版，第423页。

工业化进程中的技术引进（1949-1965）

一、由英国进口的用天然气制合成氨（年产十万吨）和由荷兰进口的全循环法尿素（年产十六万吨）设备，拟配套建在四川泸州附近的纳溪县。这个工厂就在纳溪气田附近，加上邻近的长垣坝、打鼓场等气田构造，天然气资源可以保证供应。该厂需用的电和蒸汽，拟将现有的以天然气为燃料的内站扩建到3万千瓦，同时，安排扩建内江白马庙电厂，由川南电网向泸州供电，以保证安全生产。

泸州为对外不开放地区，已经外办批准，允许少数英国、荷兰安装专家进去。

二、由日本进口的第二个维尼纶厂（年产维尼纶一万八千吨），是由聚乙烯醇和抽丝两个厂组成。聚乙烯醇厂拟建在吉林化工区，抽丝厂的厂址目前有两个方案，一是与聚乙烯醇厂一起建在吉林化工区，一是建在吉林市九站。

生产维尼纶所需要的主要原料是电石、醋酸、甲醇、甲醛、硫酸等，这些吉林化工公司都可生产，其中除电石要安排续建以外，其余都能满足维尼纶厂的需要。现有的水、电、汽、化工机械厂、铁路等公用工程可资利用。

抽丝厂的厂址放在吉林化工区的好处，是可以和聚乙烯醇厂共同建设，投资节省，将来生产时，可以减少管理人员，减少聚乙烯醇的运输。

鉴于维尼纶抽丝厂要求的厂区环境条件严格，且所排甲醛污水对居民危害较大，而化工区处于吉林市上游，所以又在吉林市下游的九站人造纤维厂附近选了一个比较厂址。据纺织部选厂小组报告，该地环境条件比化工区好，污水不影响居民饮用，上水由渗井汲取，可以满足生产要求。但所需聚乙烯醇要从化工区运来，抽丝厂将成为一个独立的工厂。

上述两个厂址方案，拟在与日方进一步谈判、吸收日方设计人员意见后考虑确定。

三、由法国进口的丁醇、辛醇（年产七千五百吨）设备，也拟建在吉林化工公司。丁醇、辛醇是塑料加工所用增塑剂的原料，目前国内靠进口和以粮食为原料生产。从法国进口的丁醇、辛醇设备以电石为原料。这个项目摆在吉林化工公司建设，所需原料电石、乙炔、乙醛只要在该公司适当扩建就可满足需要；原料氢气，可结合该公司电解水生产重水工程一起解决。

四、由意大利进口的重油造气设备（用重油制合成氨的原料气，能力是年产氨五万吨），厂址有两个方案：一是建在兰州化工公司，一是建在广州氮肥厂。

第6章 西方技术的引进

建在兰州化工公司的有利条件是，兰州化工公司的技术力量强，现有的空分、铜洗、氨加工等设备有富余能力可供利用，因而可以建设快、投资省。生产用的重油可以从兰州炼油厂就近供应。问题是兰州是一个不开放的城市，不允许外国专家进入，化工部考虑不要意大利的安装和生产专家，可以自己建设投产。但这样是否可行，需要慎重研究。

经过考虑，如果这套设备不能摆在兰州，拟建在广州氮肥厂，把该厂的规模扩大为年产氨十万吨，所需原料重油从国外进口或由国内供应。问题是投资较多，建设较慢一些。[①]

这个报告为厂址的选择提供了总的思路。实际上，厂址的选择涉及许多因素，其中要考虑相互关联的产品的生产。例如，1963年8月12日，除已经批准进口的16个项目之外，国家计委建议追加进口高压聚乙烯设备、环氧乙烷和乙二醇设备。其中高压聚乙烯是当时世界上发展最快、性能很好的一种塑料，已有英国卜内门（L.C.I）和联邦德国的两份报价；环氧乙烷和乙二醇两种产品是特丽纶纤维、洗涤剂和乳化剂的原料，乙二醇可代替甘油做炸药。

由于这两套设备都是配合石油裂解厂以乙烯气体为原料的项目，而石油裂解厂的厂址现有兰州和上海两个方案。如果厂址放在上海，这两个项目的建设时间必须和石油裂解厂的建设时间大体一致，因而要求这两个项目1964年上半年谈妥成交；如果厂址放在兰州，因为兰州已经有了利用乙烯气体的合成酒精厂和合成橡胶厂，这两个项目的谈判时间就可以稍缓。[②]

对于这两个方案，经过比较，最终选定厂址在兰州。例如，选择英国卜内门公司年产3.4万吨的高压聚乙烯设备，由兰州化学工业公司引进建厂。

三线建设战略提出以后，进口成套设备项目的建设地点选择要根据国家战略布局来确定。已对进口成套设备项目的建设地点进行过若干调整，但大部分项目尚待结合全国工业布局的调整重新确定。为此，在确定国外进口新技术项目的建设地点时，1964年9月23日，国家计委党组提出指导原则：

[①] 中国社会科学院、中央档案馆编：《1958—1965中华人民共和国经济档案资料选编·固定资产投资和建筑业卷》，中国财政经济出版社2011年版，第366~367页。
[②] 中国社会科学院、中央档案馆编：《1958—1965中华人民共和国经济档案资料选编·固定资产投资和建筑业卷》，中国财政经济出版社2011年版，第364~365页。

（一）重要的项目原则上放在三线，但这些项目必须是不需外国派来技术人员或者建设地点为对外开放，或为中央特别批准临时对外开放的地方。

（二）由于资源或协作条件等原因必须放在二线或一线的项目可以放在二线或一线（如1964年从法国进口的石油深井钻机、地震勘探仪、测井仪将放在山东和四川，从瑞典进口的铜矿井下开采成套设备将放在大冶或铜官山，从日本进口的预水解硫酸盐法人造纤维浆粕的关键设备和技术资料，因为西南木材不能平衡，初步考虑是放在闽赣边界的林区内）。

（三）有些规模不大、易于迁移的项目或者不允许外国人进入三线地区的项目，也可在二线或一线建设，生产一段时间之后再翻板（版）、一分为二或者全部迁移到后方（如1964年从日本进口的稀有金属材料厂准备先安装在北京的现成厂房内，然后迁往陕南）。

（四）凡已签了合同，如改变地点将引起进度推迟和修改合同的项目，一律不作改变。[①]

根据上述原则，一些项目建设出于国家工业布局和安全考虑，厂址进行了调整，建设地点选在了中国西部。

6.4　单项设备引进方式

实际上，中国在引进设备时，除引进成套设备以外，还引进了单项设备。总的原则是，凡已基本掌握工艺并能自行设计的项目，只向国外选购单项关键设备，自行组织成套，既省外汇，又可促进自力更生，是一个多快好省的办法。

1963年以来，国家试行这种方式，派人出国，直接同厂商见面，选购设备，收到很好的效果（比进口成套设备价格便宜三分之一到一半）。为了确保以这种贸易方式采购的设备能按时进口，和管理成套设备项目一样，有关部门确定一批项目后，逐项经过审查批准，并保证它们的外汇。

这类项目和通过一般贸易进口的机械不同，改由外贸部的中国技术进口

[①] 中国社会科学院、中央档案馆编：《1958—1965中华人民共和国经济档案资料选编·固定资产投资和建筑业卷》，中国财政经济出版社2011年版，第371页。

公司经营。

6.4.1 购买单项设备的优点

1964 年初，为了解决石油炼厂所需关键设备和仪表，石油部和外贸部组成订货小组到西欧订货。小组以四个半月的时间订妥了 24 类、235 种规格、1262 件设备、仪表和配件，签了 32 个合同，总值 104 万美元，把计划向西欧国家购买的东西全部买到了，其中包括一部分美国垄断的技术专利的产品[①]。通过这次到西欧订货，中国对于购买单项设备的优点有了深刻认识。

（一）凡是我们能掌握一定工艺技术的装置，采取购买单项设备由我们自己组织成套的办法，既能节省外汇，又能促进自力更生，是一个多快好省的办法。这种办法的优点是：

（1）价格较低。进行了这次单项设备订货工作以后，对单项设备的价格有了一个初步的轮廓了解。如果把成套装置分为单项设备购买，则其总价大致为成套价的 1/2～2/3，而其中 80%～90% 的塔、换热器、容器、管线、建筑钢材、冷油泵等又都是当时国内可以自制的。如在国外只订购装置的关键单体设备，其总价只及成套价的 5%～12%。如为华北新炼油厂等的 7 个新型装置（年产 150 万吨常减压两套，年产 60 万吨四型催化裂化两套，年产 60 万吨延迟焦化两套，年产 10 万吨铂重整联合装置一套）的关键设备总价约 140 万英镑（合 400 万美元），而日本报价的一套年产 300 万吨常减压成套设备即需 148 万英镑（合 420 万美元），价格相差甚大。

（2）质量较有把握。购买单项设备可以在各国选择质量较好的适用产品，不像成套供应设备局限于一国一厂。如这次购买铂重整装置的氢气循环压缩机，瑞士布克哈厂（Burckhardt）和英国彼得厂（Peter Brotherhood）都能制造。经过参观比较后，了解到瑞士布克哈厂虽小，但产品专一、经验丰富，质量方面较有把握，就决定向它订购。

（3）可以按照需要选择较新产品。这次中国选购了空气冷却器、油罐自动液面计等较新产品。而在购买成套设备时，并不一定能包括这种产品。

---

① 中国社会科学院、中央档案馆编：《1958—1965 中华人民共和国经济档案资料选编·固定资产投资与建筑业卷》，中国财政经济出版社 2011 年版，第 367 页。

(4) 可以直接与设备制造厂家接触，更易了解制造技术，便于自己制造新型设备。

(5) 管理控制较易。和资本主义国家做生意，包含着与资本家的尖锐斗争。成套设备中包括技术费、设计费及设备费，内容较复杂，不易摸清底细，控制较难。而单项设备，内容清楚，可向几个厂家比质比价，从而买到质量好、价格适宜的货品。

买成套设备因要对方保证工艺条件，对方一般要派人到工地配合施工试运转，管理较困难。而单项设备则一般可不必对方派人，需要时再要其派人，主动权在我方，管理较易。

因此，对于已掌握一定工艺技术的装置，只向国外购买少数关键设备是一个多快好省的办法。对于尚未掌握工艺技术的装置，也不一定限于成套订购，可以考虑购买技术资料，自己设计，订购关键设备来解决。

(二) 工业和外贸部门相结合，组成精干的订货小组到国外的厂家直接选购是购买单项设备较好的方式。这种方式较之国内对外联系或请国外厂商派人来华谈判有以下优点：

(1) 易于找到线索，直接磋商技术要求，买全所需货品，尤其是规格特殊的货品。这次购买的滑阀，若不在国外与厂家直接联系，反复进行技术谈判，搞清规格和要求，找出解决技术问题的途径，就很难完成订购任务。

(2) 可去订货厂家参观，更多地直接接触有关技术人员，便于深入地了解产品特点、系列、性能，及时调整所需货品的技术规格，买到既便宜又合适的产品。如延迟焦化装置焦炭的安全阀，原来每塔选订两个，后来了解到制造厂有更大规格的定型产品，每塔只需一个大的即可，这样既节省了7000多英镑，又简化了管线安装。

(3) 易于直接找厂家询价、议价，甩掉中间商。如安全阀，原在国内均通过中间商询价，在国外均直接联系成交，至少可节约5%的佣金，约3000多英镑。

(4) 易于多方询价，随机应变。如液面调节器，原拟向英费雪厂（Fisher）购买，但该厂报价较贵。在国外又了解到英克劳斯佩厂（Crosby）有同样性能的产品，价格较低，经及时转订，节约了5000英镑左右，不锈钢阀、安全阀的情况也相似，两项共节约了6500英镑左右。

(5) 便于技术谈判和商务谈判，减少长距离通讯联系，订货速度上可快一些。派遣出国订货小组，也有不利之处，如小组人员少，不易集思广益；护照有期限，在后期往往容易急于求成，但利弊相比，还是利多弊少。①

总之，引进单项设备利多弊少，具有独特的优势。"这种方式的优点不仅是可以节约外汇，而且可以在一个项目以我为主，兼采几个国家的先进技术，锻炼自己的本领，化整为零，利于买进为其他方式所不能买进的属于禁运范围的尖端技术设备。"② 1964 年 9 月，国家计委初步提出引进五十项设备，先行询价和谈判。而之前提出的成套设备项目也有一些转为进口单项设备，进口单项设备这种贸易方式应当有更大的发展。

鉴于引进单项设备的优点，1965 年 4 月，中共中央对进口新技术小组有关汇报的批示就主张大力探索进口单机和技术资料引进方式，并提到进口单项设备。

6.4.2 进口精密仪器仪表

进口精密仪器仪表是引进单项设备的重要内容。中苏关系恶化以后，中国更加注重发展国防尖端技术和与之配套的工业技术，以及国民经济中缺门短线的新技术。1963 年在已经发布的《1956－1967 年十二年远景规划》基础上修改编制的《1963－1972 年科学技术发展规划》提出：在十年科学技术规划中，主要是抓住两头：一是农业和有关解决吃穿用问题的科学技术问题，一是尖端技术。围绕着这两头，全面组织各个学科、各门技术的工作。在十年当中，前五年着重打基础，补全缺门，配套成龙，注意各项基础条件的建设。③

这个时期中国引进技术设备的一个重点就是国防尖端技术所需的精密仪器仪表和电子工业设备。

实际上，尖端项目、精密仪器仪表的引进始于 20 世纪 50 年代。1958 年以来，我国仪器仪表工业开始有了发展，但是 1960 年前精密仪器仪表基本上依靠进口。20 世纪 60 年代初期，我国已经掌握的有 800 个品种，但多属中、低级精度的产品，高级、精密的只是刚刚开始试制，需要与可能的差

---

① 中国社会科学院、中央档案馆编：《1958—1965 中华人民共和国经济档案资料选编·固定资产投资和建筑业卷》，中国财政经济出版社 2011 年版，第 367~368 页。
② 《建国以来重要文献选编》第 20 册，中央文献出版社 1998 年版，第 150 页。
③ 《建国以来重要文献选编》第 17 册，中央文献出版社 1997 年版，第 501~502 页。

工业化进程中的技术引进（1949－1965）

距很大。据统计自1952年到1960年，每年平均进口值约人民币1.3亿元（见表6－2，随成套设备和军工产品配套进口的仪器，尚不包括在内）。

表6－2　　　　1952～1962年仪器仪表外贸进口统计　　　　单位：万元

年份	实际进口金额（人民币）	备注
1952年	11794.0	
第一个五年计划合计	65299	五年平均每年进口金额约13060万元
1953年	13848	
1954年	15334	
1955年	13684	
1956年	10903	
1957年	11531	
第二个五年计划合计	57270	前三年平均每年进口金额约16700万元
1958年	16301	
1959年	11385	
1960年	22411	
1961年	6018	
1962年	1156	不完全统计

说明：（1）中国仪器进口公司年报表，这些数字包括维修零配件，但不包括成套进口的仪器仪表在内。（2）历年进口额是逐年实际进口金额，提出数大于此数。

资料来源：中国社会科学院、中央档案馆编：《1958—1965中华人民共和国经济档案资料选编·对外贸易卷》，中国财政经济出版社2011年版，第428页。

20世纪60年代初期的几年时间中，有关部门需要的12大类通用仪器仪表（无线电测量、射线、光学、热工、电工、机械量仪、分析、气象、计时、材料试验机、实验室设备、电子计算机）大约3500～4000种。因此，除了加快我国仪器仪表工业的发展速度外，还必须有计划地组织进口一批高级、精密仪器仪表。

据此，中央有关部门提出，1964～1967年从西方国家进口仪器仪表共需外汇 10795 万美元。根据以往经验，高级、精密仪器仪表不是年度订货可以订到的，必须有一个几年的较长期的安排和抢购时间。为此，先提出长期预订货方式，1963 年开始洽购。

1963 年 11 月，国家计委、科委联合向中央报告，提出从西方国家进口一批精密仪器仪表。报告确定"要订购的 6000 多台仪器仪表，包括无线电测量仪器 2100 台、射线仪器 250 台、光学仪器 1000 台、机械量仪 300 多台、热工仪器 450 台、电工仪器仪表约 350 台、分析仪器 350 多台、气象仪器 40 台、计时仪器 110 多台、材料试验机 250 多台、实验室设备 1100 多台、电子计算机及外部设备 36 台"。①

（二）这批仪器仪表主要用于解决以下几个方面的需要。

1. 工业方面：中央各工业部门已列入国家建设工程重点项目配套用的仪器仪表 480 多台。其中：（1）农机部为扩大拖拉机、农业机械生产的洛阳、天津、沈阳、南昌拖拉机厂建设项目用的仪器仪表 180 多台；（2）一机部为制造年产 2.5 万吨合成氨成套设备的上海大隆、精业、阀门、锅炉厂基本建设和化肥设备配套用的仪器仪表 80 多台；（3）一机部为扩大精密和军用轴承生产的洛阳、哈尔滨、北京轴承厂建设项目的仪器仪表 30 台；（4）一机部为生产高精度机床的昆明、上海、南京、武汉重型机床厂，北京精密零件厂等建设项目用的仪器仪表 115 台；（5）一机部上海和平、大华、压力、光学、综合仪器厂和北京气体分析仪器厂建设项目的仪器仪表 70 台。以上基本建设项目配套约需外汇美金 250 万元。

2. 国防方面：尖端技术及重点国防工程配套用仪器仪表共 2100 多台。其中：（1）二机部第一期工程配套及科研用的仪器仪表 200 多台；（2）三机部飞机厂、航海仪器厂、光学仪器厂、水雷厂等项目配套用的仪器仪表 30 多台；（3）国防科委系统科研及建设项目用的仪器仪表 1000 多台；（4）中国科学院（新技术局）为承担国防部门委托的科研任务和建立测试基点用的仪器仪表 600 多台。以上国防科研及工业系统约需外汇美金 1450 万元。

3. 中央各部、科学院和科委计量局为开展科学研究用的仪器仪表 2680 台。其中科委计量局为建立和健全长度、电工、光学、时间频率、无线电计

---

① 中国社会科学院、中央档案馆编：《1958—1965 中华人民共和国经济档案资料选编·对外贸易卷》，中国财政经济出版社 2011 年版，第 427 页。

量等国家基准和大区一级基准用的计量仪器 350 台。科学院、冶金部、化工部、石油部、教育部等部门科学研究用的仪器仪表约 2330 台。以上科学研究用仪器仪表约需外汇美金 1450 万元。

4. 为发展仪器仪表新产品试制用样机 640 台。其中无线电测量仪器 170 台，光学仪器 80 台，热工仪器 120 台，电工仪器仪表 90 台，材料试验机 15 台，气象仪器 8 台，计时仪器 30 台，分析仪器 30 台，实验室设备 40 台，电子计算机及外部设备 14 台。以上进口样机约需外汇美金 230 万元。

以上是初步估计数，在实际订货过程中有所调整。

（三）这批精密仪器仪表技术要求高。有些需要两三年前订货（个别要 5 年以上），其中有部分尚属"禁运"物资，选购商洽均较困难。因此，争取今年（1963 年）开始着手陆续订购，逐年交货。每年用外汇数目，则由计委根据年度外汇平衡的可能和科委商定。[①]

1963~1964 年间，中央批准了冶金、精密机械、电子工业等 100 多个项目的国外考察、询价和相机签约[②]。1965 年引进新技术的重点是冶金、矿山、汽车、机床、仪器仪表和电子工业的设备和技术，以及为建设三线所需的工程机械。配合我国自己的科学研究和群众性的技术革新、技术革命运动，为我国第三个五年计划准备一部分技术基础[③]。

仪器仪表与各行业都有密切联系，特别是与新技术有关，通过订货，可以了解到西方国家各类工业水平和新技术发展趋向，使贸易与科学技术活动密切结合。这些高级精密仪器仪表在使用中，根据工作需要按照 1963 年 9 月 7 日国务院批准的《仪器管理暂行办法》进行了调整或处理。

6.4.3 进口精密机床

进口精密机床也是引进单项设备的重要内容。

向国外订购大型精密机床，由于生产的周期长，交货时间往往需要一年以上，有的需要两三年。因此，从 1963 年起，国家计委每年都安排向资本主义国家订购一批精密机床，以保证国内基本建设和生产上的需要。为此，

[①] 中国社会科学院、中央档案馆编：《1958—1965 中华人民共和国经济档案资料选编·对外贸易卷》，中国财政经济出版社 2011 年版，第 427~428 页。
[②] 柳随年、吴敢群主编：《中国社会主义经济简史》，黑龙江人民出版社 1985 年版，第 310 页。
[③] 《建国以来重要文献选编》第 20 册，中央文献出版社 1998 年版，第 149 页。

第6章 西方技术的引进

首先制定计划。根据1965年5月4日《国家计委物资管理部关于一九六五年对资进口精密机床的报告》：

1965年，中国对资订购的机床为305台，约值520万美元。这次提出的进口机床与往年不同，虽然都是高精密的，但是主要是小型的，而且大多数是仪表工业生产所需要的，对我国国防及工业仪表制造的自力更生，有很大的促进作用。

进口的305台机床的分配是：基本建设198台（其中，主要是分配给各零字单位的51个项目，计有169台），生产技术措施方面107台，主要是分配给一机部的仪表行业和其他部门急需解决的生产薄弱环节与科研项目。

这批机床用汇150万美元，已经在1965年进口计划内留出来了，不需要另外增加。1965年订妥，1966年到货的大约有200台，需400万美元。[1]

在基建方面，着重安排1965—1966年亟待建成投产的57个重点项目的需要，其中，零字单位51个项目为169台；基础工业6个项目为29台。如三机部3个飞机发动机厂、航空仪表和精密元件厂；四机部电子仪器8个项目；五机部的内地3个炮厂和3个光学仪器厂；六机部高速柴油机厂、船用特机厂和九江航海仪表厂；二机部和六机部的4个尖端项目；冶金部的太钢万能轧机厂和红古城有色加工厂；一机部洛阳轴承厂的大型车间；八机部北京农业机械厂的发动机车间和红岩机械厂等项目的需要。

在技措方面，主要考虑一机部光学仪器的玻璃加工和仪表小模数齿轮加工的急需，石油部西安仪表厂，地质部重庆仪表厂，科学院上海光学机械研究所，轻工、纺织和一些科研单位亟待解决的需要。

这次提订305台机床（计171个品种）中，计有：车床107台，除13台较大的外，都是加工直径在280厘米以下，精度要求达一个微米的小型精密车床；磨床94台包括0~1级的螺纹磨床，光洁度达4花12级的平面磨床，直径达1厘米的内、外圆磨床等；制齿机32台，除2台较大外都是2个模数以下的，达一级精度的；铣床31台主要是精度要求高的万能工具铣床；此外还提出一些坐标镗床、电火花加工机床等。

从当时国际形势和对外贸易的情况看，本应当向法、意多进口一些，少

---

[1] 中国社会科学院、中央档案馆编：《1958—1965中华人民共和国经济档案资料选编·对外贸易卷》，中国财政经济出版社2011年版，第461页。

向西德和瑞士进口一些。但由于品种、规格和精度等要求所限，很多需要不得不提向西德、瑞士。在305台机床中，提向西德、瑞士为149台，其余155台提向英、法、意、日、瑞典五国。看来国别比较集中。今明两年（1965年和1966年）能否大部分拿到有一定困难，要求外贸部在订货时掌握适当的机动，在达到用户所提要求的基础上可以选择代用的规格和国别。[①]

通过调整，进口精密机床基本满足了国内的需要。

6.5　技术资料与技术交流引进方式

向西方引进技术，除了引进成套设备、单项设备以外，还有购买技术资料与进行技术交流引进方式。

6.5.1　购买技术资料

购买技术资料，包括购买专利、工艺方法、产品设计、工厂设计和科学试验研究的成果，这是战后资本主义国家间日益发展的一种贸易形式，也是中国引进西方技术的一种方式。

20世纪60年代初，我国对向资本主义国家购买技术资料尚缺少经验，只有就少数项目同日、法等国接触。1962年，向日本付出的购买技术资料的费用即达1亿美元。这种方式用钱少，见效快，可以吸收国外尚未普遍推行的最新的科学技术成就，配合自制或进口单项设备，可以收到和进口成套设备同样甚至更好的效果。1964年9月，国家计委在已经确定的70项购买技术资料的项目中，先提出24项询价，取得经验后进一步扩大。

当时，由于我国科学技术基础还很薄弱，有些技术资料在购买时，还需附带购买一些关键设备，以便买进后就能掌握应用。购买技术资料必须密切结合国内的科学技术试验研究，买进之后必须真能发挥作用。因此，这项工作由国家科委管理，由外贸部根据批准的计划执行。

向外国（包括苏联）购买专利皆取按产量分期提成的支付方法，就要

[①] 中国社会科学院、中央档案馆编：《1958—1965中华人民共和国经济档案资料选编·对外贸易卷》，中国财政经济出版社2011年版，第461～462页。

把产量告诉对方,并允许对方视察指定的工厂。① 由此,在与西方国家的经贸交流初期,中国对资本主义国家存有戒心,在探索新的引进方式上放不开手脚,采用新的引进方式最终进展不大。

6.5.2　进行技术交流

技术交流也是一种技术引进方式。

例如,1963年,结合日本工业展览会在中国的举办和贸易活动,中日开展了技术交流。除日本工业展览会期间,日方派来了约二百四十名贸易和技术人员外,我国各有关工业科技部门还通过贸易途径邀请十余批日本专业技术人员来访。日本厂商为了向我国推销各种设备,主动向我国介绍技术,要求同我国进行技术交流活动的日益增多。据不完全统计,仅通过日本工业展览会期间的技术交流活动,中国各部门就获得了约二百多项重要的技术和三百四十余份日本研究机关内部资料。这对我国某些生产技术方面的提高有一定帮助。②

1964年9月之前,我国通过同日本进行技术交流,互相派人参观、考察和交换经验,引进了一批用其他方式很难取得的新技术和设备（41项单项设备和一批技术资料）,同时为进口五项成套设备项目找到了途径。

根据对外贸易部统计,截至1965年8月9日,卖方按合同规定派来了130名工程技术人员到我国进行设备安装工作,我国也先后派了66人去卖方工厂进行设备检验和实习。③

总之,由于种种原因,技术交流的规模较小。

6.6　技术引进项目的执行情况

20世纪60年代初,引进西方技术是在使我国科学技术迅速赶上和超过世界水平这一战略任务下进行。中国引进西方技术首先要解决当时的经济困

---

① 《建国以来重要文献选编》第20册,中央文献出版社1998年版,第151页。
② 中国社会科学院、中央档案馆编:《1958—1965 中华人民共和国经济档案资料选编·对外贸易卷》,中国财政经济出版社2011年版,第472~473页。
③ 中国社会科学院、中央档案馆编:《1958—1965 中华人民共和国经济档案资料选编·对外贸易卷》,中国财政经济出版社2011年版,第462页。

难，填补20世纪50年代引进苏联技术中消费资料领域的技术空白，例如，1962年9月我国确定引进日本维尼纶设备，1963年我国同英国签订的第一个引进成套设备合同是合成氨项目，以后我国又向英国订购了生产聚乙烯成套设备，还从意大利引进了两套化肥生产设备和一套石油加工联合装置成套设备，从联邦德国和法国引进了化工生产的成套设备。这些成套设备的引进，对于解决吃、穿、用等与人民生活相关的问题起了一定的作用。

同时，引进西方技术更要加强和改善生产资料技术体系中的薄弱环节，填补缺门短线技术，注意引进国内空白的关键技术，如基础化学工业、合金钢冶炼、特种钢材轧制等我国缺少的工业生产技术。

20世纪60年代是新中国成立后从西方国家引进技术的初始阶段，技术引进工作比较谨慎，引进项目整体上符合当时我国的实际需要。"进口这些项目之后，将在工业技术的若干主要方面提高我国技术水平，扩大原料应用范围，增加一些迫切需要的新产品品种，改进生产工艺，改进和稳定某些产品的质量，若干行业将有一个或几个具有相当机械化、自动化水平的样板厂，并且通过新技术的引进，将大大提高我国工业的劳动生产率。"[①] 不少项目顺利投产，较快地达到或超过了设计能力，取得了比较好的技术与经济效果。

6.6.1 调整产业结构

在国民经济调整时期，为解决严重的吃穿用问题，中国对重工业优先发展的产业结构进行了调整，农业开始受到重视，工业部门中的支农工业（如化肥、农药等）以及与人民生活有关和增加出口的轻工业（如人造纤维、合成脂肪酸等）也受到重视（见表6-3）。

这一时期的技术引进中，冶金、石油化工和轻纺占了大部分（见表6-4），能源工业和军工这两个20世纪50年代的重点引进部门引进项目大大减少。在冶金方面，引进技术的重点是过去苏联没有转移或技术上不过关的氧气顶吹转炉炼钢、合金钢板、管加工制造设备、稀有金属材料和半导体材料的加工等空白领域；石油化工和轻纺方面主要是维尼纶、腈纶等合成纤维，高压

---

① 中国社会科学院、中央档案馆编：《1958—1965中华人民共和国经济档案资料选编·固定资产投资和建筑业卷》，中国财政经济出版社2011年版，第370页。

聚乙烯、聚丙烯腈等塑料原料，用白金催化形成法生产苯（即铂重整石油加工工艺），用砂子裂解法生产乙烯，用天然气或重油制合成氨和尿素等，这些多是世界新兴的工业技术。

表6-3 国民经济调整时期农轻重在工农业总产值构成中的变化情况　　单位：%

年份	农业	轻工业	重工业
1960	21.8	26.1	52.1
1965	37.3	32.3	30.4
1966	35.9	31.4	32.7

资料来源：《中国统计年鉴（1983）》，中国统计出版社1983年版，第20页。

表6-4 "三五"时期前和1963~1965年各工业部门基本建设投资比重（以工业部门投资额为100）　　单位：%

时期	冶金工业	电力工业	煤炭工业	石油工业	化学工业	机械工业
"一五"时期	18.6	11.9	11.9	4.8	5.4	15.4
"二五"时期	23.2	12.2	11.9	3.4	7.6	16.0
1963~1965年	16.1	10.5	12.0	7.8	11.2	11.6
"三五"时期	18.2	12.7	8.6	7.2	11.5	13.7

资料来源：《中国统计年鉴（1984）》，中国统计出版社1984年版，第311页。

顺应这种形势，化肥、农业机械等支农工业技术和以化学纤维为主的轻工业技术成为该时期产业技术发展的重点。

纵观这一阶段技术引进，除个别项目因购买对象选择欠当、甚少有进展，有的项目也发生过一些波折外，总的来说，工作的进行还是顺利的。由于资本主义各国矛盾重重，在经济危机前景的威胁下，都拼命争夺中国市场，各国厂商为了兜揽生意，在与我代表团接触和提供报价资料方面都表现得很积极。向资本主义国家购买成套设备和技术资料，时机是有利的。因此，大体上按照我国的原定计划，以比较合理的条件买进了这些设备。

6.6.2 技术引进规模小

20世纪60年代，我国工业生产建设是在经济大调整的背景下，努力改善产业内部结构,对已经形成的生产能力填平补齐,使其充分发挥效益并提高产品质量和现有企业的生产技术水平。在这个时期,我国的技术引进工作遵循这个原则,在引进成套设备时,明显提高了中小型项目的比例。由此,引进设备项目中中小型居多,大型的少,且主要用于现有企业的技术改造,用于新建的少。规模稍大的只有北京维尼纶厂、兰州化学工业公司有机合成厂和太原钢铁公司三个新建、扩建工程,各支付外汇4000万美元左右,合计共占全部用汇的39.50%。次之是四川特殊合金钢材项目、泸州天然气化工厂和淮南电厂,各支付外汇1000多万美元,共占全部用汇的15%。其余的项目都是1000万美元以下的中小型项目,约占这一时期用汇总额的一半,主要用于现有企业的改造。①

引进项目的执行效果不好。尽管中央陆续批准了大批引进项目,但到1966年,实际成交的引进项目和规模十分有限。实际引进项目少于中国原计划必需引进的项目,使中国可以引进的新技术减少,中国借助引进进行技术革新的技术源也减少了,这是导致中国自20世纪60年代起自主发展技术只能主要以陈旧的苏联技术为基础来进行的一个直接原因。

6.6.3 技术引进工作进展缓慢

20世纪50年代,中苏两国具有同盟关系,使中国在引进工作的各个环节时时有苏联专家的帮助和指导,这与一般国际市场上的技术贸易根本不同。一般情况下,引进技术前的谈判、资料搜集、国外技术情况的分析比较、国际技术市场行情的了解和把握、国内消化能力的估计,以及技术设备引进以后的建设、试制、投产等各环节,引进方都要独自事先做好充分而审慎的研究论证以及实际准备,这是体现引进方参与国际技术市场、进行技术引进工作的能力和水平的一个十分重要的方面。

20世纪50年代,中国从苏联和东欧人民民主国家引进技术,并在这些国家的全面指导和建议下进行引进的前期工作,缺乏在真正的国际技术市场上锻炼自行引进技术的能力和积累经验的机会,加之国内"左"的意识形态的干扰,使得20世纪60年代中国引进西方技术进展十分缓慢。"上述缺点的产生,是同对经济形势和出口贸易增长的估计不足,有一定关联的。在

---

① 汪海波等:《新中国工业经济史》(第3版),经济管理出版社2017年版,第191页。

第6章　西方技术的引进

我们的具体工作中还存在许多问题,如不少项目情况不明,准备不足,技术上不落实,不能及时提出谈判方案;在询价、谈判时缩手缩脚,不敢放手进行;在选择进口国家时顾虑过多,迟迟不决;在派遣出国人员时限制过严过死,以致派不出人或人选不当而贻误工作。"例如,到1965年4月,引进新技术的工作主要是谈判和签订合同。只有两个项目交完设备并建成验收(一项是干式乙炔发生器,一项是第一个维尼纶厂),十三个项目开始交付设备,1966年、1967年才开始有更多的项目建成验收。[1] 显然,这样的进度与20世纪50年代一年就签订几十项大型引进合同的进度相比是十分缓慢的。

由于调整时期技术引进工作主要还在谈判和签订合同上,造成大多数合同在"文化大革命"期间执行。在"文革"中,只有近1/3的引进项目(按合同金额计算)执行完毕,效果较好,约60%的合同没有执行完毕,或虽执行但长期达不到设计能力,有些设备一直到20世纪70年代末经过重新组织技术力量进行调整后才达到原设计目标,有些设备甚至到20世纪80年代都达不到设计能力,还有一些引进设备在无人负责的状况下报废。

---

[1] 《建国以来重要文献选编》第20册,中央文献出版社1998年版,第148、151页。

第7章

技术引进的分析与评价

20世纪50年代，中国引进苏联技术，奠定了中国工业化的基础，对中国工业化和技术发展等产生了深刻的影响。20世纪60年代，中国开始引进西方技术，促进了中国工业化体系建设。

7.1 技术引进的特点分析

20世纪50年代，中国引进苏联技术是及时的、必要的，使我国最大限度地建立起了重工业体系，迅速地奠定了我国工业化的基础，提高了技术水平，缩小了我国与工业先进国家的技术差距，为我国进一步的技术引进积累了丰富的经验和教训。20世纪60年代初，为了解决人们的吃穿用问题，中国引进西方技术，进一步促进了中国工业化体系的完善。

7.1.1 建立在一定利益基础上的技术引进

20世纪50年代，苏联援助中国，中国引进苏联技术，是以共同的意识形态和中苏已经结成政治和军事同盟为基础，建立在经济上需要双边密切合作的基础上。

20世纪50年代，全球处在冷战时期，以美苏为首的两大阵营尖锐对立。苏联和东欧人民民主国家对我国大规模的技术援助就是建立在共同的意识形态和政治同盟基础上的，是社会主义国家之间的技术援助或技术引进。

新中国奉行"一边倒"政策。"一边倒"的外交政策使新中国技术引进

第7章 技术引进的分析与评价

主要选择苏联和东欧人民民主国家，而不能选择其他国家的先进技术。当苏联不能直接提供部分配套技术和设备时，就由苏联方面组织在社会主义大家庭或者其他国家实施转口贸易，这与西方国家之间的技术引进和西方技术曾经向苏联的转移情况是有本质差别的。

1950年2月，中苏两国签订了《中苏友好同盟互助条约》，缔结了政治同盟。之后，中苏之间先后签订了有关经济技术援助、科学技术合作、文化教育交流、军事援助、帮助中国发展原子能的协定等。根据这些协定，苏联给予中国全方位的援助，中国引进了大量苏联先进技术。20世纪50年代，苏联技术基本满足了中国的民用技术援助要求，苏联专家与顾问把自己的技术和经验传授给中国技术与管理人员。但是，在尖端军事技术方面，特别是在核工业方面，苏联的援助还是有所保留和限制的，不愿意提供最先进的技术，这与苏联的政策有直接关系。

这种基于意识形态和政治同盟的技术援助或技术引进完全取决于中苏两国的国家战略和政治关系，因此决定了苏联的技术援助与中苏贸易等活动不是纯粹的经济关系，而是在两国共同利益下的国家战略和政治关系。例如，苏联曾向中国说明中苏两国贸易是政治贸易，苏联对中国的贸易绝不赚钱。

这种基于共同意识形态基础上具有国家战略和政治关系性质的技术援助或技术引进是不稳定的。回顾20世纪50年代苏联对华援助的历史过程，中国引进苏联技术，奠基了新中国经济发展的重要物质基础，为中国经济、技术等对外开放进行了最初的探索。20世纪50年代后期，中苏两国意识形态出现分歧，政治同盟开始破裂，1960年苏联终止对中国的技术援助，中国由此开始停止引进苏联技术。20世纪60年代初，中国进行战略调整，为了解决人民的吃穿住问题，主要从西方引进技术，并较多地考虑经济利益。尽管技术引进规模不大，但是这是新中国第一次引进西方技术，为日后进一步引进西方技术积累了经验。20世纪70年代以来，中国从欧美引进先进技术，促进了中国的技术进步，实践证明，技术引进要取得成功，要以共同经济利益为基础。

当今经济全球化使得技术资源在全球的分布越来越广泛，中国多层面、全方位和宽领域的开放格局，给中国引进国际先进技术与促进自身发展提供了难得的机遇。因此，我国要在国际技术合作与交流中，达到在竞争中合作、互利双赢的终极目标。

7.1.2 中央政府统一计划和部署技术引进

20世纪50~60年代,中国的历次技术引进都是在党和政府的严格计划和统一部署下以国家为主体进行的,取得了较好的成就。

新中国成立时,不仅工业基础极其薄弱,而且工业布局和产业结构也极不合理。在这样的经济技术基础上进行大规模的经济建设,必须加强领导,采取集中方式,有效地利用有限人才、资金,使之发挥最大的效用。

20世纪50年代,我国引进苏联技术,是在"一五"计划建立工业化的基础与优先发展重工业的指导思想下进行的。根据国家经济和国防建设的需要,在中央政府的统一计划和部署下,由中央确定援助项目的轻重缓急、先后顺序、投资比例和地区部署等。一些重大的经济技术援助协定往往由中苏双方国家领导人直接进行谈判。例如,新中国成立初期毛泽东到苏联访问,商谈有关协议。《关于苏维埃社会主义共和国联盟政府援助中华人民共和国中央人民政府发展国民经济的协定》是由周恩来、陈云、李富春等国家领导人直接参与谈判的。

为了加强苏联对我国的3亿美元贷款的管理,1951年9月1日,中财委规定,此项贷款除与苏方结算事宜依照中苏贷款协定第四条之规定办理外,其余有关此项贷款之管理、使用、还本付息等事宜,均统一由中央人民政府财政部负责办理,其具体管理办法,由该部规定,各使用贷款物资之部门,均须遵照执行。[①] 为了加强管理,1952年我国专门设立了国家计划委员会,负责国民经济综合计划、社会发展计划和重要生产要素分配与配置计划的制定。当时的国家计划委员会领导着十几个经济部委,曾经与政务院平行,掌握着较多的资源。国家技术援助项目一般由国家计划委员会审批,重大项目则由政务院批准。

实际上,这种技术援助或技术引进模式,其有效性主要体现在援助成套设备,以及大规模产业移植。这种在中央的严格计划和统一部署下以中央政府为主体进行技术引进的模式,对于经济技术基础薄弱的新中国是必要的,曾经发挥了极大的历史作用,是利用中国后发优势实现技术跨越的重要方式。

---

① 中国社会科学院、中央档案馆编:《1949—1952中华人民共和国经济档案资料选编·基本建设投资和建筑业卷》,中国城市经济社会出版社1989年版,第137~138页。

第7章 技术引进的分析与评价

20世纪60年代初,从西方引进技术工作是一项新的、极其重要的任务,从确定项目到建设完成,需要由国务院各有关部、委通力合作进行。为此,中共中央和国务院成立成套设备进口五人小组,其任务是在从西方国家进口成套设备的谈判和进口过程中,就各部门提出但外贸部和其他部门所不能解决的有关政策和工作问题提出意见,并处理总理交办的其他工作。同时,根据国家各部门的职责,明确技术引进分工。

20世纪70年代以后,中国也基本上采取这种技术引进方式。这种以国家为主体的技术引进,能集中全国力量,快速实施技术引进。但是,在国家经济和技术有了相当基础之后,其弊端越来越明显。如果仍然坚持这种技术引进模式,由国家对技术引进进行严格计划和统一部署,必将忽视国营企业在技术引进中的作用,并进而抑制国营企业在引进技术的基础上进行创新。为了调动国营企业技术引进的积极性,进一步促进创新,国家出台了一系列措施,但总体上看,效果不好。

改革开放以来,随着市场经济体制的建立,在国家宏观指导下,中国的技术引进越来越多地发挥企业技术引进的积极性、主动性,取得了较好的效果。

7.1.3 以成套设备为主的技术引进

引进苏联技术和西方技术,都是以成套设备引进为主,这是历史的必然。

新中国成立之初,由于我国工业和技术基础极其薄弱,管理人员严重匮乏,在此基础上引进苏联技术以成套设备为主,辅之以多种方式。

据统计,20世纪50年代我国共引进415个项目,其中在苏联技术援助中国过程中与苏联签订引进成套设备合同304项,与东欧国家签订引进成套设备合同108项。[①] 这些项目是新中国首次开展的以成套设备引进为主的大规模工业建设项目。苏联与东欧人民民主国家援助中国的这些项目以156项工程为核心、以900余个大中型项目(限额以上项目)为重点,使中国史无前例地形成了独立自主的工业体系雏形。

---

① 中国社会科学院、中央档案馆编:《1953—1957中华人民共和国经济档案资料选编·固定资产投资和建筑业卷》,中国物价出版社1998年版,第440页。

工业化进程中的技术引进（1949—1965）

20世纪60年代初，中国引进西方技术，主要采取了进口成套设备、进口单项设备、购买技术资料、进行技术交流等方式。其中，进口成套设备仍然是主要方式。

成套设备的引进方式相当于把技术转让国的新型工厂整体照搬过来，直接使用这些设备就能生产，能够很快形成生产能力。由此，中国技术能力也有了明显的提高，促进了工业化进程，在很长时期这种方式一直是中国技术引进的主要方式。

1972年中国恢复在联合国的合法席位以后，相继与美国、日本等国建立了外交关系，为进一步引进西方技术创造了良好条件。在此期间，中国先后与日本、德国、英国、法国、荷兰、美国等国厂商签订了310项新技术和成套设备项目合同，主要包括大型化肥设备、大型化纤设备、石油化工装置、数据处理、轧钢设备、发电设备、采煤机组等，其中引进成套设备仍然是主要的技术引进方式。

但是成套设备的引进需要巨额外汇和资金，同时由于引进方进一步消化、吸收并在此基础上进行创新的动力和压力不足，相较于其他引进方式而言，成套设备的引进不利于引进技术的国产化。

改革开放以来，成套设备引进在相当长的时期内还是主要的技术引进方式。这一时期，中国技术引进总体上呈现迅速扩大的态势，中国通过各种方式，积极地大量引进国外先进技术和设备，在技术引进规模迅速增长的同时，技术引进的重点也由以新建项目为主转向以对现有企业进行技术改造为主，引进方式由购买成套设备为主转向以采用许可证贸易、合作生产、顾问咨询和技术服务等为主。

随着改革开放的推进，特别是在世界经济技术一体化趋势下，2003年11月，商务部等联合出台了《关于进一步实施科技兴贸战略的若干意见》，标志着中国技术引进进入了一个新的发展阶段，技术引进主要集中在电子信息及通信设备制造业、铁路和交通运输、能源等行业。由此，引进"软件"技术所占比重有了很大提升，与此同时，成套设备、关键设备和生产线等"硬件"技术的引进则大幅减少。2011年，专有技术许可合同成交额为119.41亿美元，占技术引进总金额的37.13%，是我国技术引进最主要的方式；技术咨询和技术服务合同金额为115.29亿美元，占合同总金额的35.85%，列第二位。上述两项技术引进金额占技术引进总金额的72.98%。

而成套设备、关键设备和生产线的技术引进额从2006年的13%下降到2011年的2.84%。①

当前，中国技术引进的质量已经得到很大的提高，已由最初以引进成套设备、关键设备、生产线为主转变为以专有技术许可、技术咨询和技术服务等为主。技术进口呈现出以外商投资企业为主、民企增幅强劲的态势。为此，在引进必要关键设备的同时，要强化技术引进以"软件"为主的方式，重视人力资本、信息技术的引进。

7.2 对引进技术水平的评价

由于经济发展不平衡，不同国家之间或同一国家的不同地区之间形成了若干技术梯度，使得技术转移、技术引进成为可能。当时，相比中国，苏联技术水平较高，处于较高的技术梯度水平。

十月革命胜利后，苏联重视科学技术的发展，坚持引进和利用外国资金、吸收西方国家的先进技术以拯救和发展本国经济，提出了"共产主义就是苏维埃政权加全国电气化"的著名论断，高度概括了科学技术是共产主义社会的基础。其后，苏联出台了一系列科学技术发展政策，经过几十年的艰苦奋斗，苏联终于走完了西方发达国家要一二百年才能走完的进程，在经济建设和科学技术方面取得了举世瞩目的成就。

苏联建立了从中央到地方的各级科学技术管理机构，并形成了以科学院、各专业科研机构和高等院校三大系统为骨干的多层次的科研机构网络。到1940年，苏联的科研机构已达到5300个，设计机构10000个，科技情报机构12000个，试验基地和实验室3000个，成为世界上拥有巨大科学潜力的科技强国之一②。

在基础理论的研究方面，20世纪50年中期至80年代末，苏联获得诺贝尔奖10项，获奖学者共13人。其中，1956~1965年获得诺贝尔奖6项，这反映出苏联学者在基础理论学科研究方面已达国际先进水平。在应用科学

---

① 李虹：《国际技术转移与中国技术引进》，对外经济贸易大学出版社2016年版，第187页。
② 宋超：《建国初期中苏农业新科技合作研究》，中国三峡出版社2009年版，第41页。

工业化进程中的技术引进（1949－1965）

和高技术领域，苏联科学家同样取得了轰动全球的巨大成就。1953年世界第一颗氢弹由苏联试爆成功，1954年第一座核电站落成，1957年第一艘原子破冰船下水。苏联在航天技术领域最早实现了人类飞向宇宙的壮举，1961年4月，Ю.加加林乘"东方－1"号宇宙飞船首次完成环绕地球飞行。为了展示社会主义建设成就，苏联在1957年10月4日成功发射了人类第一颗人造卫星。1957年11月2日，毛泽东抵达莫斯科，准备参加十月革命40周年庆典，在伏努科夫机场的讲话中高度赞扬苏联取得的成就："在40年的建设过程中，苏联异常迅速地获得了辉煌的成就，许多方面都站在世界各国的最前列，为追求进步和幸福的人民树立了卓越的榜样。苏联发射第一个人造地球卫星不是一个简单的事件，人类进一步征服自然界的新纪元从此开始了。"①

11月3日，苏联又成功发射一颗人造卫星。6日，在庆祝十月革命40周年大会上，毛泽东又说："苏联的面貌在40年间完全改变了。在革命以前，俄国的经济力量和技术力量曾经是比较落后的。现在苏联已经成为世界上第一等强大的工业国家。苏联人民的生活水平不断地提高。苏联的教育、科学、文化事业的发展规模远远超过了资本主义国家。苏联建立了世界上第一个原子能发电站，制成了世界上第一批喷气式客机，制成了世界上第一批洲际弹道火箭，发射了世界上第一个和第二个人造卫星。全世界公认：苏联两次发射人造卫星的成就，开辟了人类征服自然界的新纪元。"②

苏联在一些领域处于世界领先地位。苏联在数学、物理学、核动力学、天文学等重要基础理论科学方面取得了卓越成就，在航天技术、可控热核聚变和磁流体发电技术等方面的先进水平也是世界公认的。苏联的化肥、合成橡胶、石油、煤炭、拖拉机和电力机车等20余种产品产量均居世界首位。但是，从总体上看，20世纪50年代苏联科技水平落后于美国。

20世纪50年代，中苏两国相比，苏联处于较高的技术梯度水平，中国则处于较低的技术梯度水平。苏联向中国转移的技术有不同的层次，大多数属于中国没有或者薄弱的中间技术，以及一些先进技术、尖端技术（如导

---

① 《建国以来毛泽东文稿》第6册，中央文献出版社1992年版，第615~617页。
② 《建国以来毛泽东文稿》第6册，中央文献出版社1992年版，第616页。

第7章 技术引进的分析与评价

弹和核技术）等。①

苏联技术水平较高，中国得到了一些苏联国内最先进的技术，甚至当时世界一流的技术。中国的技术水平也因此提高到了国际上20世纪40年代的水平，有的还更高一些。例如，中国在钢铁等方面得到了世界一流的技术。

由于受到种种限制，在核技术方面中国没有得到先进的技术。在汽车工业技术水平方面，虽然苏联技术在世界上并不高，落后于美国、德国等资本主义国家②，但也在技术上给中国提供了很大的支持。

20世纪50年代，中国引进苏联技术迅速提升了中国的技术和经济基础。20世纪60年代初，中国技术水平整体比西方低，中国引进西方的一些技术，同样促进了中国工业化水平的提高。

1963年8月12日，国家计委提出计划从西欧国家进口成套设备二十项。这二十项全部是化工、化肥、石油、合成纤维工业的项目，这些已经决定购买的项目，经过反复了解，可以认为都代表着目前世界上先进的水平，其中大部分是我们自己多年来没有解决，过去向苏联提出过，而他们在这些方面很落后，并不能供应我们的项目。③

在引进单项设备方面，中国进口了西方许多精密机床、仪器、仪表等，这些设备代表了西方的先进技术，解决了中国工业化的需要。

通过这些设备和技术的进口，我国化学工业在第三个五年计划期间在技术上有了突出的发展，石油工业有望在勘探技术和油品品种方面赶上世界水平，同时在冶金工业、机械工业，特别是仪器仪表工业、电子工业方面解决了一批我国长期摸索，或者曾向苏联提出而未得到解决的问题。

例如，1965年8月，经国务院批准，有关部门进口了氧气顶吹转炉，大大提高了我国钢铁工业的现代化水平。同时，有关部门引进尖端技术及重点国防工程配套用仪器2100台，对我国在20世纪60年代成功爆炸原子弹、氢弹和后来卫星成功发射，具有非常重要的意义。

尽管引进了西方技术，但是，苏联技术在20世纪60年代中期至70年代末仍然是中国自力更生的基础，20世纪80年代初期以来，苏联技术仍然

---

① 张柏春等：《苏联技术向中国的转移（1949—1966）》，山东教育出版社2004年版，第402页。
② 李越然：《中苏外交亲历记》，世界知识出版社2001年版，第108页。
③ 中国社会科学院、中央档案馆：《1958—1965中华人民共和国经济档案资料选编·固定资产投资和建筑业卷》，中国财政经济出版社2011年版，第365页。

工业化进程中的技术引进（1949－1965）

是中国技术进步与技术发展的基础。随着西方先进技术日新月异，大规模引进西方先进技术成为中国发展的必然。

7.3 技术引进对中国新增生产能力的贡献

中华人民共和国成立初期，经济基础薄弱，现代工业十分落后，与发达国家相比，中国的工业技术水平至少落后150年以上。为此，新中国采取了优先发展重工业的战略，或称赶超战略，使中国的技术进步与技术发展具有追赶性质，即在较短的时间内完成世界工业化国家在较长时间内走过的道路，尽量缩短与工业发达国家之间的差距。因此，中国的技术进步和技术发展的主要目标就是建立比较完整的工业体系，特别是发展重工业。

为实现此目标，在新中国成立初期十分落后的经济和技术条件下，只能主要依靠技术引进。20世纪50年代中国引进苏联技术就清楚地说明了这一问题。

以156项工程为核心，中国引进苏联技术，初步奠定了中国工业化的基础。自此中国现代工业主要产业中的许多大型成套设备和工程装置都是源于技术引进，特别是一些技术水平较高的新产业的形成与发展，基本上依赖于大规模的技术引进（见表7－1）。

表7－1　　　　　　　　引进技术对新增生产能力的贡献

产品名称	单位	20世纪50年代引进装置投产的生产能力	占1960年底累计全国基建新增能力的比重（％）
生铁	万吨	590	35
钢	万吨	650	42
钢材	万吨	489	58
铜	万吨	2.5	21
铝	万吨	4.1	34
原煤	万吨	2570	13

续表

产品名称	单位	20世纪50年代引进装置投产的生产能力	占1960年底累计全国基建新增能力的比重（％）
发电机组容量	万千瓦	450	40
合成氨	万吨	22.5	45

资料来源：焦雄华主编：《中国技术引进的经验与探索》，中国标准出版社1996年版，第197页。

1949～1958年，我国主要工业部门的主要技术经济指标提高情况如表7-2所示。

表7-2　　1949～1958年部分年份主要工业部门的主要技术经济指标

分类	计量单位	1949年	1952年	1957年	1958年
发电设备利用小时	小时	2330	3800	4794	5518
发电标准煤耗率	公斤/度	1.020	0.727	0.604	0.559
原煤回采率	％	63.1	76	81.9	82.7
高炉利用系数	吨/立方米、昼夜	0.62	1.02	1.32	1.49
平炉利用系数	吨/立方米、昼夜	2.42	4.78	7.21	7.78
金属切削机车利用率	％		58.8	64.8	82.9
棉纱每千锭时产量	公斤	16.60	19.64	20.67	23.48
棉布纺机每台时产量	米	3.516	3.988	4.075	4.160
每件纱用棉量	公斤	205.85	198.97	193.56	192.85

注：高炉利用系数是大中型高炉的数字，原煤回采率是指大中型煤矿的回采率，1952年金属切削机车利用率是1953年的数字。
资料来源：国家统计局编：《伟大的十年》，人民出版社1959年版，第97页。

以156项重点工程为核心的苏联技术援助，使中国工业生产能力大增。在"一五"时期动工的大型骨干项目建成投产，1958～1960年主要产品的生产能力有较快的增加，与"一五"时期相比，重工业的重要产品的主要生产能力都有较大的增加，1953～1960年主要产品新增生产能力的比较见表7-3。

工业化进程中的技术引进（1949-1965）

表7-3　　1953~1960年我国主要产品的主要生产能力比较

产品名称	单位	1953~1957年累计新增的生产能力	1958~1960年累计新增的生产能力
铁矿开采	万吨	1643.4	2177
炼焦	万吨	329.1	1109
炼铁	万吨	338.6	1339
炼钢	万吨	281.6	1254
轧钢	万吨	158.8	686.3
铜采矿	万吨	218.7	1149.7
铜冶炼	万吨	0.7	9.2
铝电解	万吨	3.9	8
煤炭开采	万吨	6376	13574
天然石油开采	万吨	131.2	501.3
石油加工	万吨	114.7	389.4
发电机组容量	万千瓦	246.9	750.3
化肥	万吨	9.24	60.13
化纤	万吨	0.5	0.53
棉纺锭	万锭	201.0	287.4

资料来源：《当代中国》丛书编委会编，彭敏主编：《当代中国的基本建设》上卷，中国社会科学出版社1989年版，第120页。

工业技术水平有了大幅度提高，主要表现为：工业设备和工人技术装备水平提高；工业机械化程度逐步提高；技术经济定额逐渐改进；先进经验得以推广；工业产品种类增多，新产品的性能有显著提高。

20世纪50年代我国经济发展较快，1950~1952年、1953~1957年、1950~1958年间工业总产值平均每年增长速度分别为34.8%、18.0%、28.1%。① 特别是在"一五"期间，国民经济全面高速增长，工业生产飞速发展，到1957年平均年增长速度18.0%，比计划规定的速度快了3.3%，工业的发展速度远远超过了主要资本主义国家（见表7-4、表7-5、表7-6）。

---

① 国家统计局编：《伟大的十年》，人民出版社1959年版，第78页。

表7-4　　　　　1953~1957年我国经济的增长速度　　　　　单位：%

项目	1957年比1952年增长	平均每年增长
社会总产值	70.9	11.3
国民收入	53.0	8.9
工农业总产值	67.8	10.9
工业总产值	128.6	18.0
农业总产值	24.8	4.5

资料来源：国家统计局编：《中国统计年鉴（1981）》，中国统计出版社1982年版，第12、17~20页；《中国统计年鉴（1985）》，中国物价出版社1985年版，第21页。

1958~1965年国民收入、工农业总产值、工业总产值、工农业总产值的年增长速度分别为3.2%、6.0%、8.9%、1.2%[①]，都低于1953~1957年对应的数值，说明"一五"计划时期技术引进的效果明显。

表7-5　　　中国工业生产平均增长速度与主要国家比较　　　单位：%

期间	中国	苏联	美国	英国	联邦德国	法国	日本
1950~1952年	34.8	16.9	8.5	2.2	16.2	6.5	19.5
1953~1957年	18.0	11.6	3.6	3.8	10.1	7.9	15.0

资料来源：中国社会科学院、中央档案馆编：《1953—1957年中华人民共和国经济档案资料选编·工业卷》，中国物价出版社1998年版，第1147页。

表7-6　　　　　1953~1957年平均每年增长速度　　　　　单位：%

国家	工业生产指数	钢	生铁	原煤	发电量
中国	18.0	31.7	25.2	14.4	21.6
英国	4.1	5.7	5.9	下降	7.8
美国	2.8	3.9	5.0	7.8	9.1

资料来源：国家统计局编：《伟大的十年》，人民出版社1959年版，第96页。

---

① 国家统计局编：《中国统计年鉴（1981）》，中国统计出版社1982年版，第12页。

工业化进程中的技术引进（1949-1965）

通过"一五"时期的技术引进，中国的经济与新增生产能力都有了提高，但是与发达国家相比仍然有较大差距。

7.4 技术引进对中国经济增长的贡献

20世纪50年代以来，中国采取赶超工业化发展战略，引进苏联的成套设备、资金、人才、管理制度和方法等，促进了中国的技术进步和中国工业化进程，实现了经济的快速发展。

根据西方经济增长理论，技术进步对经济增长的贡献通常用余值的方式估算，在所有的经济体系中，技术进步成为除了资金、劳动力之外的一个重要的测算指标。

技术进步率大多用剩余法计算，即用生产函数从生产的增长率中减去劳动和资本的增长率，或有一个增长剩余（索洛剩余），即为技术进步率。工业技术进步状况测评通常采用技术进步水平指标、全要素生产率指标和技术进步贡献率指标。

技术进步速度反映了技术进步水平的变化，技术进步水平反映了相对于基期，通过技术进步而达到的技术水平，设定基期的技术水平 A_0 为 1，则 t 期技术水平 A_t 为：

$$A_t = A_{t-1}(1+a) = A_0(1+a)^t$$

其中，a 为技术水平年均增长率。在测定中国工业技术进步水平时，选取全民所有制企业，基期取为 1952 年。

技术进步率用全要素生产率指标（TFP）表示，是指所投入的生产要素的组合和产出之比，反映了生产过程中投入转化为产出的效率，是产出增长与要素增长之间的差额，是技术进步经济效益的综合衡量指标，在某种程度上绝对地反映了技术进步的大小，计算公式如下：

$$TFP = Y/K^{\alpha}L^{\beta}$$

其中，Y 为产出，K、L 分别为资金和劳动的投入，α、β 分别为资金和劳动的产出弹性系数。

技术进步贡献率是直接反映技术进步对经济增长所做贡献的一项综合指标，反映了技术进步在产出增长中的贡献大小或所占的比重。其公式如下：

第7章 技术引进的分析与评价

$$E_A = a/y \times 100\%$$

其中，a 为技术进步速度，y 为产出年增长速度。

上述指标各有侧重，a 与 A_t 反映了技术进步的态势，A_t 与 TFP 又反映了技术进步水平与经济效益，二者为未来经济发展提供信息，E_A 反映了技术进步对过去和现时的影响。

1952~1982 年全民所有制独立核算工业企业的技术进步速度及其贡献率分阶段测算结果如表 7-7 所示。

表 7-7　全民所有制独立核算工业企业的技术进步速度及其贡献　单位：%

期间	年技术进步速度	技术进步贡献	劳动贡献	资本贡献
1952~1957 年	8.61	46.9	18.5	34.6
1957~1965 年	1.88	20.7	28.9	50.4
1965~1976 年	0.31	3.6	22.3	74.1
1976~1982 年	4.31	50.0	18.4	31.6

资料来源：史清琪等：《技术进步与经济增长》，科学技术文献出版社 1985 年版，第 124 页。

20 世纪 50 年代，全民所有制工业是中国工业的主体，对全民所有制企业技术进步状况进行测评，大体可以反映出 20 世纪 50 年代工业化进程中技术进步的运行状况。20 世纪 50 年代，中国工业技术进步水平是在波动中逐步提高的，技术进步速度在 1952~1957 年之间达到了年平均 8.61% 的水平，全要素生产率（TFP）增长率和技术进步水平（A_t）也分别由 1952 年的 0.3609 和 1 上升到了 1959 年 0.8991 和 2.4914，而到 1960 年则开始下降（见表 7-8）。

表 7-8　20 世纪 50 年代中国全民所有制企业全要素生产率增长率与技术进步水平

指标	1952 年	1953 年	1954 年	1955 年	1956 年	1957 年	1958 年	1959 年	1960 年
TFP	0.3609	0.4107	0.4772	0.5368	0.6131	0.6018	0.7137	0.8991	0.8693
A_t	1	1.1381	1.3224	1.4876	1.6990	1.6676	1.9778	2.4914	2.4089

资料来源：王关义主编：《中国工业技术进步的现状、问题与对策》，经济科学出版社 1993 年版，第 56 页。

工业化进程中的技术引进（1949－1965）

20世纪50年代工业经济增长中，技术进步成为重要的支撑。1952~1957年期间的技术进步对经济增长的贡献率为46.9%，高于1957~1965年的20.7%和1965~1976年"文化大革命"期间的3.6%。

一方面，这表明，相比"大跃进"时期，1952~1957年的技术进步对经济增长的贡献较大，比20世纪50年代后期以及60年代的数据要高得多，说明20世纪50年代技术进步对企业的贡献是非常显著的，技术进步成为国民经济增长的重要因素之一。

为了使分析较为精确，我们采用根据数理统计分析均衡性的方法，计量"一五"计划期间技术引进对我国工业生产增长的影响，具体采用标准差和标准差系数来计量。其公式为：

$$\sigma = \left[\frac{\sum (X - X_0)^2}{n} - \left(\frac{\sum (X - X_0)}{n} \right)^2 \right]^{\frac{1}{2}}$$

$$V_\sigma = \frac{\sigma}{\bar{X}} \times 100\% \qquad \left[\bar{X} = X_0 + \frac{\sum (X - X_0)}{n} \right]$$

式中，σ为标准差，X为计量分析期内各年增长速度（标志值），X_0为计量分析期内任意假定的平均数，n为项数（分析期内年数），V_σ为标准差系数（离散系数），$\bar{X}$为平均数（平均增长速度）。

采用《中国工业经济统计资料（1949—1984）》第38~39页的数据，计算1953~1957年的σ、V_σ，结果如下：

$$\sigma_{1953 \sim 1957} = 9.5, \quad V_{\sigma 1953 \sim 1957} = 52\%$$

这表明，我国工业生产在1953~1957年期间不仅年均增长速度的最大值与最小值之间的离散程度不大，而且整个工业生产增长的实际状况（各年标志值）与总平均增长速度（总平均值）的离散程度也不大，离散系数也不高。这样小的波动幅度表明技术引进促进了工业的稳定增长，其原因可直接归结为在工业中技术引进的重点部门（冶金、电力、煤炭、石油、化工、机械部门）在1953~1957年5年间的高速增长，这些部门的年均增长率分别为29.2%、20.4%、17.1%、32.7%、31.2%、29.7%。[1]

从表7－7可以看出，1952~1957年资本贡献34.6%大于劳动贡献

---

[1] 《中国工业经济统计资料（1949—1984）》，中国统计出版社1985年版，第38~39页。

18.5%，我国就业者资本装备率增长率很高，且十分稳定。这说明，这个时期技术水平持续快速提高，其原因就在于资本增长率稳定地高于就业人口增长率。因此，一个社会要想不断地提高其技术水平就必须能够保证资本增长率大于就业人口增长率。

同上，根据数理统计分析均衡性的方法计算可得，1963～1965 年 $\sigma_{1963\sim1965}=7.37$，$V_{\sigma 1963\sim1965}=41\%$，也大致说明 20 世纪 60 年代初期中国工业经济的平稳增长，这与引进西方技术有直接关系。

另一方面，中国工业经济增长主要靠资本和劳动要素投入的增加，技术进步所起的作用相对较小（见表 7-9）。从国际比较的视角看，全要素生产率增长率（测算技术进步贡献情况的重要指标）在产出增长率中所占的比重普遍低于发达国家。因为在国际比较中，其计量的模型和平台是一致的。虽然这段时期的引进被评价为具有很高的价值，但与社会主义国家苏联、后起国家韩国以及发达国家的比较表明，技术进步的贡献还是比较低的。

表 7-9　　　技术进步对经济增长的贡献的国际比较　　　单位：%

国别	时期	全要素生产增长率对经济增长的贡献率	国别	时期	全要素生产增长率对经济增长的贡献率
中国	1953～1955 年 1956～1957 年 1958～1969 年	24.3 13.6 -4.4	美国	1948～1969 年 1960～1973 年	47.75 30.20
			日本	1953～1971 年 1960～1973 年	55.16 41.30
苏联	1950～1962 年	28.9	联邦德国	1950～1962 年 1962～1973 年 1973～1979 年	55.66 65.60 55.55
法国	1950～1962 年	73.63			
韩国	1960～1972 年	43.29			

资料来源：转引汪海波：《对我国工业经济效益历史和现状的分析》，载《中国工业经济研究》1989 年第 4 期，第 56 页。

总之，在中国工业化过程中，技术进步虽做出了较大的贡献，但经济增长主要还是由于要素投入的增加，特别是 156 项工程依靠国家的大规模投资，大规模引进国外技术设备，使我国工业技术水平大幅度提高，形成了技术水平较高的新产业，因此是国家主导的技术进步，这种方式在 20 世纪 50 年代后成为中国技术进步的一种机制。

7.5 技术引进对中国工业化的影响

实践表明，技术引进推动了中国工业结构的变化。通过霍夫曼比例的变化与以机械工业变动为核心的分析可以看出，20世纪50年代以来中国工业结构的这种变化，主要是实施以156项工程为核心的重工业发展战略的结果。

7.5.1 以霍夫曼比例来衡量中国工业结构

1931年，德国经济学家瓦尔特·霍夫曼在《工业化的阶段和类型》一书中，对各国工业化过程中工业结构演变规律进行了开拓性研究。他根据近20个国家的时间序列数据，分析了制造业中消费资料工业和生产资料工业（资本品工业）之间净产值的比例关系，然后概括出代表性的比值，根据这一比值划分工业化的阶段，从而把工业结构特征与工业化过程的阶段划分联系起来。这一思想被称为霍夫曼定理，即工业化的发展程度是与重工业在工业结构中的比重上升相关的，消费资料工业和生产资料工业之间净值的比例关系是不断下降的，该比值越低，工业化就越深入，从而可以应用该比值划分工业化阶段。

霍夫曼用以分析的比值被称为霍夫曼比例（霍夫曼系数），即：

霍夫曼比例＝消费资料工业的净产值/生产资料工业的净产值

霍夫曼将工业化过程分为四个阶段，各阶段的比值如下：

第一阶段：霍夫曼比例＝5（±1）

第二阶段，霍夫曼比例＝2.5（±1）

第三阶段：霍夫曼比例＝1（±0.5）

第四阶段：霍夫曼比例＜1

比值后面括号内的数字，表明其前面的比值作为判断标志所允许存在的范围。

在霍夫曼看来，工业化的第一阶段，是农业为主导产业，消费资料工业的生产在制造业中占有传统地位，生产资料的生产是不发达的；工业化的第二阶段，是指与消费资料工业相比，生产资料工业获得了较快的发展，但消费资料工业的规模仍然大于生产资料工业的规模;工业化的第三阶段,是指消费资料工业与生产资料工业的规模达到大致相当的状况;工业化的第四阶段,是指生产资料工业的规模大于消费资料工业的规模。①

霍夫曼根据对 20 多个国家统计数据的测算,认为在 20 世纪 20 年代,处在前三个阶段的国家是:第一阶段:巴西、智利、印度等;第二阶段:日本、荷兰、丹麦、加拿大等;第三阶段:英国、瑞士、美国、法国、德国等;至于处在第四阶段的国家,霍夫曼认为在当时还没有出现。

实际上,霍夫曼比例是轻工业与重工业的比值。在此,我们以轻工业净值与重工业净值的比值作为霍夫曼比例,分析计算我国工业结构水平(见表 7-10)。

表 7-10　　　　　　　我国工业结构中的霍夫曼比例值

	1952 年	1957 年	1965 年	1978 年	1980 年	1984 年
霍夫曼比例	1.347	0.976	0.943	0.623	0.696	0.679

资料来源:杨云龙:《中国经济结构变化与工业化(1952—2004)》,北京大学出版社 2008 年版,第 61 页。

从表 7-10 中可以看出,1952 年霍夫曼比例为 1.347,说明我国工业结构处于霍夫曼划分的第三阶段,这显然是不符合实际的。这与 20 世纪 50 年代以来,我国在僵化的计划经济体制下形成的不合理的工业结构和扭曲的价格体系等有关。

以轻工业净产值与重工业净产值比值作为霍夫曼比例,实际是仅仅根据重工业化来判断工业化阶段和分析工业化结构水平,仍然有局限性,存在失真现象,需要修正。根据日本经济学家盐野谷祐一提出的用两类工业的总产值代替其净产值的方法,得出我国工业结构中的修正的霍夫曼比例值(见表 7-11)。②

---

① 于同申:《发展经济学——新世纪经济发展的理论与实践》,中国人民大学出版社 2002 年版,第 284 页。
② 杨云龙:《中国经济结构变化与工业化(1952—2004)》,北京大学出版社 2008 年版,第 61~62 页。

工业化进程中的技术引进（1949－1965）

表7－11　　　　我国工业结构中的霍夫曼比例值（修正值）

	1952年	1957年	1960年	1965年	1978年	1980年
霍夫曼比例	1.817	1.222	0.502	1.066	0.757	0.894

资料来源：杨云龙：《中国经济结构变化与工业化》，北京大学出版社2008年版，第61~62页。

从表7－11数据分析，20世纪50年代我国工业化结构处于霍夫曼比例的第二阶段，即生产资料工业比消费资料工业已经有了较快的发展，但消费资料工业的总体规模还大于生产资料工业的总规模，与20世纪20年代的日本、荷兰、丹麦、加拿大处在同一个阶段。显然，以修正的霍夫曼比例值分析20世纪50年代我国的工业化结构，比较接近实际情况。

数据表明，在以156项重点工程为核心的"一五"时期建设中，重工业超常增长。表7－11清晰地表明，在"一五"末期和"二五"期间强制推行"重重轻轻"、重生产轻消费的方针，使中国工业结构的霍夫曼比例值出现了一个明显的低谷，即1960年的0.502，正是在这个低谷时期，中国国民经济处在最困难的状态中。① 在这个时期，苏联停止对中国的经济技术援助，可见引进苏联技术的效果还是比较明显的。而在1965年霍夫曼比例值则为1.066，大致表明20世纪60年代初中国引进西方技术有明显的效果。

霍夫曼比例值大致衡量了引进技术对中国工业结构变化的影响。实际上，霍夫曼定理只是根据西方国家早期增长阶段产业结构变化的经验数据简单外推到后期阶段所得出的结论或假说。在某些发展中国家的特定发展阶段，例如在日本战后初期的高速增长时期，人们往往用霍夫曼定理来说明重工业在工业中的比例偏高的现象。虽然霍夫曼定理只是一个并未被后来的经验数据证实的假说，但在一些经济学教科书中，它常被看作分析工业化进程的可靠工具，并在政策辩论中被援引为论据。这种情况之所以能够发生，也许是因为它的内容恰好与在我国处于支配地位的苏联工业化理论和经验有许多共通的地方。②

---

① 杨云龙：《中国经济结构变化与工业化（1952—2004）》，北京大学出版社2008年版，第63页。
② 吴敬琏：《中国增长模式抉择》，上海远东出版社2016年版，第31页。

7.5.2 以机械工业变动为核心分析中国工业结构

用霍夫曼比例进行分析,虽然使我们得出了中国工业化水平的大致判断,但这个分析仍然比较粗略。因此,要进一步对各主要工业部门之间的关系进行考察,以得出更精确的结论。

这里把工业分为三类:一是生产资料工业,包括原材料、能源、燃料工业等;二是传统加工业,包括食品工业、纺织工业等;三是机械制造业。我们根据这种分类考察主要工业发达国家不同发展阶段三类工业结构关系的变化特点。

英国、美国、德国、法国、日本5国经济发展史表明:在各主要工业发达国家工业化进程的第一阶段(大致从工业化起步至1899年前后),传统加工工业和生产资料工业在工业中规模最大,增长速度也最快,其中生产资料工业比重及增长速度由初期占第二位上升为第一位,在初期传统加工工业增长速度及比重居首位,而到末期则退居第二位,机械制造业规模和速度虽然在增加,但是居第三位。在工业化第二阶段(大致从20世纪初开始),机械制造业增长速度和产值比重逐渐上升为第一位,生产资料工业和传统加工工业则分别退居第二、第三位。不过与生产资料工业相比较,传统加工工业增长速度慢,产值比重下降的幅度更为显著。在工业化第三阶段(大致从20世纪50年代开始),机械制造业的增长速度和产值比重在工业中仍居首位,而生产资料工业增长速度减慢,产值比重降低的幅度增大;相反,传统加工工业经过改造后,其增长速度减慢及产值比重降低的幅度变小,并取代了生产资料工业的位置,居第二位,生产资料工业则退居第三位。

由此分析,1965年前中国工业结构的变化大致如下:传统加工工业所占的比重大幅度下降,由1952年的51.6%下降为1965年的28.4%;机械工业所占的比重快速上升,由1952年的11.4%上升为1965年的22.3%;生产资料工业比重虽有上升,但上升幅度很小,由1952年的18.3%上升为1965年的22.2%。[①]

20世纪五六十年代的工业结构变化表明,在20世纪50年代开始的中

---

① 杨云龙:《中国经济结构变化与工业化(1952—2004)》,北京大学出版社2008年版,第72~73、69页。

国重工业化发展进程中,生产资料工业比重略有上升,机械工业所占的比重快速上升,传统加工工业所占的比重大幅度下降,劳动对象工业比重小幅上升,机械工业比重开始超过生产资料工业,这是符合世界工业化进程的演变规律和途径的。同时表明,1952~1965年,中国工业结构就完成了世界主要工业发达国家在19世纪末到20世纪初的结构变化。作为后起的发展中国家,发挥后发优势,可以在较短时间内完成发达国家早期较长的工业化发展路程,20世纪50年代以来中国工业结构的这种变化,是推进以156项工程为核心的重工业发展战略的必然结果,与引进苏联技术、西方技术密切相关。

1965年以后到20世纪80年代初,除了劳动对象工业的比重略低以外,我国传统加工工业和机械工业的比重交替领先。但是,三者的比重非常接近,并没有形成机械工业占据主导地位、传统加工工业和劳动对象工业比重明显下降的局面。这进一步说明,工业结构演替的历史阶段,存在于客观的工业发展过程中,不会被人为地打断。

7.6 对中国技术引进的制度分析

从经济学理论的角度看,技术发展或技术进步包括很多的因素,如制度安排和制度变动因素等,制度创新与技术创新一样,是推动经济发展的重要因素,这已经为世界经济发展史所证明。

新制度经济学派的代表人物诺思揭示了制度对于激励创新和降低交易成本促进经济发展的重要意义,并指出历史上不同的制度演进路径导致了不同的经济模式和经济绩效。在《制度、制度变迁与经济绩效》一书中,他建立了制度演进的路径依赖理论。

所谓制度是指一个社会的博弈规则,或者更规范一点说,它们是一些人为设计的、型塑人们互动关系的约束,而路径即从过去衍生而来的制度和信念影响目前的选择。路径依赖,指的是制度的演进中存在着一种自我强化的机制,这种机制使制度的演进一旦走上某一条路径,就会在以后的发展中得到自我强化。

路径依赖理论认为,报酬递增及以明显的交易费用为其特征的不完全市场这两种力量型塑了制度变迁的路径。特定的历史条件和一些偶然的事件可以使制度发展沿着某一路线进行,而发展路径一旦被设定在一个特定的进程上,网络外部性、组织的学习过程,以及得自历史的主观模型就将强化这一进程。因此,这些自我强化机制所带来的结果,存在"锁定"(lock-in)——一种解决方案一旦达成,就很难再从中走出来,以及"路径依赖"(path dependence)——一些微小事件的结果和机会环境能决定结局,并且结局一旦出现,便会产生一条特定的路径[1]。

因此,经济发展依靠自身力量很难摆脱这种状态,往往要依靠外部力量的作用。渐进性变迁的源泉是组织及企业家通过获得那些能促进其目标的技能、知识与信息而可能取得的收益。路径依赖来源于一旦走上某个特定路径就能强化这个方向的报酬递增机制。路径的改变是由于未能预计到的选择的后果、外部效应,以及一些分析框架之外的力量。路径的扭转(从停滞到增长,或从增长到停滞)可能来自上述那些导致路径改变的原因,但通常是来源于政治体系的改变。[2]

路径依赖理论不仅解释了历史上为什么会存在不同的发展模式以及那些无效率的模式为什么会长期存在,而且也揭示了历史上形成的发展路径对制度变迁的重大影响。

从历史看,那些成功的后起国家在技术发展战略方面都有制度或体制的创新,而不是盲目跟随主流发展模式,那些盲目模仿、脱离本国实际的后起国家发展陷入模仿陷阱,大多不太成功,有些甚至造成发展的失败。德国的发展正是采用了李斯特的幼稚产业保护论,摒弃了流行的自由贸易和完全自由市场经济理论,在国家干预、关税同盟、有限贸易保护的基础上,建立了新的发展制度,才得以崛起。苏联曾经是一个资源大国,通过内向型发展,实现了重化工业的优先发展,在偏重技术硬件引进基础上,突破传统循序渐进的工业化路线,在短期内实现了经济的赶超。20世纪后期,苏联没有通过改革打破僵化体制的"路径依赖",致使苏联没有成功实现经济与政治体制转型。

---

[1] 诺思著,杭行译:《制度、制度变迁与经济绩效》,上海格物出版社、上海三联书店、上海人民出版社2008年版,第128~131、136页。
[2] 诺思著,杭行译:《制度、制度变迁与经济绩效》,上海格物出版社、上海三联书店、上海人民出版社2008年版,第155页。

工业化进程中的技术引进（1949－1965）

后起国家在引进技术的同时，引进先进的制度与技术管理模式是必要的，关键在于它本身要有利于技术和经济的发展。

新中国成立后，中国采取"一边倒"的外交政策，由于与苏联具有相同的意识形态并缔结了联盟，中国逐步采用了苏联的计划经济体制与苏联工业化发展道路，实际上是复制或移植了苏联模式，几乎照搬了苏联管理模式，包括计划经济体制、技术体制，还有苏联的管理体制、管理模式和管理方法。苏联管理模式对中国的技术进步和经济发展有着深远的影响。特别是在引进苏联技术的过程中，中国采取了苏联偏重技术硬件的引进模式，重视引进设备，对于信息与人这两种要素的引进不够重视。尽管这套偏重技术硬件尤其是成套设备引进的模式曾经对促进我国技术发展起过重要作用，但从长远看，这种模式阻碍了我国技术和经济的发展。中国在1956年初探索独立自主的建设道路，开始调整经济发展战略和技术发展路线，破除苏联迷信，逐步加大技术消化和创新力度。但是，包括20世纪60年代初中国引进西方技术在内，1978年以前中国进行的技术引进，以及改革开放以来相当长时期的技术引进，总体上没有摆脱苏联管理模式。

实际上，中国的技术引进进入后发优势陷阱中，从而使技术进步一直处于"引进—模仿—再引进—再模仿"的被动循环之中，在具体项目的引进中陷入"引进—落后—再引进—再落后"的怪圈，技术引进的道路走入了"成套设备引进—模仿—国产化"的误区。从积极方面看，"成套设备引进—模仿—国产化"是技术相对落后的发展中国家学习国外先进技术的必由之路，对于迅速提高经济和技术水平效果明显；但是，其消极作用也十分严重，即在模仿和国产化的过程中，国外技术又向前发展了。这就造成我们尚未将引进的技术完全国产化，就再次面临着引进国外技术的压力，从而进入"成套设备引进—模仿—国产化"的恶性循环中。这实际上是苏联技术引进中存在的"等距离追赶"问题。

走出这种技术引进体制恶性循环的途径在于体制改革，加快技术管理体制创新步伐。随着改革的深入，当前中国技术引进模式已经发生了根本变化，成套设备不再是中国技术引进的重点，取而代之的是"软件"成为中国技术引进的重点，技术创新成为技术发展的根本之路。

第7章 技术引进的分析与评价

7.7 结　　论

分析1949～1965年中国工业化进程中的技术引进历史，可以得到这样的经验：技术引进要有利于产业结构发展；技术引进是实现经济赶超的捷径；要加强自主技术创新力度；要加强人力资本培养。

7.7.1 技术引进有利于产业结构发展

通常，后起国家在工业化进程的初级阶段，通过引进大量的外国先进技术和发达国家成熟的产业，并通过引进模仿推动本国产业结构转换，缩短产业结构转换的某些阶段。

技术引进使中国的产业结构发生了重大变化。中华人民共和国成立初期，中国的经济非常落后、发展极度不平衡，尤其是能源、钢材、机械制造等重工业缺乏；中国的产业结构缺乏独立性和完整性，与重工业相比，轻工业过于薄弱。这些都成为工业发展的"瓶颈"。西方的封锁和敌视，使得优先发展重工业和加强国防力量成为新中国的首要任务。实行优先发展重工业战略，并不意味着忽视其他产业的发展。在"一五"计划编制和实施的过程中，中国优先发展重工业，兼顾农轻重关系，通过调整工业年平均增长速度，确定引进技术的结构与规模，逐步优化产业结构。

"一五"计划的编制吸收了苏联国家计委和经济专家的意见，对《五年计划轮廓草案》做了重大修改，主要是把工业年平均增长速度下调到14%～15%、注重发展农业和交通运输业等。在正式公布的"一五"计划报告中，不仅提出了"一五"计划的基本任务，而且围绕基本任务，还提出了12项具体任务和相应的指标，主要是：集中力量发展重工业，建立国家工业化和国防现代化的初步基础；相应地发展交通运输业、轻工业、农业和商业等。在投资结构的安排方面，在优先发展重工业的同时，兼顾其他。在427.4亿元的基本建设投资中，各部门的分配比例为：工业占58.2%，农林水利占7.6%，运输邮电占19.2%，贸易银行和物资储备占3.0%，文化教育和卫生占7.2%，城市公用事业建设占3.7%，其他占1.1%。在工业内部，轻

工业化进程中的技术引进（1949 - 1965）

重工业之间的投资比例大体是 1∶9，轻工业比例较低。① 可见，1953～1957年的产业结构和工业结构都实现了优化升级，体现了世界工业化中产业演变的一般规律。

不断地引进技术，促进产业结构升级，这是经济发展要重视的问题。从总体上看，产业结构是从低级向高级、从不协调到比较协调转变。无论产业结构转型还是工业结构升级，都不可能一蹴而就，是一个长期过程。

新中国成立以来，通过几次引进技术，中国产业结构发生了变化，并逐步趋向优化，遵循了世界产业结构变迁的规律。

对于中国来说，重化工业阶段是中国难以超越的阶段，因为重化工业基础是发展更高层次产业的技术和物质基础，也为较低层次产业提供技术支持。传统的工业化模式，一般是农业—轻工业—重化工业—电子产业—信息产业的线性发展模式。发达国家大多处于电子产业和信息产业阶段，其工业品相对来说处于较高技术层次；而新兴工业化国家大多处于重化工业到电子产业阶段，其工业品处于相对较低的技术层次。各个国家都竭力向更高技术层次的产业结构发展。

但是，当前在能源短缺、生态危机已经十分严重的情况下，中国的经济发展面临着后发劣势的困扰，传统的工业化模式、工业化赶超战略都不可持续，因此，中国的重化工业必须注重技术的提升而不是量的粗放扩张，必须引进、发展新技术，突破传统工业化模式、传统经济赶超战略的路径依赖，突破产业链和价值链的"低端锁定"，对传统工业进行结构升级。

同时，技术引进要考虑要素禀赋。对于一个国家而言，要素禀赋决定其最优的技术结构和产业结构，发展中国家在选择技术时必须按要素禀赋结构特性来制定决策。中国在引进技术的过程中，发挥了人力、自然资源等优势，最终促进了技术结构、产业结构的优化。许多成套设备项目的选址，充分考虑了中国各地的要素禀赋。例如，一汽的厂址选在长春，就充分考虑了中国的自然资源禀赋、工业基础等因素。正是考虑了要素禀赋这个内生因素，中国的技术引进取得了巨大成就。林毅夫指出，一国的产业和技术是决定该国人均收入和综合国力的关键因素，如果一个国家要赶超发达国家，这就意味着要在产业结构和技术结构上赶上发达国家，而最优的产业结构和技

---

① 董志凯：《"一五"计划与156项建设投资》，载《中国投资》2008年第1期，第109页。

术结构是由这个国家的要素禀赋结构决定的,因此对于一个发展中国家而言,重要的不是直接以提高产业结构、技术结构为发展的目标,而应该是以提升这个国家的要素禀赋结构为政府发展政策的目标。①

由此,在技术引进与技术发展中,要结合中国的资源禀赋与中国的国际分工地位,在继续发展劳动密集型产业的基础上,加快新型工业化进程。

7.7.2 技术引进是实现经济赶超的捷径

从后发优势理论看,后发优势一般包括技术和制度两个方面。后起国家所能享受到的后发优势,主要体现在技术引进方面。后发国家可以通过引进、学习先发国家先进的技术和管理经验实现经济赶超。格申克龙强调,后发优势理论中,引进技术是后起国家实现工业化进而获得快速发展的重要因素。

为此,后起国家要实现经济赶超必须有效利用后发优势,通过引进、学习的方式获得和充分利用已在发达国家中存在和发展的相应的技术、管理方法以及先进制度等,而不必再花费同样多的人力、财力和物力进行重复开发和研究,从而节约科研费用和时间,快速培养本国人才,由此带来经济发展和技术进步;同时,通过技术引进,后起国家可以缩短与先进国家的技术差距,在更高的起点上发动和推进工业化,促进经济的跨越式发展。

通过引进先进技术,赶超成为后起国家迅速改变落后状况的必然选择。工业革命的历史经验表明,首先,技术领先的国家可以充当"领头雁"的角色,正如英国所做的。后来者具有经济的后发优势,在一定条件下可以很快地追上甚至超过领头雁。其次,资本积累对于成功是必要条件但不是充分条件。政治稳定性、贸易开放度和劳动力流动性对于获得新技术和发展新产业都是很重要的。此外,如同德国、日本和美国那样,政府必须起到促进作用,为先行者提供激励并协调硬件和软件基础设施的需求。如果没有从1871年开始的一个中央集权政府的存在,德国就不会有铁路或者工业革命。②

---

① 林毅夫:《国家发展战略的选择方式和绩效检验》,载《江海学刊》2002年第4期,第65页。
② 林毅夫:《超越与发展援助——在一个多极世界中重构发展合作新理念》,北京大学出版社2016年版,第38~39页。

工业化进程中的技术引进（1949－1965）

当今在技术水平处于领先地位的一些工业发达国家，如美国、日本、德国等国，在历史上都曾是落后的国家。它们在不同的历史时期，根据各自实际，采取适合的技术引进模式，引进国外先进技术，促进本国的经济迅速提升，从而为迅速跻身于发达国家之列创造了有利条件。吸收国外先进技术在国家工业化发展过程中存在着关键的特定阶段，这是工业化发展和技术进步不可逾越的阶段。

中国技术引进的历史说明，引进先进技术是后起国家赶超发达国家的捷径，中国应当把引进先进技术作为中国实现跨越发展的重要战略目标来实施。中国的技术引进与国际政治、国际形势密切相关。新中国成立后，尤其是朝鲜战争爆发后，中国与西方世界关系紧张。中国抓住苏联答应全面援助的有利时机，积极引进先进技术。实践证明，20世纪50年代，以156项工程为核心的项目建设，使新中国能够在"一五"计划时期迅速建立起比较完整的工业基础。通过从苏联引进技术，中国的工业技术水平从新中国成立前落后于工业发达国家半个世纪，迅速提高到20世纪40年代的水平。

但是，20世纪60年代初，中苏两党的分歧加大，中苏交恶，中国从社会主义国家的技术引进基本停止。其间，虽然中国通过与法国、英国等从事贸易进行了技术引进，但是这并没有从根本上改变中国封闭的状况。此后，中国开始引进西方技术。但是，在当时紧张的国内外形势下，中国"左"的思想占据主导地位，最终爆发"文化大革命"，经济几乎陷入崩溃的边缘。20世纪70年代初期，中美建交后，中国实施"四三方案"，从西方引进了大量的先进技术。

总体上看，新中国成立初期至改革开放前，技术引进作为当时技术进步的主导方式，对我国建立完整的工业体系做出了重要的历史贡献。通过引进技术，至20世纪70年代末，中国工业生产能力有了巨大的提升，工业品特别是主要的机械、设备大部分已能自给。

但是，这并没有从根本上改变中国的封闭状况。20世纪60~70年代，中国与世界先进技术差距逐步拉大。20世纪70年代末期以后，随着改革开放的推进，我国又开始积极从西方世界大规模引进技术，提升了我国的工业技术水平，与世界先进技术的差距逐步缩小，有些技术已经处于世界领先水平。改革开放后，随着中国经济的迅速发展，我们更加清醒地认识到，引进先进技术是促进技术进步和实现经济赶超的捷径。

随着经济全球化的进一步发展，中国面临的后发劣势也发生了变化，并已经渗透到国家经济、政治、社会的各个层面，呈现出动态性、复杂性与递增性特征，由此制约着技术引进的进行，制约着经济赶超目标的实现。这就要求我们在技术引进中，要充分认识面临的后发劣势的严重性，制定适合的技术引进战略，克服后发劣势、发挥后发优势，使技术引进真正促进经济的赶超。

7.7.3 加强自主技术创新力度

创新是技术发展的根本之路。中国的技术发展就是在不断引进技术的过程中进行技术消化、吸收和创新。

一般来说，推动国家技术进步和技术发展有两个重要途径：获得型技术引进与自主技术创新。技术创新与技术引进同样重要，是推动经济发展不可缺少的重要力量。后起国家在技术进步的过程中会不断地吸收引进发达国家的知识以及先进的技术。但是，发达国家为了保护本国的核心知识与技术会限制重大、关键技术的出口。若发展中国家过分依赖这种进步方式，不仅吸收不到发达国家的核心技术，也容易使本国丧失自主创新的能力。

技术及经济发展不可能完全建立在对外技术依赖的基础上，过分依赖外国的技术，会危及国内技术与经济安全。后起国家要想在产业竞争中取得领先地位，必须充分发挥自主创新的作用。为此，后起国家在技术引进中要不断减少对发达国家技术的依赖，必须加强自主技术创新，提高原始创新的能力，不断提高国家的技术水平，掌握核心技术，成为技术领先的国家，才能在新一轮的产业竞争中占据主导地位。

历史经验证明，中国作为后起国家，既需要实现经济赶超，又需要维护领土完整与主权独立，并争取在独立自主的基础上进行大规模的技术引进，必须将技术引进与自主创新结合起来，只有这样才能实现赶超，成为真正的技术强国和经济强国，并在国际政治中争得主动。

加强自主技术研发，进行技术创新，是中国技术发展的根本道路，是民族进步之魂。20世纪50年代中国引进苏联技术，60年代初引进西方技术，都说明了这个问题。因此，对于一些重点领域和战略性、基础性的重大科技项目，更要注意培养自主创新能力，注意开发品牌产品。拥有自主创新能力和开发品牌产品，这是中国技术进步以及中国经济占据世界经济重要地位的根本途径和力量的源泉。

工业化进程中的技术引进（1949－1965）

总的说来，在 20 世纪 50 年代以后的很长一段时间中，由于忽视技术软件的引进和技术创新乏力，中国技术引进曾长期陷入"引进—落后—再引进—再落后"的恶性循环中。这与中国长期实行的计划经济体制有一定关系。20 世纪 50 年代以来，计划经济体制下形成的技术引进的运行机制对中国的技术进步产生了"双刃剑"的作用。一方面，政府代表国家，是技术引进的主体，技术引进在消化、吸收、创新等各个环节都可以从全国范围内整合资源和力量；另一方面，计划经济体制下引进技术所有者的模糊或缺位、"条块分割"的部门管理体制，导致企业没有动力进行技术创新，阻碍了技术进步，使我国技术创新对经济发展的支撑不够，技术进步对经济增长的贡献率偏低，特别是核心技术创新能力与国际先进水平相比还有很大差距。

打破技术引进机制的这种困境，需要进一步深化改革开放，厘清政府与市场的关系，建立、完善市场经济体制，建立现代企业制度，使企业成为市场竞争的主体和技术创新的主体。

为此，必须加强核心技术创新，多措并举提升核心技术创新能力，加快形成自主可控、安全稳定的技术创新体系。要根据具体国情，考虑劳动力素质状况以及配套设备的技术水平等实际情况，既要加强引导，又要加大投入，政府应利用产业和财政政策，对经济发展急需的技术给予支持和引导，解决技术创新的资金瓶颈问题，充分利用各方面的有效资源，促进重点领域、重点项目的技术创新工作的合作。同时，为提高企业自主创新能力，要鼓励支持企业特别是大型企业建立和完善技术中心，形成比较健全的技术开发体系，在主导产品的关键技术和集成技术上尽快形成自主研发能力。另外，在技术创新方面，要借鉴发达国家特别是美国的经验。美国技术创新一直很活跃，每年不仅有大批的创新成果问世，而且以专利技术、专有技术等方式迅速运用于产品生产，对不同生命周期阶段产品的竞争力产生了较大的影响，美国大力发展专利技术、专有技术等的经验对我们有重要启示。

7.7.4 加强人力资本培养

在新经济增长理论中，人力资本作为技术进步的载体，是知识与技术的关键要素，是衡量经济效率水平高低的主要标准，对一国技术进步具有重要作用。

实证研究表明，人力资本是技术引进和技术创新的关键因素与核心，是影响国家技术创新能力的重要因素。一国的教育水平越高，技术基础越好，劳动者素质越高，其技术创新能力就越强，对生产和经济增长的推动作用也越大。相反，低水平的人力资本往往是发展中国家经济增长的瓶颈。只有当一国拥有最低限度的人力资本存量时，技术引进才能对该国经济增长产生更大的推动力。

人力资本的数量和质量是发展中国家成功引进技术的关键，人才短缺是发展中国家技术水平低下和技术创新停滞不前的主要原因。发展中国家缺乏高素质人才，严重影响了其对引进技术的消化吸收以及自主创新能力，技术引进的效应大打折扣。只有具备大量较高素质的人才，才能真正实现对引进技术的消化与吸收，才能进行自主技术创新。

新中国成立初期，我国人力资本水平较低，从而导致对苏联援助的先进技术不能很好地吸收、消化、模仿并进行创新，直接制约了我国经济和技术发展。为了解决这一问题，党和国家采取了统一管理和培养干部的政策，实施统一抽调干部、大量培养工业建设人才等措施。例如，从各条战线抽调优秀干部，加强对工业部门和重点建设项目的领导，让没有从事技术工作的工程技术人员回到技术工作岗位，依靠原有企业抓紧培养和输送了一批技术人才；通过20世纪50年代初的高等学校院系调整，加快高等院校培养力度，除高中毕业生升学外，还从党政机关、军队、人民团体里，抽调了合格人员升入高等院校学习；吸引在资本主义国家的留学生回国服务，等等。

同时，苏联和东欧人民民主国家接受我国派出的留学生和技术人员到本国进行学习，还派出大量技术专家到我国进行技术指导和人员培训。尤其重要的是，在引进苏联成套设备的同时，还引进了大量以技术资料和图纸等为载体的技术知识，在苏联专家手把手的帮助和指导下，中国技术人员学习了相应的技术知识，提高了技术能力，促进了我国技术发展和技术进步。

人力资本开发与培养是中国技术进步和经济发展的关键，无论过去、现在、将来都必须高度重视。

正是出于对人力资本的重视，改革开放以来，我国加大人才培养力度，才使我国在一些领域技术水平已经处于世界前列。但是我国技术的整体水平与欧美国家相比还有一定的差距。为此，我国要深入实施人才优先发展战略，推进人才发展体制改革和政策创新，同时完善人才建设政策，既要吸引大量境外人才，也要培养大量本土创新型人才，使中国真正形成具有国际竞争力的人才队伍。

参 考 文 献

一、文献与档案汇编

（一）文献、史料档案

1. 《毛泽东文集》第 1~8 卷，人民出版社 1993 年、1993 年、1996 年、1996 年、1996 年、1999 年、1999 年、1999 年版。

2. 《建国以来毛泽东文稿》第 1~9 册，中央文献出版社 1987 年、1988 年、1989 年、1990 年、1991 年、1992 年、1992 年、1993 年、1996 年版。

3. 中国外交部、中共中央文献研究室编：《毛泽东外交文选》，中央文献出版社、世界知识出版社 1994 年版。

4. 《毛泽东传（1893—1949）》，中央文献出版社 1996 年版。

5. 《毛泽东传（1949—1976）》上、下卷，中央文献出版社 2003 年版。

6. 《毛泽东年谱（1893—1949）》（修订版）下卷，人民出版社、中央文献出版社 2013 年版。

7. 《周恩来选集》上、下卷，人民出版社 1980 年、1984 年版。

8. 《周恩来年谱（1949—1976）》上、中卷，中央文献出版社 1997 年版。

9. 《建国以来刘少奇文稿》第 1~4 册，中央文献出版社 2005 年版。

10. 《刘少奇选集》上、下卷，人民出版社 1981、1985 年版。

11. 《陈云文选》第 1~3 卷，人民出版社 2015 年版。

12. 《陈云文集》第 1~3 卷，中央文献出版社 2005 年版。

13. 中共中央文献研究室编：《陈云年谱》（修订版），中央文献出版社

2015年版。

14. 《李富春选集》，中国计划出版社1992年版。

15. 房维中、金冲及主编：《李富春传》，中央文献出版社2001年版。

16. 《张闻天选集》，人民出版社1985年版。

17. 王焰主编：《彭德怀年谱》，人民出版社1998年版。

18. 《当代中国》丛书编辑部：《聂荣臻传》，当代中国出版社1994年版。

19. 周均伦主编：《聂荣臻年谱》上、下卷，人民出版社1999年版。

20. 《杨尚昆日记》上卷，中央文献出版社2001年版。

21. 《薄一波文选（1937—1992）》，人民出版社1992年版。

22. 薄一波：《若干重大决策与事件的回顾（修订本）》上、下卷，人民出版社1997年版。

23. 李海文整理：《在历史巨人身边——师哲回忆录》，九州出版社2015年版。

24. 李越然：《中苏外交亲历记》，世界知识出版社2001年版。

25. 朱元石主编：《共和国要事口述史》，湖南人民出版社1999年版。

26. 中共中央文献研究室编：《建国以来重要文献选编》第1~20册，中央文献出版社1992年、1993年、1994年、1995年、1996年、1997年、1998年版。

27. 中共中央办公厅编：《中国共产党第八次全国代表大会文献》，人民出版社1957年版。

28. 中央档案馆编：《中共中央文件选集》第18册，中共中央党校出版社1992年版。

29. 中央档案馆编：《共和国五十年珍贵档案》上、下册，中国档案出版社1999年版。

30. 中央档案馆编：《中国共产党八十年》上、下册，中国档案出版社2001年版。

31. 廉正保等编著：《解密外交文献——中华人民共和国建交档案：1949—1955》，中国画报出版社2006年版。

32. 《中国与苏联关系文献汇编（1949年10月—1951年12月）》，世界知识出版社2009年版。

33. 中共中央马恩列斯著作编译局译：《苏联共产党决议汇编》第2分册，人民出版社1964年版。

34. 孟宪章主编：《中苏贸易史资料》，中国对外经济贸易出版社1991年版。

35. 沈志华总主编，杨存堂本卷主编：《苏联历史档案选编》第27卷，社会科学文献出版社2002年版。

36. 沈志华主编：《俄罗斯解密档案选编：中苏关系（1～12卷）》第1～9卷，东方出版中心2015年版。

37. 长春市档案馆、中国一汽集团档案馆、长春市政协文史委员会编：《苏联专家在长春》，长春市文史资料第88辑2012年版。

（二）经济档案

38. 国家经贸委编：《新中国工业五十年》（1949.10—1952第1部，上、下卷）、（1953—1957第2部，上、下卷）、（1958—1960第3部，上、下卷），中国经济出版社2000年版。

39. 国家统计局编：《伟大的十年》，人民出版社1959年版。

40. 国家统计局编：《我国的国民经济建设和人民生活》，统计出版社1958年版。

41. 《中国工业经济统计资料（1949—1984）》，中国统计出版社1985年版。

42. 中国社会科学院、中央档案馆编：《1949—1952中华人民共和国经济档案资料选编·综合卷》，中国城市经济社会出版社1990年版。

43. 中国社会科学院、中央档案馆编：《1949—1952中华人民共和国经济档案资料选编·工业卷》，中国物资出版社1996年版。

44. 中国社会科学院、中央档案馆编：《1949—1952中华人民共和国经济档案资料选编·基本建设投资和建筑业卷》，中国城市经济社会出版社1989年版。

45. 中国社会科学院、中央档案馆编：《1953—1957中华人民共和国经济档案资料选编·综合卷》，中国物价出版社2000年版。

46. 中国社会科学院、中央档案馆编：《1953—1957中华人民共和国经济档案资料选编·工业卷》，中国物价出版社1998年版。

47. 中国社会科学院、中央档案馆编：《1953—1957中华人民共和国经济档案资料选编·固定资产投资和建筑业卷》,中国物价出版社 1998 年版。

48. 中国社会科学院、中央档案馆编:《1958—1965 中华人民共和国经济档案资料选编·固定资产投资和建筑业卷》《1958—1965 中华人民共和国经济档案资料选编·对外贸易卷》《1958—1965 中华人民共和国经济档案资料选编·工业卷》,中国财政经济出版社 2011 年版。

(三) 报刊公布文献

49. 毛泽东:《介绍一个合作社》(1958 年 4 月 15 日),载《红旗》1958 年第 1 期。

50. 周恩来:《伟大的十年》,载《人民日报》1959 年 10 月 6 日,第 2、3 版。

51. 袁宝华:《赴苏联谈判的日日夜夜》,载《当代中国史研究》1996 年第 1 期。

52. 李越然:《我国同苏联商谈第一个五年计划情况的回忆》,载《新中国外交风云》第 2 辑,世界知识出版社 1991 年版。

53. 国家统计局:《关于发展国民经济的第一个五年(1953—1957)计划执行结果的公报》,载《中国统计》1959 年第 7 期。

54. 《新华月报》,人民出版社 1954 年第 11 号。

55. 中央文献研究室、中央档案馆编:《建国初期 156 项建设工程文献选载》(一九五二年九月——一九五四年十月),载《党的文献》1999 年第 5 期;《建国前夕苏联对华经济援助的部分俄国档案(一)、(二)》,载《党的文献》2002 年第 1、2 期。

56. 中央党史研究室、中央档案馆编:《20 世纪 50 年代中国和东欧社会主义国家技术合作、贸易往来的一组文献》,载《中共党史资料》2004 年第 3 期;《1958 年苏联援华项目谈判的一组文献》,载《中共党史资料》2003 年第 1 期;《1959 年苏联援华项目谈判的一组文献》,载《中共党史资料》2003 年第 2 期;《1961 年中苏经济科技谈判的一组文献》,载《中共党史资料》2003 年第 4 期。

57. 北京大学现代史料研究中心:《国际冷战史研究资料》公布档案:《1953—1959 年苏联对中国的经济援助》,2003 年第 1 辑。

二、研究文献书籍

（一）史料研究方面

1. 董志凯：《共和国经济风云回眸》，中国社会科学出版社2009年版。
2. 董志凯等：《新中国的工业奠基石：156项建设研究（1950—2000）》，广东经济出版社2004年版。
3. 胡鞍钢：《中国政治经济史论（1949—1976）》，清华大学出版社2007年版。
4. 刘国良：《中国工业史现代卷》，江苏科学出版社2003年版。
5. 罗时叙：《由蜜月到反目——苏联专家在中国》上、下册，世界知识出版社1993年版。
6. 李华：《北京与莫斯科：结盟·对抗·合作》，人民出版社2007年版。
7. 沈志华主编：《一个大国的崛起与崩溃——苏联历史专题研究（1917—1991）》（上、中、下册），社会科学文献出版社2009年版。
8. 沈志华主编：《中苏关系史纲（1917—1991年）》（第3版）上、下册，社会科学文献出版社2016年版。
9. 沈志华：《苏联专家在中国1948—1960》（第3版），社会科学文献出版社2015年版。
10. 孙其明：《中苏关系始末》，上海人民出版社2003年版。
11. 吴承明、董志凯主编：《中华人民共和国经济史（1949—1952）》第一卷，中国财政经济出版社2001年版。
12. 武力等：《中国共产党治国经济方略研究》，中国人民大学出版社2009年版。
13. 武力主编：《中华人民共和国经济史（1949—1999）》上册，中国经济出版社1999年版。
14. 汪海波、董志凯等：《新中国工业经济史（1958—1965）》，经济管理出版社1995年版。
15. 汪海波等：《新中国工业经济史》（第3版），经济管理出版社2017年版。
16. 王奇：《中苏同盟启示录》，清华大学出版社2008年版。
17. 王泰平主编：《新中国外交50年》，北京出版社1999年版。

18. 邢书纲主编：《苏联是怎样引进和利用西方的资金与技术的》，上海三联书店 1988 年版。

19. 薛衔天：《中苏关系史 1945—1949》，四川人民出版社 2003 年版。

20. 张柏春等：《苏联技术向中国的转移（1949—1966）》，山东教育出版社 2004 年版。

21. 祝慈寿：《中国工业劳动史》，上海财经大学出版社 1999 年版。

22. 宋超：《建国初期中苏农业科学技术合作研究》，中国三峡出版社 2009 年版。

23. 周弘等：《外援在中国》，社会科学文献出版社 2007 年版。

24. 《当代中国》丛书编委会编、彭敏主编：《当代中国的基本建设》上卷，中国社会科学出版社 1989 年版。

25. 《当代中国》丛书编辑部：《当代中国的核工业》，中国社会科学出版社 1987 年版。

26. 《当代中国》丛书编辑部，武衡、杨浚主编：《当代中国的科学技术业》，当代中国出版社 1991 年版。

（二）技术研究与经济理论

27. 陈慧琴：《技术引进与技术进步研究》，经济管理出版社 1997 年版。

28. 陈佳琪：《中国工业技术引进之路》，经济科学出版社 2003 年版。

29. 陈向东编著：《国际技术转移的理论与实践》，北京航空航天大学出版社 2008 年版。

30. 高德步：《产权与增长：论法律制度的效率》，中国人民大学出版社 1999 年版。

31. 何保山等：《中国技术转移和技术进步》，经济管理出版社 1996 年版。

32. 林毅夫：《经济发展与转型——思潮与自生能力》，北京大学出版社 2008 年版。

33. 史东辉：《后起国工业化引论——关于工业化史与工业化理论的一种考察》，上海财经大学出版社 1999 年版。

34. 王关义主编：《中国工业技术进步的现状、问题与对策》，经济科学出版社 1993 年版。

35. 王晓博：《中国近现代后发优势经济思想研究》，上海财经大学出版社 2008 年版。

36. 汪星明主编：《技术引进：理论·战略·机制》，中国人民大学出版社 1999 年版。

37. 闫国庆：《技术引进与产业结构优化研究》，中国商业出版社 2002 年版。

38. 杨云龙：《中国经济结构变化与工业化（1952—2004）》，北京大学出版社 2008 年版。

39. 邹东颖：《后发优势与后发国家经济发展路径研究》，经济科学出版社 2009 年版。

40. 王文龙：《基于后发劣势理论的经济赶超战略研究》，中国社会科学出版社 2014 年版。

41. 吴敬琏：《中国增长模式抉择》，上海远东出版社 2016 年版。

42. 李虹：《国际技术转移与中国技术引进》，对外经济贸易大学出版社 2016 年版。

43. 李蕊：《我国技术转移策略研究——技术、组织与创新生态》，科学技术文献出版社 2017 年版。

44. 陶长琪：《空间计量经济学的前沿理论及应用》，科学出版社 2016 年版。

45. 石良平主编：《理论经济学理论前沿》，上海社会科学出版社 2016 年版。

三、研究论文

1. 陈东林：《156—43—78：中国改革开放前的对外技术引进》，载《上海行政学院学报》2004 年第 6 期。

2. 陈林光：《中国技术引进模式与策略的思考》，载《国际经贸探索》1994 年第 1 期。

3. 陈夕：《156 项工程与中国工业的现代化》，载《党的文献》1999 年第 5 期。

4. 高德贵：《推行新式采煤法的成就和问题》，载《东北工业》1952 年第 83 期。

5. 甘柏：《进一步推广高速切削法，发挥机床的潜在力量》，载《东北工业》1951 年第 79 期。

6. 李德彬：《50 年代我国引进技术设备的问题》，载《北京大学学报（哲学社会科学版）》1985 年第 4 期。

7. 李国青等：《20 世纪 50 年代我国技术引进的若干特点及其评价》，载《东北大学学报》2004 年 1 月第 6 卷第 1 期。

8. 李京文：《论技术引进和我国的技术引进战略》，载《社会科学研究》1998 年第 4 期。

9. 刘荣刚：《新中国三次大规模成套技术设备引进研究综述》，载《中共党史资料》2008 年第 3 期。

10. 林毅夫等：《对赶超战略的反思》，载《战略与管理》1994 年第 6 期。

11. 康荣平：《技术的要素与技术转移的模式》，载《科技进步与对策》1986 年第 5 期。

12. 康荣平：《技术引进的几种国家模式》，载《世界经济》1992 年第 2 期。

13. 沈志华：《新中国建立初期苏联对华经济援助的基本情况（上、下）——来自中国和俄罗斯的档案材料》，载《俄罗斯研究》2001 年第 1、2 期。

14. 沈志华：《对中苏同盟经济背景的历史考察——中苏经济关系（1948—1949）研究之一》，载《党的文献》2001 年第 2 期。

15. 沈志华：《对在华苏联专家问题的历史考察：基本状况及政策变化》，载《当代中国史研究》2002 年第 1 期。

16. 沈志华：《对在华苏联专家问题的历史考察：作用和影响——根据中俄双方的档案文献和口述史料》，载《中共党史研究》2002 年第 2 期。

17. 沈志华：《关于 20 世纪 50 年代苏联援华贷款的历史考察》，载《中国经济史研究》2002 年第 3 期。

18. 宿世芳：《关于 50 年代我国从苏联进口技术和成套设备的回顾》，载《当代中国史研究》1998 年第 5 期。

19. 苏少之、任志江：《1949—1978 年中国经济发展战略研究》，载《中南财经政法大学学报》2006 年第 1 期。

20. 吴恩远：《苏联企业一长制发展的历史教训》，载《世界历史》1988 年第 5 期。

21. 岳玲：《20世纪50～70年代中国西北地区重工业化道路的选择与反思》，载《当代中国史研究》2009年第3期。

22. 姚昱：《二十世纪五六十年代美国中央情报局对中国经济状况的情报评估》，载《中共党史研究》2010年第1期。

23. 张柏春、张久春、姚芳：《苏联技术向中国转移的特点及其影响》，载《科学学研究》2004年第3期。

24. 张柏春、张久春、姚芳：《中苏科学技术合作中的技术转移》，载《当代中国史研究》2005年第2期。

25. 张海星：《1960年驻黑龙江省苏联专家撤走后几个相关问题的探讨》，载《当代中国史研究》2009年第4期。

26. 牛建立：《20世纪60年代前期中国从西方国家引进成套技术设备研究》，载《中共党史研究》2016年第7期。

四、博士学位论文

1. 林柏：《1949—1978年中国工业技术引进和技术创新的历史考察》，中南财经政法大学博士学位论文，2007年。

2. 唐艳艳：《中国工业化进程中的"156项工程"研究》，中南财经政法大学博士学位论文，2005年。

3. 石建国：《东北工业化研究》，中共中央党校博士学位论文，2006年。

五、翻译文献

1. ［苏］尼基塔·谢·赫鲁晓夫：《赫鲁晓夫回忆录》（全译本），述弢等译，社会科学文献出版社2006年版。

2. ［苏］奥·鲍·鲍里索夫、鲍·特·科洛斯科夫著：《苏中关系（1945—1980）》，肖东川、谭实译，生活·读书·新知三联书店1982年版。

3. ［美］麦克法夸尔、费正清编：《剑桥中华人民共和国史：革命的中国的兴起（1949—1965）》，谢亮生等译，中国社会科学出版社1990年版。

4. ［美］查尔斯·P.金德尔伯格、布鲁斯·赫里克著：《经济发展》，张欣等译，上海译文出版社1986年版。

5. ［美］道格拉斯·C.诺思著：《制度、制度变迁与经济绩效》，杭行译，上海格物出版社、上海三联书店、上海人民出版社2008年版。

6. ［美］吉尔伯特·罗兹曼等：《中国的现代化》，江苏人民出版社1995年版。

7. ［美］钱纳里等：《工业化与经济增长的比较研究（中译本）》，上海三联书店1989年版。

8. ［美］菲利普·阿格因、彼得·豪伊特著：《增长经济学》，杨斌译，中国人民大学出版社2011年版。

9. ［美］亚历山大·格申克龙著：《经济落后的历史透视》，张凤林译，商务印书馆2012年版。

10. ［美］戴维·N. 韦尔著：《经济增长》（第2版），王劲峰等译，中国人民大学出版社2011年版。

11. ［美］费景汉、古斯塔夫·拉尼斯著：《增长和发展——演进的观点》，洪银兴等译，商务印书馆2014年版。

12. ［美］查尔斯·K. 威尔伯编：《发达与不发达问题的政治经济学》，高铦译，商务印书馆2015年版。

13. ［英］A. P. 瑟尔沃著：《发展经济学》（第9版），郭熙保等译，中国人民大学出版社2015年版。

14. ［英］阿瑟·刘易斯著：《经济增长理论》，郭金兴等译，机械工业出版社2015年版。

15. ［德］迪特·海茵茨希著：《中苏走向联盟的艰难历程》，张文武、李丹琳等译，新华出版社2001年版。

16. ［德］斯蒂芬·沃依格特著：《制度经济学》，史进伟等译，中国社会科学出版社2016年版。

17. ［日］南亮进著：《日本的经济发展》（修订本），毕志恒、关权译，经济管理出版社1992年版。

六、外文文献

1. Alexander Gerschenkron, *Economic Backwardness in Historical Perspective*, The Belknap Press of Harvard University Press, 1979.

2. Cheng Chu-yuan, *Scientific and Engineering Manpower in Communist China 1949—1963*, Washington, D. C.: National Science Foundation, 1965.

3. Chen Jian, *Mao's China and the cold war*, The University of North Caro-

lina Press, 2001.

4. Daniele Archibugi and Jonathan Michie ed., *Trade, Growth and Technical Change*, U.K.: Cambridge University Press, 1998.

5. John W. Garver, *The Sino - American Alliance: Nationalist China and American Cold War Strategy in Asia*, New York: M. E. Sharpe Inc., 1999.

6. Leoa Orleans, *Science in Contemporary China*, California: Stanford University Press, 1980.

7. M. Garder Clark, *The Development of China's Steel Industry and Soviet Technical Aid*, California: Cornell University, 1973.

8. M. Abramovitz, *Thinking about Growth*, Cambridge University Press, 1989.

9. M. Levy, *Modernization and the Structure of Societies*, Vol. 1, Vol. 2., Princeton University, 1996.

10. Odd Arne Westad ed. *Brothers in Arms: The Rise and Fall of the Sino - Soviet Alliance*, 1945 - 1963, California: Stanford University Press, 1998.

11. Peter Jones and Sian Kevill Compiled, *China and the Soviet Union*, 1949 — 1984, U.K.: Longman Group Limited, 1985.

12. Shu Guang Zhang, *Economic Cold War, America's Embargo Against China and the Sino - Soviet Alliance*, 1949 - 1963, California: Stanford University Press, 2001.

13. Jonathan R. Woetzel, *China's economic opening to the outside world: the politics of empowerment*, Greenwood Press, Inc. 1989.

14. Asbjorn Lovbrak, "The Chinese Model of Development", *Journal of Peace Research*, 1976, 13, 207.

15. P. Krugman, "A Model of innovation technology transfer and the World Distribution of Income", *The Journal of Economy*, 1979.

16. R. Nelson, E. Phleps, "Investment in Human, Technological Diffusion and Economic Growth", *American Economic Review*, 1966.

后　　记

　　本书是笔者在博士论文的基础上修改而成的。在中国人民大学攻读博士学位期间，特别是在论文写作过程中，导师高德步教授给予了悉心的指导，对论文选题、提纲及正文的写作、资料的选择等都提出了明确的意见和建议。

　　博士毕业以来，在老师们的帮助下，笔者一直对博士论文进行修改。其间，董志凯研究员、戴建兵教授、李赶坡先生对论文的修改提出了宝贵的建议。

　　在此向高德步老师、董志凯老师、戴建兵老师、李赶坡先生表示衷心的感谢。